Deset ključeva ka potpunoj slobodi

Razgovor s
Garyjem M. Douglasom
i
dr. Dainom C. Heerom

Deset ključeva ka potpunoj slobodi
Razgovor s Garyjem M. Douglasom i dr. Dainom C. Heerom

Copyright © 2012 by Gary M. Douglas and Dr. Dain Heer

Sva prava pridržana. Nijedan dio ove knjige ne smije se reproducirati ili kopirati ni u kom obliku, niti bilo kojim sredstvima, elektroničkim ili mehaničkim, uključujući fotokopiranje, snimanje, ili bilo kojim sustavom pohranjivanja i pronalaženja informacija, bez pismenog dopuštenja nakladnika, osim tamo gdje je zakonom dopušteno.

ISBN 978-1-63493-001-7

Nakladnik
Access Consciousness Publishing, LLC
www.accessconsciousnesspublishing.com

Tiskano u Sjedinjenim Američkim Državama

Sadržaj

Uvod

1. KLJUČ:
Bi li beskonačno biće uistinu ovo izabralo? 7

2. KLJUČ:
Sve je samo zanimljivo gledište 27

3. KLJUČ:
Živite u deset-sekundnim inkrementima 51

4. KLJUČ:
Živite kao pitanje 73

5. KLJUČ:
Bez forme, bez strukture, bez značaja 91

6. KLJUČ:
Bez prosuđivanja, bez diskriminacije, bez razlikovanja 113

7. KLJUČ:
Bez nadmetanja 135

8. KLJUČ:
Bez ikakvih droga 159

9. KLJUČ:
Ne slušajte, ne pričajte, ni ne prihvaćajte priču 175

10. KLJUČ:
Bez isključivanja 197

Proces brisanja 221

Rječnik 225

O autorima 233
Accessove knjige 236
O Access Consciousnessu 239
Accessovi seminari, radionice i tečajevi 241
Access Online 245

DESET KLJUČEVA KA POTPUNOJ SLOBODI

Uvod

Deset ključeva izvorno su se zvali Deset zapovijedi. Namjera je bila šala – to nije bila ozbiljna stvar – no ljudi su se bunili, pa smo promijenili ime u Deset Zahtjeva i mnogo drugih. No nijedno ime nije baš funkcioniralo.

Sada se zovu Deset ključeva ka potpunoj slobodi, što im je prilično dobro ime.

Još se uvijek volimo našaliti s imenom Deset Zapovijedi, jer to jesu zapovijedi. To su zapovijedi ili zahtjevi koje morate učiniti prema sebi ako uistinu želite kreirati potpunu svjesnost i slobodu. Stalo nam je samo imati potpunu svjesnost. Ništa drugo nije važno.

Stoga, evo Deset ključeva ka potpunoj slobodi koji mogu otvoriti vrata ka potpunoj slobodi i potpunoj svjesnosti. Deset ključeva će vam pomoći proširiti vašu sposobnost za svijest kako biste imali veću svjesnost o sebi, o svome životu, o ovoj realnosti i preko nje. S većom svjesnošću možete početi generirati život za koji ste uvijek znali da je moguć, no koji još niste kreirali.

Ova se knjiga temelji na seriji teleseminara ili razgovora koje smo imali u periodu od deset tjedana s brojnim voditeljima Access Consciousnessa® i drugim ljudima širom svijeta. Svidio nam se oblik razgovora jer je ljudima dopuštao da postavljaju pitanja o stvarima koje im nisu bile jasne – a svi koji su razgovor slušali puno su dobili od pitanja koja su drugi ljudi postavljali.

Radili smo i puno kliringa, pa su nam ljudi rekli da je to promijenilo sve vezano za njihovo razumijevanje ključeva i njihovu sposobnost da ih primjene u svome životu.

Nadamo se da će ovi razgovori i Vama pomoći da primijenite Deset ključeva u svojem životu.

*Puno hvala Marilyn Bradford i Donielle Carter
na čitanju skripti za ovu knjigu
i što su nam pokazale što nedostaje.*

Prvi ključ ka potpunoj slobodi
Bi li beskonačno biće uistinu ovo izabralo?

Gary: Bok svima. Dobrodošli u naš prvi razgovor o Deset ključeva ka potpunoj slobodi.

Večeras ćemo govoriti o prvome ključu: Bi li beskonačno biće uistinu ovo izabralo? Pozivamo vas da postavljate ovo pitanje puno puta dnevno kao odgovor na situacije koje se u vašem životu pojavljuju. Podsjetit će vas da uvijek imate izbor – zato što ste beskonačno biće.

Započnimo s razgovorom o tome što je beskonačno biće.

Dain: Većina ljudi nema pojma što je beskonačno biće. Nemaju koncept, čak ni kad mi o tome govorimo, jer gdje ga vidite da se pojavljuje u ovoj realnosti? Ne vidite ga nigdje. Najbolje što možete je stvoriti fantaziju o tome što bi bilo beskonačno biće. No to nije ono što beskonačno biće jest – pa prema tome, kada ne znate što je zapravo beskonačno biće, nemate ni izbor da to i budete.

Gary: Ja sam osobno razumio beskonačno biće (bilo je) meditirajući da vidim koliko daleko izvan svoga tijela mogu ići u svim smjerovima. U početku sam mislio da beskonačno biće znači biti izvan svoga tijela, no to je vodilo ideji da beskonačno biće nema tijelo. Mnogo ljudi misli da beskonačnom biću tijelo ne treba – no to nije to. Trebate shvatiti da ste vi, kao beskonačno biće, izabrali imati tijelo. Izabrali ste biti utjelovljeni. Birali ste biti utjelovljeni od početka vremena. Izabrali ste vrstu tijela koje imate i izabrali ste sve što se u vašem životu događa.

Beskonačno biće bira. Vi neprestano mislite da beskonačno biće ne bi izabralo ovo utjelovljenje pretpostavljajući da beskonačno biće ne bi imalo tijelo. To nije točno. Vi ste beskonačno biće i izabrali ste imati tijelo. Zašto ste izabrali imati tijelo?

Dain: Pa, prije svega, postoje razne zanimljive stvari koje možete činiti s tijelom, a koje bez njega ne možete. Uzmite sada svoj desni dlan i stavite ga na lijevu ruku, nježno ju dodirujući. Da nemate tijelo, to ne biste mogli učiniti. Da nemate tijelo ne biste mogli ući u kadu i osjetiti toplu divnu vodu na svojoj koži, te ne biste mogli osjetiti sunce na svojoj koži. Ne biste mogli prakticirati seks.

Gary: Ne biste mogli dodirivati svoje grudi ili svoje prepone, ili bilo što drugo što je zabavno raditi. Što biste umjesto toga radili? Stajali biste vani i sve promatrali. Većina ljudi misli da beskonačno biće stoji vani i promatra stvari. Ne, to nije to. Beskonačno biće je svjesno svega i biva beskonačnim izborom.

Dain: Beskonačno je svjesno, biva beskonačnim izborom i prihvaća potpuno utjelovljenje kao radost – veličanstvenost – utjelovljenja koja je moguća.

Gary: Koliko definicija imate o tome što je beskonačno biće, a koje nisu ono što jest? Sve što to jest, bezbroj puta, biste li uništili i dekreirali sve to? Right and wrong, good and bad, POD and POC, all 9, shorts, boys and beyonds. (Objašnjenje procesa za brisanje nalazi se na kraju knjige.)

Dain: Koje fantazije imate o tome što je beskonačno biće, koje ste učinili toliko stvarnim da ih niti pri potpunoj svjesnosti ne možete i nećete promijeniti, izabrati ili izliječiti? Sve što to jest, bezbroj puta, biste li uništili i dekreirali sve to? Right and wrong, good and bad, POD and POC, all 9, shorts, boys and beyonds.

Gary: Dain i ja razmatrali smo ovo područje i shvatili da je razlog pojavljivanja reinkarnacije, razlog zašto se morate vraćati i činite sve iznova, taj što imate gledište da nikada ne uspijevate činiti stvari ispravno. Prihvaćate ideju da postoji ispravan i krivi način kako biti beskonačno biće. Nakon toga odlučite da ćete uvijek biti u krivu. Na temelju čega ste u krivu? Na temelju neke ideje koju ste prihvatili.

To je razlog zašto se reinkarniramo. Ako se ne želite reinkarnirati, morate shvatiti da postoji veličanstvenost utjelovljenja, što je veličanstvenost bivanja potpuno svjesnim ove realnosti.

Nažalost, to je način na koji ljudi žive i misle. To se odvija u njihovim umovima. "U pravu sam. U krivu sam. U pravu sam. U krivu sam; prema tome sam u pravu, pa sam stoga u krivu. Ali onda sam u pravu. Ali u krivu sam da sam u pravu." Ljudi sami sebe izluđuju s ovim ludim gledištima. Možete li jednostavno sve to otpustiti?

Koliko je ispravnih i krivih načina bivanja beskonačnim bićem zbog kojih ste sebe krivili, dok ste pokušavali biti u pravu, dok ste odbijali biti u pravu kako biste bili u krivu, kako biste znali da ste u krivu glede ispravnosti i u pravu glede pogrešnosti, kako biste bili u pravu kad ste u krivu jer ste u krivu glede ispravnosti i svega? Sve što to jest, bezbroj puta, biste li uništili i dekreirali sve to? Right and wrong, good and bad, POD and POC, all 9, shorts, boys and beyonds.

Glavna stvar koju trebate shvatiti o bivanju beskonačnim bićem je to da ne biste birali prosuđivanje. Gdjegod birate prosuđivanje, ne birate iz beskonačnog bića. Kad ste uistinu svjesni, vidite da je sve u svijesti i jedinstvu. Sve je uključeno (uključujući prosuđivanje) i ništa se ne prosuđuje (čak niti prosuđivanje). To je znak beskonačnog bića.

Ne radi se o tome da pokušavate eliminirati prosuđivanje, već da budete svjesni kada netko, uključujući vas, prosuđuje.

Pitanje: Pitam se "Bi li beskonačno biće uistinu ovo izabralo?" i dobijem "Ne." Pa, po mojem logičnom, tvrdoglavom, prosuđujućem univerzumu, ovo izgleda kao paradoks. Kako da se netko nosi s odgovorom na to pitanje i prigrli ili čak voli sadašnji trenutak iz dana u dan?

Gary: Imate neki razlog ili opravdanje zašto birate ono što birate svakoga trena svakoga dana. Pokušajte pitati:

- Bi li beskonačno biće uistinu ovo izabralo?
- Pa ako beskonačno biće ovo ne bi izabralo, onda zašto dovraga ja biram?
- Trebam li stvarno ovo izabrati?
- Želim li ovo izabrati?
- Koja je svrha biranja ovoga?

Dain: Pitanje "Koja je svrha biranja ovoga?" maknut će vas podalje od slijepog biranja nečega što ne mora biti iz beskonačnog gledišta, i postaviti vas u beskonačno gledište, u svjesnost "Čekaj malo, zapravo postoji nešto što pokušavam postići birajući ovo."

Kada to shvatite, možete pitati: "Da li ovaj izbor zapravo postiže tu svrhu?" i često ćete otkriti da to nije tako.

Pitanje: Ako osoba ne zna, ne percipira ili ne osjeća da je beskonačno biće, na koji biste način vi vodili tu osobu da dobije iskustveno znanje i da to percipira kao svoju istinu?

Gary: Najbolji način da znate da ste beskonačno biće je da zatvorite svoje oči i osjetite svoje vanjske rubove. Otkrit ćete da gdjegod gledali, tamo ste, jer beskonačno biće nema ograničenja. Kao beskonačna bića, imamo sposobnost percipiranja, znanja, bivanja i primanja svega.

Vi neprestano pokušavate definirati percepciju, znanje, bivanje i primanje u odnosu na ovu realnost i svoje tijelo, no to nije to.

Pitanje: Ako beskonačno biće može po volji i izboru biti bilo koja energija i želi iskusiti svaki aspekt svoga bića, što ne bi biralo? Na primjer, zar vam iskustvo tuge ne daje puno dublju svjesnost zadivljujućeg aspekta bivanja? Čak je i isključivanje svjesnosti izbor. Ima neke interesantne rezultate.

Gary: Ne, ovdje dolazite do zaključka. Prvi dio pitanja "Ako beskonačno biće može po volji i izboru biti bilo koja energija i želi iskusiti svaki aspekt svoga bića, što ne bi biralo?" je točan. No pitanje je "Bi li beskonačno biće ovo izabralo?" I ako beskonačno biće ne bi, zašto vi birate? Na taj način trebate gledati na to. Biste li uistinu voljeli iskusiti tugu? Bi li beskonačno biće izabralo tugu? Ptice su beskonačna bića. Biraju li one tugu?

Dain: Da li se ikada probude i imaju loš dan? Danas neću pjevati jer sam bijesan na sve crve.

Gary: Trebate na ovo gledati iz perspektive "Dobro, što je to što sam ovdje voljan imati? Što je to što nisam voljan imati?" Radi se o izborima. Beskonačno biće bira.

Dain: Za to je potrebno imati širu perspektivu od ove realnosti. Daje li vam tuga veću svjesnost beskonačnog bića? Ne nužno. Spomenuli ste ideju da želite iskusiti sve aspekte sebe. Koja je razlika između proživljavanja toga i imanja svjesnosti da to nije izbor koji želite ili morate učiniti, hvala lijepo?

Gary: Imamo čudno gledište na ovome planetu da moramo iskusiti nešto kako bismo to znali. Ne, ne moramo. Možete znati stvari bez da ih ikada iskusite.

Dain: Mora li beskonačno biće nešto iskusiti kako bi znalo i bilo toga svjesno?

Gary: Rekli ste "Čak je i isključivanje svjesnosti izbor. Ima neke interesantne rezultate." Zanimljivo je da imamo gledište da se nešto događa kao rezultat izbora da isključimo svoju svjesnost. Zašto bi beskonačno biće isključilo svoju svjesnost, da može cijeniti kako je to kada ju ne isključuje? Bi li beskonačno biće moralo isključiti svoju svjesnost kako bi cijenilo imanje svjesnosti? Ne mislim to!

Pitanje: Što je sumnja? Može li se ukloniti? Povezana je s oblikom procjenjivanja svjesnosti ili činjenice? Ja sam se utvrdio s izborima koje sam donio jer su to bili pravi izbori, a sada mislim da postoje dijelovi moga života gdje bih želio drugačije izabrati. Kako da probijem lanac dužnosti, društvenih pritisaka i razmišljanja bez da se potpuno ne otuđim i povrijedim druge? Što je sa situacijama kada smo u odnosima, na poslu ili u situacijama koje su proizašle iz višegodišnjeg biranja?

Gary: Prije svega, sumnju koristite kako biste eliminirali svjesnost i sve što znate. Zašto biste to izabrali?

Pitajte: "Bi li beskonačno biće uistinu izabralo sumnjati u sebe?" Ne. "Onda zašto dovraga ja to biram? Što ako bih bio voljan znati sve što znam?"

To je način na koji bi trebali djelovati. Bi li beskonačno biće izabralo "pravu" stvar ili bi beskonačno biće izabralo ono što će stvoriti veću svjesnost?

Morate pitati i: "Jesu li dužnosti, društveni pritisci i razmišljanja nešto što bi beskonačno biće izabralo? Ili je li to nešto što bi izabralo ograničeno biće?"

Ako kao beskonačno biće izaberete prekinuti lanac dužnosti, društvenih pritisaka i razmišljanja, zašto pretpostavljate da biste se otuđili i povrijedili druge? Možda nećete. Ne znate jer garantiram vam da to zapravo niste izabrali.

Bi li beskonačno biće Izabralo činiti svoje izbore trajnim za cijelu vječnost? O tome govorite kada spominjete odnose, poslove ili situacije proizašle iz višegodišnjeg biranja. Govorite o ideji da u svemu tome postoji neki oblik ograničene svrhe.

Dain: Ako si postavljate pitanja iz perspektive: "O, bi li beskonačno biće izabralo odnos koji ja biram?" možete ga sagledati i reći: "OK, postoje aspekti ovog odnosa koje bi beskonačno biće izabralo kao priznanje beskonačnog bivanja. Bili su doprinos bivanju. Vjerojatno ne bih izabrao ostatak da sam funkcionirao iz beskonačnog bivanja, no što ako bih sada sve to uistinu mogao imati?"

Gledajte na to i pitajte: "Kako bi bilo da sam sve to izabrao iz beskonačnog bivanja? Koji izbori bi mi sada bili dostupni?" U ovoj se realnosti uglavnom ne bira iz beskonačnog bića, no to je nešto što se gradi. Kada prvi put izaberete kao beskonačno biće, to je: "Ooo, ne znam mogu li ja to." Nakon stotinjak izbora, to je: "Čekaj malo, to je nešto što ja zaista mogu. To je nešto što ja stvarno mogu izabrati. To je nešto što mi je zapravo dostupno. Nije mi strano." Zato i razgovaramo, kako bi to postalo vaša realnost. Ne osjećate se kao da pričamo grčki kad govorimo o funkcioniranju bez prosuđivanja ili funkcioniranju iz beskonačnog bivanja. Ako ne prosuđujete ono što ste izabrali, izvlačite prosudbu iz računice i ona prestaje biti dio jednadžbe.

Gary: To je zapravo razlog za ovaj ključ – izvući prosudbu iz svih računica.

Dain: Hmm... uključuje li to moju maćehu? Kako to djeluje? Bi li beskonačno biće izabralo imati maćehu? To je moje pitanje sad. Ne znam.

Gary: Pitanje je: "Jesi li funkcionirao kao beskonačno biće kada si izabrao dopustiti ocu da se oženi tvojom maćehom?"

Dain: O, misliš da sam to mogao u potpunosti zaustaviti?

Gary: Da, mogao si.

Dain: Mogao sam biti kao "Bljesak! Nikako! Ne događa se!"

Gary: Da.

Dain: O, čovječe. To je zanimljivo.

Gary: Ali nije ti bilo dopušteno imati tu vrstu kontrole ili moći u svome životu, i zbog toga što ti to nije bilo dopušteno imati, mislio si da ju nemaš. Velika je greška misliti da nešto ne možeš imati zato što ti to nije dopušteno. Ne, ne, možeš imati sve, ako si to voljan imati.

Pitanje: Mislim da beskonačno biće nema oblik i prošireno je. Nema potrebu za hranom, radom ili bilo čime što ovaj svijet može ponuditi. Stoga je za mene, kada postavljam ovo pitanje u raznim situacijama, odgovor uvijek ne. Kad bih ja bio beskonačno biće, ne bih trebao to birati. Slijedim osjećaj kako bi to bilo biti beskonačno biće. Ne bi više bilo rada i, naravno, tijelo više ne bi bilo potrebno. Ja sam maser i sve mi je teže motivirati svoje tijelo da čini taj fizički rad. Često osjećam nevoljkost za kretanjem tijela, za tjelovježbu ili trening.

Gary: Još jednom, fantazija je da beskonačno biće nema neku od stvari koje ste izabrali. Prosuđujete da je svaki vaš izbor na neki način krivi.

Sve što ste napravili da sve svoje izbore učinite krivim, biste li uništili i dekreirali sve to? Right and wrong, good and bad, POD and POC, all 9, shorts, boys and beyonds.

Trebate razumjeti da ne postoji nešto kao potreba. Potreba je stvoreni konstrukt ove realnosti. Postoje mnogi konstrukti u ovoj realnosti koji nisu stvarni. Stvaramo ih kao bismo opravdali izbore koje činimo ili kako bismo dokazali da su bili ispravni. Ograničeno biće koristi "potrebu" kako bi opravdalo ono što nije voljno izabrati. Ako je vaše gledište da imate neke potrebe u svome životu, tada kreirate realnost koja zapravo ne postoji.

Kada netko umre, mislimo da "trebamo" biti nesretni. To je još jedan konstrukt. Što ako je to netko tko je godinu ili dvije bio u bolovima? Teško je žaliti za osobom koja napokon umre nakon godine boli. Olakšanje za nju i njezino tijelo je izuzetno. Ne biste li trebali biti sretni što više ne pate od bolova?

Bi li beskonačno biće uistinu ovo izabralo?

Što je s potrebom za radom? Bi li beskonačno biće trebalo raditi? Izabrali ste utjelovljenje u ovoj realnosti. Kad ne biste živjeli u realnosti u kojoj je rad dio realnosti, biste li trebali raditi? Ne. Ali vi birate ovu realnost. Birate ovu realnost i rad je dio nje. Stoga, zašto ne biste bili sjajni u radu? Zašto ga ne biste voljeli, umjesto da ga mrzite? Beskonačno biće ne bira mrziti!

Kao beskonačno biće, voljni ste sve primati. Biste li trebali jesti? Ne nužno. Trebate biti voljni prepoznati izbor. Trebate li jesti? Ne. Trebate li raditi? Ne. Trebate li bilo što što ovaj svijet nudi? Ne, ali iz nekog ste razloga izabrali biti ovdje. Izabrali ste doći, tu ste, pa zašto ne naučite živjeti kao beskonačno biće u izborima koje ste napravili, umjesto da mislite kako nemate izbora?

Rad je kreiranje i generiranje. U životu radite kako biste nešto kreirali i generirali. Vi neprestano pokušavate naći razlog da ne kreirate i generirate nešto veće od onoga što trenutno imate. Zbog toga mislite da beskonačno biće ne bi činilo ništa od ovoga. Zašto pretpostavljate da više ne bi bilo rada? Beskonačno biće je kreativno i generativno. Beskonačno biće bi moglo i htjelo biti sposobno činiti bilo što.

Koju ste fantaziju o radu učinili toliko stvarnom da ju čak ni uz potpunu svjesnost ne možete ili nećete promijeniti, izabrati ili izliječiti? Sve što to jest, bezbroj puta, biste li uništili i dekreirali sve to? Right and wrong, good and bad, POD and POC, all 9, shorts, boys and beyonds.

Krivo shvaćate značenje beskonačnog bića. Beskonačno biće je ono koje može izabrati raditi bilo što, iskusiti bilo što, imati bilo što, kreirati bilo što i generirati bilo što.

Dain: Beskonačno biće voli raditi. Beskonačno biće čini svakakve zanimljive stvari. Nema prosuđivanja. To je poput: "Ooo, što još mogu raditi? Ooo, što još mogu raditi? Ooo, što još mogu raditi?"

Gary: Na primjer, beskonačno biće bi moglo ubiti. Je li to izbor koji želite učiniti? Morate biti voljni to pogledati i prepoznati "OK, mogu ubiti." Prije dosta godina progonio me neki čovjek i ja sam se probudio s njegovim rukama u mojim hlačama. Rekao sam: "Makni svoje ruke s mene ili ću te ubiti."

Rekao je: "Neću!"

Odgovorio sam "OK" i počeo ga gušiti. Gušio sam ga sve dok se nije onesvijestio. U tom sam trenutku rekao: "OK, imam još deset sekundi dok ne umre. Želim li čistiti nered?" Ne. Nisam se želio nositi s neredom. Jesam li mislio da mogu proći bez zatvora? Naravno, da, zašto ne? Mogu proći bez bilo čega. Ja sam beskonačno biće. No, jesam li se htio nositi sa svim drugim stvarima koje bi to kreiralo? Ne.

Kada birate, trebate biti voljni imati svjesnost o tome kako će taj izbor utjecati na vas i na sve oko vas. Bih li ubio samo zbog zabave? Ne, zašto bih ubio? Zato što bih mogao, ali možete i vi.

Pitanje: Možete li reći nešto više o energiji ubijanja i sustavu prosuđivanja kojeg imamo u ovoj realnosti za nekoga tko ubije drugog?

Gary: Energija ubijanja je shvaćanje "Ova osoba je potpuno nesvjesna, potpuno anti-svjesna. On je kompletno govno. Da li bih ga volio ubiti? Da. Bi li beskonačno biće ubilo ovu osobu? Da. Mogu li se s lakoćom iz toga izvući? Čekaj, previše posla, zaboravi."

Trebate biti voljni imati energiju ubijanja i prepoznati da ako ubijete, da ćete se morati baviti sa stvarima u ovoj realnosti s kojima se možda ne želite baviti. Kao beskonačno biće znate da posjedovanje energije ubijanja i voljnost za ubijanjem ne zahtijeva da i ubijemo, ako se ne želimo nositi s posljedicama ubijanja.

U ovoj realnosti postoji fantazija da je smrt pogrešna, a održavanje ljudi živim je ispravno. Ljude koji su ubijali doživotno zatvaraju u zatvore. Ne ubijaju ih. To bi trebala biti kazna. Zanimljiva realnost. Mijenja li zatvor ljude? Da. Nabolje ili nagore? Obično nagore. Zašto? Zato što u zatvoru nauče bolje načine kako biti kriminalac. Sve kriminalce zatvorite u istu školu. Svi zajedno naučit će iste stvari. Sve ih zatvorite tamo kako bi bolje naučili sve ono što čine loše. I onda se čudimo zašto naš pravosudni sustav ne funkcionira. Bi li se beskonačno biće uistinu promijenilo boraveći u zatvoru? Ne. Što će promijeniti beskonačno biće? Promijenit će ih samo njihova gledišta.

Kad koristite pitanje "Bi li beskonačno biće uistinu ovo izabralo?" počinjete vidjeti da možete izabrati bilo što. Imate beskonačan izbor. Pitam: "Ako ovo izaberem, kakve ću rezultate imati? Kakve će stvari biti?"

Biram li ponekad biti ljut? Da. Zadržavam li to? Obično ne. Zašto? Jer to ne čini dobro. Moja ljutnja može samo opravdati, u svijetu druge osobe, ispravnost činjenice da je osoba izabrala ne učiniti ono što sam ja od nje zatražio.

To funkcionira, zar ne? Uopće ne! Gledajte druge ljude. Primjerice na aerodromu. Dogodi se problem s avionom i let se otkaže. Ljudi hodaju i viču na gospođu iza pulta kao da je ona odgovorna. Nije ona odgovorna, ona nije ništa učinila. Ona je samo jadna duša koja se mora nositi s preusmjeravanjem ljudi.

Da li se ljudi koji na nju viču ponašaju kao beskonačna bića ili kao potpuno razmažena derišta? Potpuno razmažena derišta. Ja sam ljubazan prema gospođi i dobijem svakojaku pomoć. Ona gleda prema ljudima koji viču i sama sebi kaže: "Žao mi je, gospodine, neću vam pomoći."

Ja ustanem i kažem: "Hej, što mogu učiniti da vam olakšam život? Vidim da imate loš dan."

Ona kaže: "Što?"

Ja se ponašam kao beskonačno biće koje zna da ona nije odgovorna za problem i jedini način da dobijem ono što želim je ako sam voljan pomoći njoj oko njezinog problema. Pali svaki put.

Dain: To zahtijeva drugačiju razinu svjesnosti od one iz koje je većina ljudi voljna funkcionirati. To je svjesnost o tome što kreira veći rezultat za svih. U početku ćete možda poželjeti razljutiti se, no bi li beskonačno biće uistinu to izabralo? Ne. Vi birate kreirati rezultat koji je potpuno drugačiji od svih ostalih – i vaš život postane lakši.

Gary: To je razlog za ovaj ključ. Čini vaš život lakšim. Bi li se beskonačno biće uistinu uzrujalo na svoje dijete? Da, dovraga, ja bih... na deset sekundi, i onda pređem preko toga. Zato što shvatim da moja uzrujanost ništa neće promijeniti.

Dain: Imate deset sekundi do kraja svoga života. Imate dva izbora. Udarite se desnicom u oko – ili izaberite nešto drugo. Što ste izabrali? Zašto ste se udarili u oko? Neće vam se svidjeti rezultat.

Gary: Već ste voljni znati što će biti rezultat. Udariti sebe u oko će boljeti. Mislim da to neću učiniti.

Trebate prepoznati: "Čekaj malo, činjenica da uopće postavljam ovo pitanje je početak buđenja svih onih mjesta gdje beskonačno biće za mene zapravo postoji." Zato postavljate pitanje. To je razlog zašto je tamo. Zato se ono smatra jednim od Deset ključeva.

Pitanje: Koju ulogu ima svrha u izborima beskonačnog bića? Bi li beskonačno biće izabralo nelagodu na svome putu ka svijesti?

Gary: Svrha je ono što mislite da trebate imati kako biste imali razlog za biranje. To tako ne funkcionira. Ne treba vam razlog za biranje; samo birate.

Beskonačno biće ne bi biralo nelagodu na svome putu ka svjesnosti, no vi neprestano birate nelagodu. Prema tome, što stvarno birate? Birate li biti svjesni – ili birate umanjiti svoju svjesnost kako biste patili? U ovoj realnosti patnja stoji uz pobožnost, što je još jedan konstrukt ove realnosti. Mislite da su patnja i teški i bolni izbori jedini način kako doći do kraljevstva nebeskog. Beskonačno bivanje činite teškim. To je kao da mislite da bi život trebao biti penis. Vrijedan je jednino kad je krut.

Pitanje: Pitam se zašto bi beskonačno biće izabralo kreirati dva sjajna muškarca u svome životu i koja si pitanja ona može postaviti o sljedećoj situaciji koju je kreirala: jedan muškarac je sjajan otac, drugi je sjajan ljubavnik. Obojica su zgodni, pametni, zabavni, zdravi, dobri, kreativni, uspješni, potpuno humanoidni dečki. (Vidi rječnik za definiciju humanoida.) Upitala je svoga supruga o njihovom odnosu, no sve što on pita nju je "Što želiš?" Ona zna da od njega ne može tražiti da se promijeni, već da samo može biti pozivnica za promjenu, što se još nije dogodilo, i zanima ju što da radi.

Gary: Pa, kao prvo, beskonačno biće ne bi se definiralo kao ona. Kao drugo, zbog čega ne biste imali dvadeset i pet sjajnih muškaraca u svome životu umjesto samo dvojicu? Činite li svoj izbor krivim? Kao beskonačno biće, zašto ne biste izabrali imati dva sjajna muškarca?

Izabrali ste prosuđivati da ste nekako u krivu ako imate višestruke stvari u svome životu. Već imate dvoje ili troje djece. Već imate višestrukost. Zašto ne biste imali višestrukost svega? Ako imate troje djece, ne biste li trebali imati i tri oca? Pokušavate prosuđivati beskonačno biće po standardima ove realnosti.

Sve što to jest, bezbroj puta, biste li uništili i dekreirali sve to?
Right and wrong, good and bad, POD and POC, all 9, shorts, boys and beyonds.

Suprug vas pita: što želite, pa on je muškarac. Što bi trebao činiti? Izabrao je doći kao muškarac, a to znači "Što trebaš od mene?" To je sve što on može reći "Što trebaš od mene?" Ništa drugo nije moguće. Zašto je to tako? U ovoj realnosti, muškarac je prije svega takav. Želi znati što mora raditi kako bi zadovoljio vas, ženu.

Sve što to jest, bezbroj puta, biste li uništili i dekreirali sve to?
Right and wrong, good and bad, POD and POC, all 9, shorts, boys and beyonds.

Možete tražiti ono što vi što želite. Izabere li on da to ne čini, onda on donosi izbor. Ako od njega tražite da se promijeni, mora li se promijeniti? Ne. Je li na njemu izbor hoće li se mijenjati? Da. Većina vas ima gledište da ne smije tražiti ono što želi za bilo što u životu. Zar beskonačno biće ne bi tražilo ono što želi? Bi li beskonačno biće očekivalo da mu netko drugi isporuči ono što želi? Ili bi bilo sposobno samo sebi to isporučiti? Neprestano mislite da ne možete pitati, jer kad biste to učinili, nešto biste izgubili. Zašto jednostavno ne pitate: "Što stvarno ovdje želim kreirati?"

Sve što to jest, bezbroj puta, biste li uništili i dekreirali sve to? Right and wrong, good and bad, POD and POC, all 9, shorts, boys and beyonds.

Pitanje: Postoje li u ovoj realnosti ljudi koji cijelo vrijeme funkcioniraju kao beskonačna bića?

Gary: Ja. Dain. Kao beskonačno biće uvijek ste u pitanju. Nikada niste u odgovoru. Kada dođete do zaključka ili pokušavate doći do odgovora, obavezno dolazite do prosudbe. Morate funkcionirati iz potpuno drugačije realnosti.

Evo primjera. U jednom trenutku svi su mi govorili: "Moraš prestati toliko davati svojoj kćeri. Razmazit ćeš ju." Pitao sam: "Može li se beskonačno biće razmaziti?" Ne. Beskonačno biće ne može se razmaziti.

Dain: Gary postavlja pitanje svaki put kad joj nešto misli dati. Hoće li to povećati mogućnosti u njezinom životu i u svijetu? I ako je odgovor da, to je sve za što je beskonačno biće zainteresirano.

Postavljanje pitanja je način na koji dobivate mogućnosti za kreiranje nečeg većeg od ove realnosti. Svaki put kad krenete birati pitajte: "Hoće li ovo kreirati veće mogućnosti?" Koristite ovo pitanje bilo da kupujete automobil, ulazite u ljubavnu vezu, započinjete odnos, zapošljavate se ili bilo što drugo. To je:

- Hoće li ovo kreirati veće mogućnosti?
- Hoće li ovo biti plodonosno (vrijedno)?

Gary: Nemojte to povezivati s ovom realnošću. Radi se o tome što vi možete izabrati, a što će kreirati i generirati drugačiju realnost za vas. Ova realnost nikada ne može biti bolja za vas. Možete pokušati. Jako vas volim, ali vi ste ludi.

Dain: Sve dok birate iz ove realnosti ili kroz ovu realnost, ne možete ju kreirati kao bolju. Birajte iz drugog mjesta, gdje pitate "Bi li beskonačno biće ovo uistinu izabralo?" Postavite samo to jedno pitanje.

Ako postavite to pitanje, dopustite da energija bude tamo i onda birajte. To će otvoriti vrata mogućnosti prema tom izboru. Molim vas, ne prosuđujte se zato što nemate pristup onome što bi beskonačno biće izabralo u ovih deset sekundi. Počnite postavljati pitanje i dajte si priliku naučiti kako to činiti.

Gary: Kako bi bilo da birate ono što će proširiti vaš život? Najbolji način na koji to mogu objasniti u odnosu na ovu realnost je: Imate izbor. Možete ići u McDonalds i uzeti Big Mac, krumpiriće i Coca Colu, ili možete otići u susjedni restoran gdje poslužuju paštetu, kavijar, šampanjac, palačinke i razne druge divne stvari za jelo. Možete imati gozbu za nepce ili možete imati običnu hranu ove realnosti. Jednostavno trebate odlučiti kamo ćete ići.

I to nije ili/ili situacija. Hoću li ići u McDonalds? Ako sam u Australiji i želim pommes frites, da, otići ću u McDonalds. No to je sve što ću jesti u McDonaldsu bilo gdje u svijetu – osim što mi se sviđa njihov ledeni čaj. Neću ići u najskuplje mjesto na svijetu gdje imaju mangov ledeni čaj jer ne volim ledeni čaj od manga. Bi li beskonačno biće odbilo piti mangov ledeni čaj? Samo ako to izaberu. Ja biram ono što mi odgovara. Morate biti voljni prepoznati što vam odgovara i to izabrati. To ne znači da je McDonalds pogrešan. To znači da imate običnu hranu i ograničeni meni ili neograničeni meni s neograničenim mogućnostima i slasne stvari za jelo. Gdje želite živjeti? To trebate tražiti.

Pitanje: Izgleda da se opirem ovoj realnosti umjesto da ju uključujem. Možete li nešto reći o tome?

Gary: Pa, to je otprilike mjesto s kojeg svi funkcioniraju. Pokušavate napraviti bolju verziju ove realnosti ili joj se opirete, umjesto da pitate: "OK, što mi u ovoj realnosti odgovara? Što mi ne odgovara? Što mogu odabrati kako bih učinio da sve radi za mene?"

Možete pitati i: "Kako da to upotrijebim u svoju korist?" Na primjer, želio sam dovesti svoje kostarikanske konje na jahanje na Sajam španjolskih konja. Potrošio sam deset tisuća da dovedem konje na taj događaj na dvije i pol minute kako bih kreirao i uspostavio komunikaciju s ljudima koji bi za njih mogli biti zainteresirani. Pronašao sam gomilu ljudi; neki su bili zainteresirani, neki nisu odgovorili, a neki od njih jesu. Sad imam dvoje ljudi koji su zainteresirani za te konje. To je kreiralo drugačiju mogućnost. Koštalo me je 10.000 dolara da dobijem dvije komunikacijske linije. Je li vrijedilo? Imam li prosudbe o tome? Ne, nemam prosudbi o tome, a ne pridajem ni vrijednost ili značaj tome. U ovoj realnosti, pokušavamo pridavati vrijednost onome što biramo, kao da će to imati efekta na ono što biramo. Radi se o tome da biramo ono što će učiniti da sve radi za nas.

Jednom sam išao u kupovinu s Dainom jer je on želio novi pisač. Pogledao je sve pisače u trgovini i rekao: "Ne znam koji da izaberem."

Dain: Prvo sam htio jedan od 500 dolara jer je moje gledište bila da želim najskupljeg. Onda me je Gary upitao: "Kojeg bi izabrao da možeš imati bilo što? Da novac nije problem, što bi izabrao?" Rekao sam: "Izabrao bih onog koji bi najbolje radio i koji bi mi dao ono što želim." Nije bilo važno košta li puno više ili puno manje.

Odmah u blizini pisača od 500 dolara pronašao sam jednog od 150 dolara koji je imao sve što sam tražio. Rekao sam: "Oho! Da novac nije problem izabrao bih ovog!" Kupio sam ga i donio kući, i bio sam stvarno radostan što sam ga izabrao jer bi pisač od 500 dolara bio prevelik za moj ured. Drago mi je da nisam od novca pravio problem jer bih ionako morao vratiti skuplji pisač u zamjenu za onaj od 150 dolara.

Gary: Birajte iz pitanja: "Što će mi najviše odgovarati? Što će mi dati ono što uistinu želim imati?" Kada tako radite, onda kupite stvar koja vam najviše odgovara. Novac nije problem.

To je razlog za pitanje: "Bi li beskonačno biće uistinu ovo izabralo?" To pitanje uključuje sve koji su s vama povezani. Nije da ste, kao beskonačno biće, odvojeni od svega drugoga. Trebate u sve biti uključeni. Kad je Dain kupio pisač od 150 dolara, to je funkcioniralo jer je cijeli univerzum bio uključen u njegovu odluku. Zato je odgovarao njegovom uredu.

Znam ljude koji kupuju najskuplju bocu vina kad odu u trgovinu, umjesto one koja će imati najbolji okus. Bi li beskonačno biće uvijek izabralo najskuplju stvar?

Prije nekoliko godina s prijateljem sam otišao na degustaciju vina. Večer smo započeli s bocom vina od 25 $, a onda je on naručio drugu bocu za koju je mislio da košta 25 &. Ispalo je da košta 125 $. Isprva je bio užasnut, a onda je odlučio imati vlastitu degustaciju. Dopustio je svima da kušaju gutljaj njegovog vina. Bilo je vrlo zanimljivo. Između boce od 25 $ i one od 125 $ bila je vrlo mala razlika. Boca od 125 $ bila je oko 10% bolja.

Bi li beskonačno biće izabralo ono što ima bolji okus? Bi li beskonačno biće izabralo ono što ima dobru cijenu i dobar okus? Ili bi beskonačno biće uvijek biralo vrhu ponude? U ovoj realnosti pretpostavljamo da je vrh ponude ono što dobijete ako ste beskonačno biće jer kao beskonačno biće možete dobiti što god želite.

Dain: No to je promatranje iz gledišta ove realnosti. Beskonačno biće bi izabralo ono što bi mu najviše odgovaralo i što bi imalo najbolji rezultat. To je Kraljevstvo Nas. (Pogledajte u rječnik za definiciju.) Kada birate kao beskonačno biće, uključujete sve i svih u izbore koje donosite.

Gary: Cijela ideja ovoga ključa je da vas izvuče iz prosuđivanja u svjesnost. Ne pokušavate doći do "najboljeg" izbora ili "pravog" izbora.

Recimo da idete kupiti crnu haljinu. Kako određujete koju ćete crnu haljinu izabrati? Birate li onu koja na vama najbolje izgleda, onu u kojoj se najbolje osjećate, onu koja najmanje košta? Ili ćete izabrati onu koja će vam poslužiti za više događaja, a ne samo za onaj za koji ju kupujete?

Tada odlično ispadne. Haljina postane nešto što se nadograđuje na svaki aspekt vašeg života.

Pitanje: Sin me često živcira jer je tako nezahvalan. Prije nekoliko dana odvezla sam ga na neki događaj i nije pokazao nikakvu zahvalnost. Mislila sam: "Ti malo govno!" Umalo sam zaustavila automobil i rekla: "OK, izađi." Onda sam nastavila: "Ovako sam ga odgojila. Nema zahvalnosti." Neprestano se živciram jer me uzima zdravo za gotovo. Kako da se prestanem živcirati?"

Gary: Svaki put kad se živciram, uvijek znam da ne djelujem kao beskonačno biće. Znam da prosuđujem.

Dakle, da li vas živcira sin – ili živcirate sami sebe? Pitajte: "Tko me živcira? Živcira li me on – ili živciram samoga sebe? Možda živcirate samoga sebe što se živcirate oko ovoga.

Pola mojih nervoza povezano je s time što pokušavam zauzeti gledište koju su mi nametnuli moji roditelji o tome kako trebam podizati djecu.

Prestao sam se živcirati shvativši da pokušavam kreirati nešto u što uopće ne vjerujem. Pokušavam kreirati svoj život iz nečije tuđe realnosti. Pitam se: "Bi li beskonačno biće kreiralo iz ovog mjesta iz kojeg ja kreiram? Hoće li nervoza kreirati ono što bih ovdje uistinu želio kreirati?" Da ili ne? Jednostavno je.

Djeca će vam uvijek dati najgore od sebe, a svima ostalima ono najbolje. Kad je vaš sin boravio kod nas, bio je zahvalan za sve. I bit će zahvalan s drugim ljudima; samo s vama nikada neće biti zahvalan. Vi ste majka i majka ne zahtijeva ništa. Majka je kao komad namještaja po kojem sjedite i hodate. Majke su tepisi, žao mi je.

Negdje vjerujem da ako mu kažem "Ponašaš se kao nezahvalno govno", da će se on promijeniti. Pretpostavljam da to vjerujem kad tako mislim. Neki dan kad sam ga vozila, završilo je tako da sam nekoliko minuta vikala na njega o tome kako je nezahvalan, u nadi da će to shvatiti. Osjećam se tako necijenjeno.

Gary: Zašto trošite svoj dah? Ja se naljutim i onda shvatim da nije važno na koliko načina nešto kažem, kako to kažem ili koliko o tome govorim. Neće se promijeniti.

Bi li se beskonačno biće osjećalo necijenjeno? Ili bi beskonačno biće bilo voljno reći: "OK, moj sin je nezahvalno malo derište" i nastaviti dalje? Morate pogledati što je ispred vas. Moj najmlađi sin je uvijek kasnio. Ja bih se ljutio, drečao i bjesnio svaki put kad se to dogodilo.

Jednog dana pogledala me moja kći Grace i pitala: "Zašto te to gnjavi, tata?"

Rekao sam: "Kako to misliš?"

Upitala me: "Misliš li da će se on zapravo promijeniti?"

Odgovorio sam: "O, pa da, nema veze" i prestao sam to raditi.

Sljedeći put kad mi je sin rekao da se želi sa mnom naći, pitao sam: "Kad želiš da se vidimo?" Rekao mi je vrijeme i ja sam rekao dobro. Bio sam s Dainom u kupovini u vrijeme kad smo se trebali naći i rekao sam Dainu: "Imamo još dodatnih 45 minuta. On nikada ne dolazi na vrijeme."

Kad smo nakon 45 minuta stigli, bio je tamo, čekao je, iznerviran do pakla. Lupkao je nogom o pod točno onako kao i ja kad bih čekao njega.

Mislio sam: "Ovo je smiješno!"

Trebate prepoznati što će druga osoba činiti. Bi li beskonačno biće uvijek kasnilo? Bi li beskonačno biće uvijek bilo nezahvalno? Ne. No ljudi ne funkcioniraju uvijek kao beskonačna bića, funkcioniraju kao ograničena bića. Hoćete li promijeniti ograničena bića u beskonačna bića? Odgovor je ne.

Devedeset posto onoga što dajete nitko ne cijeni. To je u redu. Zbog čega bi beskonačno biće prestalo davati?

Pitanje: Ako znate što vam odgovara, a što ne, može li to biti ograničenje?

Gary: Pa, bi li beskonačno biće uvijek biralo istu stvar? Biste li uvijek birali jesti u McDonaldsu – ili biste također išli i na druga mjesta? U svemu u životu imate višestruke izbore, no vi se ponašate kao da imate samo dobar izbor ili loš izbor. Beskonačno biće bi imalo beskonačan izbor. Koliko u svome životu funkcionirate bez izbora?

Pitanje: Ako neprestano ponavljamo iste greške, je li to zato što kreiramo fantaziju?

Gary: Da, fantazije su način na koji nastavljamo činiti greške. Svaki put kad o nečemu kreiramo fantaziju, potpuno se lišimo svoje svjesnosti o budućnosti, i dopuštamo si samo rezultat koji će odgovarati fantaziji.

Koliko ste fantazija oko Deset ključeva učinili toliko stvarnim da ih čak niti pri potpunoj svjesnosti apsolutno nećete promijeniti, izabrati ili alterirati? Sve što to jest, bezbroj puta, biste li uništili i dekreirali sve to? Right and wrong, good and bad, POD and POC, all 9, shorts, boys and beyonds.

Pokušao sam toliko toga i imam fantaziju da niti Access Consciousness neće djelovati.

To nije fantazija, to je apsolutna realnost.

Da neće djelovati?

Da. Neće djelovati. Access Consciousness ne djeluje – ali vi da. Što niste voljni da djeluje? Access Consciousness – ili vi?

Kao beskonačno biće, biste li bili sposobni srediti stvari i učiniti da rade za vas? Bit ćete sposobni bilo što učiniti da radi za vas što ste voljni učiniti da radi za vas.

Sve fantazije koje vas zaključavaju od toga da učinite da vi radite za sebe, biste li uništili i dekreirali sve to? Right and wrong, good and bad, POD and POC, all 9, shorts, boys and beyonds.

Koju ste fantaziju o Deset ključeva ka potpunoj slobodi učinili toliko stvarnom da ju čak niti pri potpunoj svjesnosti ne možete promijeniti, izabrati ili alterirati? Sve što to jest, bezbroj puta, biste li uništili i dekreirali sve to? Right and wrong, good and bad, POD and POC, all 9, shorts, boys and beyonds.

Pitanje: Stvarno me je dojmilo kad ste razgovarali o tome kako kod biranja treba gledati kako će se nadalje odvijati ili vidjeti posljedice koje će iz toga proizaći. Ja to briljantno radim za druge ljude, posebno u mojoj praksi, no ne mogu za sebe.

Gary: Zato trebate postaviti pitanje: "Bi li beskonačno biće uistinu to izabralo?"

Dain: Pitanje otvara vrata kuda možete otići. Trenutno u vašem životu ne možete vidjeti gdje su ta vrata. Jednom kad postavite pitanje, vidjet ćete da su vrata mogućnosti dostupna. Uvijek su bila tamo. Kao beskonačno biće, mogli ste vidjeti ta vrata za druge ljude, no nikada za sebe jer sebe nikada ne vidite kao beskonačno biće.

To je dobro. Igrat ću se s tim.

Gary: Molim vas činite to. Ne vidite svoju vrijednost. Neprestano se gledate kao manjeg-od. Beskonačno biće nikada nije manje od nekoga drugoga, zar ne? Uvijek je samo drugačije.

Dain: U svojoj praksi kad radite s ljudima, jeste li voljni vidjeti u njima nešto više od onoga što su oni voljni vidjeti kod sebe? Znate li da je to o njima istinito?

Da, cijelo vrijeme.

Dain: To je dijelom i razlog zašto vam ljudi dolaze jer ste voljni vidjeti nešto više u njima od onoga što su oni voljni vidjeti.

Gary: To vas čini dobrim.

Dain: To vas čini odličnim u onome što radite. Biste li bili voljni svakoga dana napraviti pet do petnaestominutni tretman na sebi, kao da dolazite kod sebe na tretman, i jednostavno biti sa sobom? Učinite to kao da dolazite kod sebe na tretman i gledajte na sebe na način na koji gledate svoje klijente.

Mogu to učiniti.

Gary: Prihvaćamo puno sranja od svojih obitelji, svoje okoline i ljudi oko nas. Uvijek se radi o načinu na koji smo bolji ili lošiji. Što ako nismo ni bolji ni lošiji, već samo drugačiji? To je ono što kao beskonačno biće jeste; vi ste drugačiji. Niste bolji, niste lošiji, niste više, niste manje, samo drugačiji. Zato je beskonačno bivanje tako važno. Čini u redu biti drugačijim, a daje vam i mogućnost razumijevanja da se ne morate prosuđivati.

Dain: Počinjete vidjeti kako vam ta različitost može promijeniti život. Vaša različitost kreirat će vam život drugačijim od života drugih ljudi. Drugačije od boli i patnje, traume i drame što svi drže vrijednim. Postavljanje tog pitanja je odličan način otvaranja vrata ka tome.

Gary: Koje ste fantazije o nebivanju beskonačnim bićem koje vi jeste učinili toliko stvarnim da ih čak niti pri potpunoj svjesnosti apsolutno nećete promijeniti, izabrati ili alterirati? Sve što to jest, bezbroj puta, biste li uništili i dekreirali sve to? Right and wrong, good and bad, POD and POC, all 9, shorts, boys and beyonds.

Pitanje: Na svojim tečajevima radim s velikim grupama ljudi. Proširim se prije nego što počnem svoje tečajeve, no najčešće se nakon tečaja osjećam kao da me pregazio kamion. Osjećam se kao sve samo ne kao beskonačno biće. Kako da priječem preko toga?

Gary: Imate li kakve fantazije o tome da vas gazi kamion? Ili koliko je energije potrebno za održavanje tečaja?

Koliko ste fantazija o osjećanju kao da vas je pregazio kamion učinili toliko stvarnim da ih čak niti pri potpunoj svjesnosti ne možete ili nećete promijeniti, izabrati ili alterirati? Sve što to jest, bezbroj puta, biste li uništili i dekreirali sve to? Right and wrong, good and bad, POD and POC, all 9, shorts, boys and beyonds.

Napravio sam verziju ovoga procesa na sebi. Cijelo sam vrijeme bio umoran. Govorio bih Dainu: "Tako sam umoran!"

Dain bi upitao: "Od čega si umoran?" Dao bih mu dugačku listu stvari od kojih sam bio umoran, no ništa se nije mijenjalo.

Pitao sam: "OK, što mi ovdje nedostaje?" I onda sam jednoga dana pitao: "O! Bi li beskonačno biće izabralo biti umorno? Ne! Pa zašto onda dovraga ja biram?"

Pitao sam: "Koju fantaziju ovdje imam koja me čini umornim?" Shvatio sam da sam došao do zaključka da ako radim naporno kao što sam ja radio, moram biti umoran. Počeo sam pokretati proces fantazije o umoru i on je iznenada nestao.

Jučer sam se, nakon četiri dana vrlo intenzivnog tečaja, osjećao kao da me pregazio kamion Mack. Pa sam pitao: "OK, koliko fantazija imam koje kreiraju ovo kao realnost?" Iznenada sam se počeo osjećati bolje. Onda sam pitao: "Bi li beskonačno biće uistinu izabralo biti pregaženo od kamiona? Bi li beskonačno biće izabralo osjećati se umorno? Mora li se beskonačno biće osjećati loše?" Fantazije su ono što kreirate kako biste odlučili i izabrali ono što ste učinili stvarnim.

Morate pogledati dvije stvari. Prepoznati da mogu ići zajedno. Možete ih promijeniti jer ste beskonačno biće. Možete promijeniti stvarno bilo što ako želite.

Pitanje: Bio sam na tečaju kojeg spominjete i otad me izuzetno iritira sporost svih ostalih – u automobilu, u supermarketu i svuda gdje idem. Razdražljiv sam više nego ikada prije. Ljudi su sporiji nego što sam prije primjećivao.

Gary: Znam, vaša osnovno gledište je: zbog čega bi se beskonačno biće tako sporo gibalo? Miči mi se s puta!

Upravo tako ja zvučim!

Gary: Postajući svjesniji, počinjete shvaćati koliko sporo svijet funkcionira. To može biti nevjerojatno iritantno. Dobra je vijest da postoji točka gdje vaša svjesnost premašuje vaše dopuštanje. (Vidi rječnik za objašnjenje.) Ovoga trena vaša je svjesnost premašila vaše dopuštanje.

Da, trebam više dopuštanja.

Gary: Trebate više dopuštanja i više zanimljivoga gledišta. Nedavno smo Dain i ja letjeli kući s tečaja u Australiji, a ja sam bio toliko iritiran da sam svih mrzio. Rekao sam: "Jednostavno želim ubiti svih u ovom avionu."

Dain me upitao: "O, što se tu stvarno događa?"

Rekao sam: "Ne znam, ali nisam u dopuštanju prema nikome ovdje. Svi su šupci." Na dugim letovima obično dobijemo zbilja drage stjuardese. Ovoga puta imali smo jednu zdepastu, ružnu kuju koja je bila toliko umišljena i odvratna da sam želio skočiti sa stolice i zadaviti ju. Sve što je rekla bilo je iritantno.

Dain je pitao: "Pa, je li tvoja svjesnost premašila tvoje dopuštanje?"

Bi li beskonačno biće uistinu ovo izabralo?

Odgovorio sam: "Da! OK, moram proširiti svoje dopuštanje." Prolazit ćete kroz faze kada ćete morati proširiti svoje dopuštanje jer će vaša svjesnost premašiti razinu dopuštanja na kojoj ste voljni biti.

Bars tretman će pomoći. (Vidi rječnik za objašnjenje.) On puno pomaže – no nije dovoljan. Morate proširiti svoju razinu dopuštanja i onda sve bude u redu.

Imam stupanj dopuštanja koji je većinu vremena gotovo nevjerojatan, pa kada dođem do toga da moje dopuštanje nestane, to je: "Uf! Što da sad radim?" Ako pokretanje mojih barova ne pomogne, onda znam da je moja svjesnost premašila moju razinu dopuštanja i trebam više prakticirati zanimljivo gledište.

(Jedan od razloga zašto vodimo ovaj) OVAJ razgovor VODIMO I ZATO (je to) što sam primijetio da ljudi ne razumiju kako primijeniti Deset ključeva u svome životu. Zato vam pokušavam dati primjere kako ih ja koristim u svome životu.

Što više primjenjujete ovaj ključ, to ćete prije početi funkcionirati kao beskonačno biće koje jeste, umjesto da morate postavljati pitanje. No morate početi s pitanjem: "Bi li beskonačno biće uistinu ovo izabralo?"

Recimo da ste učenik i morate ići u školu. Zašto morate ići u školu? Zato što želite obrazovanje. Zašto želite obrazovanje? Zato što znate da će vam to na neki način pomoći. Kako to znate? Jednostavno znate. Idete u školu i mrzite testove. Bi li beskonačno biće uistinu izabralo mrziti testove? Ne. Što onda dovraga ja ovdje radim mrzeći testove? Morate to pogledati i pitati: "OK, kako da ovo promijenim? Što mogu činiti drugačije? Što drugačije mogu biti što će ovo promijeniti?"

Kad postavljate ova pitanja, posebno "Bi li beskonačno biće ovo izabralo?", uvidjet ćete da djelujete kao ograničeno biće.

Vi pitate: "Kako ovo mogu promijeniti?" Cijeli smisao ovog razgovora je ohrabriti vas (da prepoznate) KAKO BISTE PREPOZNALI kada djelujete kao ograničeno biće – pa da možete izabrati djelovati iz drugačije pozicije. Možete izabrati nešto drugačije.

Deset ključeva nisu kruta i čvrsta pravila koja trebate slijediti. Možete se igrati s njima kako biste postali suigrač svijesti. Želite suigrače, zar ne? Jedini način na koji ćete stvoriti suigrače je tako da postanete voljni igrati se sa sviješću. Do toga se ne dolazi pokušavajući činiti stvari ispravnim ili krivim.

Dain: Molim vas, nemojte birati iz ispravnosti ili pogrešnosti. Nemojte birati iz prosuđivanja. Birajte iz: "S čim se još mogu ovdje igrati kako bi si život učinio onakvim kakvim želim da bude?"

Počnite pokretati proces o fantazijama i pitajte: "Koliko fantazija imam koje ovo drže u mjestu?" Vaše vam fantazije ne dopuštaju da zapravo vidite budućnost i da nešto promijenite s lakoćom.

~~~

Drugi ključ ka potpunoj slobodi

Sve je samo zanimljivo gledište

Gary: Pozdrav svima. Večeras ćemo razgovarati o drugom ključu: Sve je samo zanimljivo gledište.

Prije svega, govorit ćemo o *gledištu* i *svjesnosti*. Gledište je pozicija iz koje se nešto promatra; to je osobit način gledanja na nešto. Gledište se razlikuje od svjesnosti.

Svjesnost znači vidjeti ono što možete vidjeti – bez da o tome imate gledište. U suprotnom biste mogli pokušati kreirati nešto što ne postoji.

Dain: Definicija gledišta sadržana je u frazi točka gledanja; to je točka iz koje nešto gledate, što znači da u jednom trenutku možete zauzeti samo jedno mjestu u univerzumu. Ne možete biti na više mjesta.

Kada zauzmete gledište, eliminirate prostor i sažmete ga u jednu točku, te tako kreirate ograničenje jer ne možete biti svjesni nijednog drugog izbora, mogućnosti ili doprinosa. Ne djelujete iz pitanja.

Gary: U knjizi Roberta A. Heinleina *Stranac u stranoj zemlji* spominju se ljudi koje nazivaju Poštenim Svjedocima, koji su trenirani da izvještavaju točno ono što su vidjeli i čuli, bez ekstrapolacija ili pretpostavki. Poštenim Svjedocima bilo je zabranjeno donošenje zaključaka o onome što su promatrali.

Netko bi upitao Poštenog Svjedoka: "Kakve je boje ova kuća?"

Pošteni Svjedok bi, s mjesta od kud je gledao, mogao vidjeti dvije strane kuće, pa bi rekao: "S ove strane je ova boja, a s ove je ova boja. Ne mogu pretpostaviti gledište o tome koje su boje druge strane."

Za razliku od Poštenih Svjedoka, većina nas u svojim životima radi pretpostavke. Gledamo u dvije strane nečega i pretpostavljamo da su druge strane podudarne s onim što već vidimo. To je gledište koje si namećemo, kao da svjesnost pretpostavlja da ovo odgovara onome. To nije svjesnost!

Kada zauzmete gledište, ne možete imati sveobuhvatnu svjesnost. Sve što možete imati je gledište.

U ovoj realnosti možete se prikloniti i slagati s gledištem, što je pozitivni polaritet – ili se možete opirati i reagirati na gledište, što je negativni polaritet.

Priklanjanje i slaganje ili otpor i reagiranje, bilo koji od njih, dovode vas u bujicu tuđih trauma, drama, uzrujanosti i intriga, koja vas ponese sa sobom. Ne percipirate i ne primate ono što jest.

Recimo da sretnete beskućnika na ulici i on vas pita za novac. Ako se priklanjate i slažete, mogli biste reći: "Oh, ovaj jadni, nesretni čovjek! Grozno je da je na ulici. Možda bih mu trebao dati nešto novca."

Ako se opirete i reagirate, mogli biste reći: "Vidi ovog tipa! Kakva skitnica! Zaposli se, stari!"

Kad ste u zanimljivom gledištu, onda se niti ne priklanjate i ne slažete s gledištem, niti se ne opirete i ne reagirate na njega. Vidjeli biste beskućnika i rekli: "Pa, to je zanimljiv izbor." Niste pometeni traumom i dramom. Vi ste Gibraltarska stijena koja sve oko sebe drži u redu.

Kada prakticirate zanimljivo gledište, struja života dolazi k vama i obilazi vas – i vi ste još uvijek svoji. (I beskućnik vas obično neće pitati za novac.) Kada niste u zanimljivom gledištu, lovi vas struja ove realnosti i odnosi. Potpuno izgubite sebe.

Nedavno je u vijestima bio kongresmen iz New Yorka po imenu Weiner koji je na svome Twitter profilu objavio sliku svojeg spolovila. Svi su se zbog toga ljutili i na koncu ga natjerali na ostavku. Moje gledište bila je: "Pa, zanimljivo gledište. Kakve to veze ima s poslom? Znači li činjenica da on mora pokazati svoje spolovilo njegovu nesposobnost raditi svoj posao? kad bi to bilo tako, uopće ne bismo imali političare. Svi oni moraju pokazati svoja spolovila, na jedan ili drugi način." To je samo zanimljivo gledište.

Netko mi je rekao: "Pokušavam prakticirati zanimljivo gledište, no stvarno ne razumijem kao da to činim jer zanimljivo gledište radim samo sa stvarima za koje sam već odlučio da je zanimljivo gledište."

Ne radi se o tome da ono što ste odlučili treba biti zanimljivo gledište, već svaka pojedina misao i osjećaj koji imate! Sve je samo zanimljivo gledište – jer niti jedno od tih gledišta zapravo ni nije vaše.

Trebate prakticirati zanimljivo gledište sa svakim pojedinim gledištem, bez prosuđivanja koje je od njih ispravno, a koje pogrešno, koje je dobro, a koje loše, koje vam se sviđa, a koje ne.

Sve je samo zanimljivo gledište

Voljni ste prakticirati zanimljivo gledište na stvari za koje ste odlučili da vam se ne sviđaju, no niste voljni prakticirati zanimljivo gledište na stvarima za koje ste odlučili da vam se sviđaju, pa prema tome zapravo nikada ne možete postići zanimljivo gledište.

Koju fantaziju i postojanje (vidi rječnik za definiciju) koristite da porazite i suzbijete kvantne zaplete (vidi rječnik za definiciju) koji bi vam dopustili da budete zanimljivo gledište? Sve što to jest, bezbroj puta, biste li uništili i dekreirali sve to? Right and wrong, good and bad, POD and POC, all 9, shorts, boys and beyonds.

Dain: Bi li beskonačno biće zapravo imalo bilo koje gledište? Kad počnete djelovati iz "zanimljivo je gledište da imam ovo gledište", možete doći do toga da nemate niti jednu čvrstinu o onome što se pojavljuje. Drugim riječima, umjesto da postanete emotivni u vezi nečega, kažete: "Pa, to je bilo zanimljivo." Umjesto da se nečega počnete bojati, kažete: "To je bilo zanimljivo." Umjesto da se zbog nečega naljutite, kažete: "Oh, to je zanimljivo." Na kraju postanete zanimljivo gledište. To možete biti kada počnete birati zanimljivo gledište.

Zanimljivo gledište je ono što djeca imaju. To je način na koji oni funkcioniraju – i to je točno ono što su nas učili da ne budemo. Zanimljivo gledište je antiteza svemu što ste naučili od najranijega djetinjstva. Prirodno ste zanimljivo gledište. Morate se naučiti kako to ne biti.

Sve fantazije i bivanja koja imate posebno da ne budete zanimljivo gledište, biste li uništili i dekreirali sve to? Right and wrong, good and bad, POD and POC, all 9, shorts, boys and beyonds.

Pozivamo vas da učinite nešto što će za vas kreirati potpuno drugačiju mogućnost. No to morate *činiti*. Zato razgovaramo o Deset ključeva – kako biste ih mogli primjenjivati i koristiti i postati to, te živjeti kao oni, umjesto da se osjećate kao da su oni nešto izvan vas što činite samo povremeno, ili ne činite dobro, ili ne razumijete.

Svaki od ovih Deset ključeva govori o drugačijem načinu bivanja u svijetu. Drugačiji su od bilo čega što ste na ovom planetu učili.

Gary: To su ključevi k apsolutnoj slobodi. Za vas koji ste voditelji, devedeset posto onoga s čim se nosite dok radite s ljudima je Deset ključeva.

Devedeset posto svega u vašem životu ima veze s jednim od Deset ključeva.

Dain: Devedeset i devet i više posto ograničenja koja ljudi stvaraju dolazi iz nedjelovanja iz zanimljivoga gledišta. Devedeset i devet, zarez devet, devet, devet, devet posto onoga što stvara teškoće u vašem životu je mjesto gdje niste bili sposobni ili voljni djelovati iz zanimljivoga gledišta.

Gary: Kako možete biti dobar voditelj ako ne prakticirate zanimljivo gledište? Ne možete! Morate prakticirati zanimljivo gledište kako biste bili dobar voditelj – jer ako zauzmete gledište, zalijepit ćete osobu s kojom radite za nešto što nije istinito niti njoj niti vama.

Koju fantaziju i bivanje koristite da porazite i suzbijate kvantne zaplete koji bi vam dopustili da budete zanimljivo gledište? Sve što to jest, bezbroj puta, biste li uništili i dekreirali sve to? Right and wrong, good and bad, POD and POC, all 9, shorts, boys and beyonds.

Gary: Pretpostavljam da je ovaj ključ kod mene tako dobro djelovao zato što ja nisam zainteresiran za fantaziju; ja sam zainteresiran za potpunu svjesnost. Ako ne djelujete iz "Ja želim potpunu svjesnost, bez obzira što to povlači za sobom", ne možete raditi ove stvari. Moguće je da ne možete živjeti Deset ključeva jer još uvijek djelujete iz neke fantazije ili nekog postojanja kao da će vas to dovesti tamo gdje želite ići ili vam dati ono što želite imati.

Dain: To je zanimljivo jer sam ja bio zainteresiran za fantazije. U isto vrijeme bio sam zainteresiran i za potpunu svjesnost, i svjesnost je vremenom uništila većinu fantazija koje sam imao. I život postaje bolji.

Kad pogledam unatrag, vidim sva ona mjesta gdje sam bio zainteresiran za fantazije, posebno u vezi žena i odnosa. To je područje u kojem se meni to događalo. Svaki put kad nisam znao što učiniti, a to je bilo često, oslanjao sam se na zanimljivo gledište.

Odlučio sam sjesti, biti s energijom koja se pojavila, što god to bilo, i prakticirati "zanimljivo gledište da imam to gledište". Prakticirajući to, sve što je bilo u fantaziji i/ili u postojanju, i sve što je izgledalo vrijedno glede toga, rasipalo bi se. Što sam više prakticirao zanimljivo gledište, to sam se više osjećao sposobnim da budem prisutan sa bilo čime, bez da me to proguta.

Ako ne prakticirate zanimljivo gledište, ako niste zanimljivo gledište, onda vas svako gledište koja se putem pojavi, a u vezi koje biste mogli imati naboj, posjeduje. Zbog toga odlazite u otpor i reakciju.

Ako vam je vrijedno imati sposobnost da budete prisutni s bilo kojim gledištem drugih ljudi, čak i s gledištem kojeg naizgled dijele svi na cijelome planetu, a da ne izgubite sebe, ovo je način da do toga dođete.

Gary: Pomislite sada na nešto što vas muči, nešto čega se ne možete osloboditi. Znam da nešto imate. To mogu biti glupi, spori ljudi. Može biti nešto vezano uz novac.

- Pogledajte sada na to gledište i recite: zanimljivo je gledište da imam ovo gledište.
- Pogledajte ju ponovno i recite: zanimljivo je gledište da imam ovo gledište.
- Pogledajte ju još jednom i recite: zanimljivo je gledište da imam ovo gledište.
- Je li još tu ili se promijenilo?

Pitanje: Pokušavam doći do više klijenata u svome poslu. Pridružila sam se nekim grupama i učinila sam još neke stvari kako bih susrela ljude i stvorila nove kontakte, no jako sam frustrirana u svome univerzumu. S ovime ne mogu niti prakticirati zanimljivo gledište. Ne znam ni kako to objasniti.

Gary: Uzmite emociju frustracije. Sada recite: zanimljivo je gledište da imam ovo gledište s tim. Ponovite to. Osjetite osjećaj frustracije i recite: zanimljivo je gledište da imam to gledište. I još jednom: zanimljivo je gledište da imam tu frustraciju.

Kako ju sad osjećate? Je li osjećaj frustracije isti ili drugačiji?

Drugačiji je. Ide nabolje i upravo sam postala svjesna da ju ne želim imati.

Gary: OK, dobro. Zahvalan sam što ste to spomenuli. Da biste osjećali frustraciju, morate zauzeti gledište da ste frustrirani. Jednom kad zauzmete gledište da možete biti frustrirani, onda to možete biti.

Ovaj primjer osjećaja frustriranosti trebao bi ljudima pomoći razumjeti da ovaj alat mogu koristiti sa svime što čine značajnim ili vrijednim. Kada u svome svijetu imate frustraciju, ili se osjećate bespomoćno ili savladano nedostatkom novca, ili prevelikom količinom novca, samo prakticirajte: zanimljivo je gledište da imam to gledište.

Shvaćam da sam odlazila u frustraciju jer se od toga osjećam kao da nešto činim u vezi te situacije u kojoj se nalazim. Ako samo sjednem i opustim se, osjećam kao da se taj problem neće promijeniti.

Gary: No, je li to problem?

To je situacija koja me trenutno strašno frustrira. Radim Bars tretmane, no ne vidim da se događa nikakva stvarna promjena. Sigurna sam da se događa više promjene nego što ja uviđam, ali...

Gary: Ako radite tretmane Bars na ljudima iz zanimljivoga gledišta, oni se mogu promijeniti. No ako radite tretmane Bars iz gledišta da želite da se ljudi promijene, to nije zanimljivo gledište. Morate ljudima dopustiti da primaju što god primaju, kako god to primaju. Ne biste smjeli željeti da se netko promijeni.

Jedina stvar koju trebate željeti je da možete dopustiti da se ljudima otvore stvari i krenu u smjeru u kojem oni žele. Svrha tretmana Bars je dopustiti ljudima da imaju promjenu koju god oni u tretmanu dobiju. Ako se promijene, promijenili su se, a ako ne, to je njihov izbor.

Frustracija se pojavljuje samo kada polazite od fiksnoga gledišta. Zato vas pokušavamo dovesti do zanimljivoga gledišta. Ako nekome radite tretmane, a niste u zanimljivom gledištu o tome, oni se ne mogu promijeniti. Sprječavate ih u promjeni. Blokirate ih sa "nezanimljivim gledištem" kao da je to način na koji ćete ih promijeniti.

Dain: To je kao da mislite da s njima nešto nije u redu, umjesto da shvatite da je nešto ispravno u svemu što oni trenutno jesu. U svemu je nešto ispravno, ali ne u smislu "ispravno" ili "krivo". To je samo izbor koji su napravili. Ako svome radu s ljudima pristupate iz zanimljivoga gledišta, nevjerojatno je što se može dogoditi.

Ako netko želi da se promijeniš, Gary, što ti napraviš?

Gary: Ja? Ja se promijenim.

Dain: Ha! Kad netko želi promijeniti humanoida, što mi radimo? Kažemo: "J___ se! Neću se promijeniti. Neću. Samo zato što ti to želiš, neću se promijeniti."

Gary: Kažemo: "Ne možeš me na to natjerati."

Dain: Kada želite da se netko promijeni, zapravo natjerate energiju u njihov svijet koja govori: "Trebao bi se promijeniti. Trebao bi biti drugačiji. Trebao bi imati bolji život za koji ja znam da je za tebe moguć, glupane."

A on kaže: "Ne, uopće se neću promijeniti jer mi ti to pokušavaš nametnuti."

Morate prepoznati: "Izgleda da sam se vezao za gledište da se ovi ljudi trebaju promijeniti. Zanimljivo je gledište da imam gledište da se oni trebaju promijeniti."

Gary: I što ako bi vaše zanimljivo gledište bilo: "OK, to je njihov izbor. Ako žele biti bolesni i umrijeti, nema problema. Ako žele raditi to što rade, to je njihova stvar."

Netko mi je nedavno rekao: "Prijatelj mi umire, no ja ne želim da on umre."

Pitao sam: "Pati li jako?"

Rekla je: "Da. Mrzim činjenicu da on pati i ne želim da umre."

Rekao sam: "Ta dva fiksna gledišta koja si zauzela zadržavaju ga u pokušaju da ostane uz tebe. Mora više patiti jer ti nisi voljna da on pati. Što ako će on upravo to napraviti kako bi odovuda otišao? Trebate biti u zanimljivom gledištu."

Kad radim s ljudima, vidim da im nešto ne odgovara, i oni vide da im nešto ne odgovara, no izgleda da ih ne mogu...

Gary: Pa, kao prvo, pretpostavljate da oni to zapravo žele promijeniti.

Dain: A zaključujete i da sve to što oni čine ne radi za njih. Ne znate što im se događa.

Gary: Ne mijenjanje im na neki način odgovara.

Dain: Isto je s vašom frustracijom. Na neki način, vaša frustracija radi za vas. Inače ju ne biste birali.

Ta frustracija nikako ne radi za mene.

Dain: Da, ali nakon što ste počeli primjenjivati ovaj alat, shvatili ste: "Aha, željela sam da to bude tako. Željela sam biti frustrirana. Ja to zapravo kreiram."

Gary: Možda kreirate ljude koji se stvarno ne žele promijeniti kako biste vi održavali svoju frustraciju.

Kažete da privlačim ljude koji se ne žele mijenjati?

Gary: Ljudi vas gledaju i vide da ste novčano situirani. Kažu: "Oh, želim to što ona ima", što znači da žele vaš novac. Mislite da žele promijeniti stanje u kojem se nalaze, no to nije to. Oni žele ono što vi već imate, a to je novac.

Mnogo je ljudi s gledištem da ako oni ne zarađuju novac, da ćete s vremenom vi njima dati nešto svojega novca. Meni se to stalno događa. Uvijek mi je zanimljivo gledište da ljudi misle da ću im dati novac.

Dain: A zato što to vidi kao zanimljivo gledište, to na njega ne utječe. Drugim riječima, samo kaže: "OK, to je zanimljivo." Ne mora im dati novac, osim ako to želi, i ne mora se osjećati loše ako im ne da novac – jer ideja da bi im trebao dati novac samo je zanimljivo gledište.

Evo još jednog primjera. Bio sam u vezi s jednom ženom. Nedugo zatim nazvala me i rekla da ima grozan problem koji mora riješiti. (Imala je rak.) Rekao sam: "OK, dat ću ti 10 tretmana da vidim ako to možemo riješiti." Na svakom je tretmanu, umjesto rješavanja problema, govorila o tome kako mi pripadamo jedno drugome. Rekla je da bismo trebali biti zajedno – i da bismo bili zajedno do kraja života. Uopće nije bila zainteresirana rješavati rak. Bila je zainteresirana za naklonost, traumu i dramu koja bi nas, iz njezinoga gledišta, trebala zbližiti. Mnogi ljudi misle da će se s drugima zbližiti imajući ogroman problem koji se ne može riješiti.

Stoga trebate pitati: "Pokušavam li riješiti problem koji ova osoba ne želi riješiti? Što se ovdje stvarno događa?" To je cijela ideja zanimljivoga gledišta. Kada koristite ovaj alat, možete vidjeti što se zapravo događa. Ako nemate zanimljivo gledište, birat ćete gledište koja eliminira svjesnost koju biste mogli imati o onome što se zapravo događa. Kada to činite, možete gledati samo iz te jedne točke; ne možete vidjeti što se zapravo zbiva.

Gary: Kad me ljudi zovu i kažu: "Trebam pomoć", pitam ih: "Što se događa?"

Oni kažu: "Ne znam."

Pitam ih: "Želite pomoć? Za što želite pomoć?"

Kažu: "Pa, nisam siguran. Mislim da imam pitanje."

Pitam: "OK, što je pitanje?"

Kažu: "Nisam siguran. Možete li mi reći koje je moje pitanje?"

Ljudi žele da im kažem što s njima nije u redu, tako da onda mogu rješavati to što ima ja kažem da nije u redu, umjesto da gledaju što je njihova istina i da vide što će im odgovarati. Zbog toga svaki razgovor započinjem s pitanjem: "OK, što je? Što mogu učiniti za vas?" Kada započnem razgovor ne predviđam da ću bilo kome pomoći. Moje gledište nikada nije da se oni žele promijeniti. Moje gledište nikada nije da oni zapravo žele ono što kažu da žele. Kao rezultat toga mogu biti u zanimljivom gledištu, i to funkcionira.

Znači, nešto privuče ljude i oni dođu na tretman Bars. Ne traže nužno promjenu, oni samo žele...

Gary: Žele imati ono što vi imate. Iz njihovoga gledišta, ako mogu dobiti ono što vi imate, život će im biti dobar.

Kako da to promijenim?

Dain: Mogli biste prakticirati: "Zanimljivo je gledište da imam ovo gledište" pet puta svaki put kada se to pojavi.

Gary: A mogli biste i: Zanimljivo je gledište da mi ova osoba dolazi zbog bilo čega, osim da me samo gleda.

Dain: Ako možete tako postupiti, onda se nešto drugo može pojaviti osim onoga što ste odlučili ili zaključili da će se dogoditi. Postaje vam dostupan drugačiji izbor.

Gary: Puno sam puta vidio da se Dain spetljao sa ženama koje su htjele privatne tretmane s njim, i on bi odradio deset, dvanaest, petnaest ili dvadeset privatnih tretmana, dvadeset sati rada. A one su zapravo samo htjele znati ima li tamo kakve povezanosti s Dainom. To je sve što su tražile.

Možete biti izuzetno vidoviti i pokupiti njihova gledišta. Neprestano mislite da nešto trebate učiniti s gledištem kojega primite. Ne, trebate samo biti zanimljivo gledište. Ako to prakticirate, onda se nijedno gledište neće lijepiti za vas – njihova, vaša, niti bilo čija.

Pitanje: Pokušavam živjeti Deset ključeva, no izgleda da ih ne shvaćam. Nešto me zaustavlja, nisam sigurna što je to, osim možda da ih još nisam izabrala.

Gary: Ako prakticirate svaki ključ, jedan po jedan, šest mjeseci, bit ćete slobodni. Svaki se ključ nadograđuje na ostale i to vam omogućuje da živite kao Deset ključeva. Počnite tamo gdje jeste i prakticirajte zanimljivo gledište kao što smo opisali. S vremenom će sve početi djelovati. Sve se počne spajati.

Ili počnite s ključem prema kojem imate najviše otpora.

Pitanje: Izgleda da su gledišta koja nas zaista blokiraju ona za koje ni ne znamo da ih imamo. Kako da dođemo do gledišta za koja ne znamo da ih imamo? Je li to:

Zanimljivo je gledište da imam ovo gledište za koje ne znam da ga imam?

Gary: Pa, to bi moglo biti tako.

Evo što zanimljivo gledište nije: ako u nešto gledate, na primjer u automobile i kažete: "O, mislim na Fordove. Zanimljivo gledište je da mislim na Fordove. To mora značiti da mi se Fordovi sviđaju. Pretpostavljam da nije loše što imam to gledište o Fordovima." To ne znači biti zanimljivo gledište.

Morate pogledati na svoje gledište i reći: "Sviđaju mi se BMW-i. Zanimljivo gledište je da mi se sviđaju BMW-i."

Provodim li život razmišljajući o BMW-ima? Ne. Mislim li povremeno o BMW-u? Obično ne, jer ako bih mislio, rekao bih: " Zanimljivo je gledište da imam to gledište " i iznenada shvatio da primam gledište osobe koja vozi BMW i tako je jako sretna što vozi taj auto da kaže: "Volim svoj BMW!" A ja, zato što sam vidovit i upijam kao spužva, to pokupim.

Koristim zanimljivo gledište sa svakom pojedinom misli i osjećajem kojeg imam, bilo da je moj ili tuđi.

Pitanje: Kad ste započeli prakticirati zanimljivo gledište, je li vas izluđivalo sve što se pojavljivalo?

Gary: Prvo što se dogodilo je to da sam počeo shvaćati da nijedno gledište koje imam nije moje.

Dain: Čak niti gledište o izluđivanju. To je pomalo smiješno jer mislite na to i kažete: "Zanimljivo je gledište da imam ovo gledište da ludim."

Gary: Zanimljivo je gledište da mislim da ludim. Bi li beskonačno biće izabralo ludjeti? Ne. Bi li moglo? Da.

Hajmo pokrenuti proces:

Koju fantaziju i postojanje koristite da porazite i suzbijate kvantne zaplete koji bi vam dopustili da budete zanimljivo gledište? Sve što to jest, bezbroj puta, biste li uništili i dekreirali sve to? Right and wrong, good and bad, POD and POC, all 9, shorts, boys and beyonds.

Dain: U našem prvom razgovoru govorili smo o fantaziji. Svi imamo neke fantazije o tome kakve su stvari, kakve bi stvari trebale biti, morale biti ili valjale biti. Ili kakve su, a što nisu. Imamo fantazije poput: "To se ovdje zbiva" i "To se ovdje uopće ne zbiva."

Gary: Sjajan primjer kada nismo zanimljivo gledište je kada kažemo: "To se ovdje zbiva." To je zaključak. Kada dođete do zaključka, prosudbe, odluke ili računice, ne možete vidjeti što se zapravo događa.

Ono što biste trebali govoriti je: "Pa, zanimljivo je gledište da imam to gledište. Što ako se zapravo tu radi o nečem drugom, a ne ono što ja mislim da se događa?" Kada djelujete iz zanimljivoga gledišta, zapravo možete vidjeti što se zbiva. Zašto je to tako? Zato što ne namećete svoju ideju, prosudbu, zaključak, fantaziju ili bilo što drugo na ono što se događa. Sposobni ste vidjeti što jest, odvojeno od bilo koje reakcije ili ideje koju o tome možete imati.

Koju fantaziju i postojanje koristite kako biste porazili i suzbili kvantne zaplete koji bi vam dali zanimljivo gledište kao realnost? Sve što to jest, bezbroj puta, biste li uništili i dekreirali sve to? Right and wrong, good and bad, POD and POC, all 9, shorts, boys and beyonds.

Gary: Postojanje je uvijek gledište. To je nešto što činite kako biste dokazali da bivate. Pokušavate dokazati da nešto jeste. Recimo da odlučite da ćete biti ekstremno ženstveni.

Što ako ne biste morali dokazivati da ste ženstveni? Što ako biste samo bili svoji – i to je ultimativno ženstveno? Drugim ste ljudima najprivlačniji kada ste svoji.

Umjesto da budemo ono što jesmo, mi stavljamo sliku onoga što mislimo da trebamo biti kako bismo dokazali da smo ono što mislimo da bismo trebali biti. Pokušavamo dokazati da nešto jesmo, umjesto da zapravo budemo ono što jesmo. To je postojanje.

Bivanje je, s druge strane, samo bivanje. Ne možete prakticirati zanimljivo gledište ako ne bivate.

Dain: To je jako zanimljivo. Ako imalo prakticirate fantazije, ne zanima vas zanimljivo gledište.

Gary: Točno.

Dain: Ako imalo prakticirate postojanje, niste zanimljivo gledište.

Gary: Da.

Koju fantaziju i postojanje koristite da porazite i suzbijate kvantne zaplete koji bi vam dali zanimljivo gledište kao realnost? Sve što to jest, bezbroj puta, biste li uništili i dekreirali sve to? Right and wrong, good and bad, POD and POC, all 9, shorts, boys and beyonds.

Dain: Kvantni zapleti su u biti vaša veza s kreativnim, generativnim elementima univerzuma.

Gary: Oni vam dopuštaju komunikaciju s drugim ljudima. Da nemate kvantne zaplete, ne biste imali psihičku svjesnost, intuiciju ili sposobnost da čujete tuđe misli.

Kvantni zapleti su u osnovi teorija struna univerzuma. Oni su način na koji je sve isprepleteno i međusobno povezano. Od tih svjesnih elemenata univerzuma možete nešto zatražiti i to vam se pojavi samo zato što ste zatražili. Za to smo daleko sposobniji kada djelujemo iz Deset ključeva, posebno kada djelujemo iz zanimljivoga gledišta.

Dain: Poražavate i suzbijate kvantne zaplete sa svojim fantazijama i svojim postojanjima.

Koju fantaziju i postojanje koristite da porazite i suzbijate kvantne zaplete koji bi vam dopustili da budete zanimljivo gledište? Sve što to jest, bezbroj puta, biste li uništili i dekreirali sve to? Right and wrong, good and bad, POD and POC, all 9, shorts, boys and beyonds.

Gary: Netko je nedavno rekao: "Pokušavam prakticirati zanimljivo gledište, no to činim samo na stvarima za koje sam već odlučio da su zanimljiva gledišta."

Rekao sam: "Voljni ste prakticirati zanimljivo gledište na stvarima za koje ste odlučili da vam se ne sviđaju, no niste voljni prakticirati to sa stvarima koje vam se sviđaju. Kao rezultat, nikada zapravo ne možete postići zanimljivo gledište."

Ne radi se o tome da ono što ste vi odlučili treba biti zanimljivo gledište; već da je svaka pojedina misao i osjećaj koji imate zanimljivo gledište.

Morate prakticirati zanimljivo gledište sa svakim gledištem kojeg imate – bez prosuđivanja koja su gledišta ispravna, koja su kriva, koja su dobra, koja su loša, koja vam se sviđaju, a koja vam se ne sviđaju.

Koju fantaziju i postojanje koristite da porazite i suzbijate kvantne zaplete koji bi vam dopustili da budete zanimljivo gledište? Sve što to jest, bezbroj puta, biste li uništili i dekreirali sve to? Right and wrong, good and bad, POD and POC, all 9, shorts, boys and beyonds.

Ponekad, kad ljudi govore o gledištu, kažu: "Pa, kad imam gledište ja ga POD&POC-am." Ne radi se o POD&POC-anju gledišta. Kako biste POD&POC-ali gledište, morate ga učiniti čvrstim i stvarnim. "Zanimljivo je gledište da imam ovo gledište" je drugačije. To znači vidjeti da t gledište koje imate samo treba biti zanimljivo gledište. Ne mora biti dovoljno čvrsto daga POD&POC-ate. Ako ga pokušavate POD&POC-ati, priklanjate se uz njega kako biste se ga riješili. To zapravo ne djeluje.

Ideja je da vam postane jasna činjenica da je gledište samo gledište. Nije ni ispravno ni krivo, ni dobro ni loše, ni stvarno ni istinito, to je samo gledište.

Dain: "To nije ispravno ili krivo, dobro ili loše, stvarno ili istinito, to je samo gledište." Možete to govoriti 100 puta dnevno.

Koju fantaziju i postojanje koristite da porazite i suzbijate kvantne zaplete koji bi vam dopustili da budete zanimljivo gledište? Sve što to jest, bezbroj puta, biste li uništili i dekreirali sve to? Right and wrong, good and bad, POD and POC, all 9, shorts, boys and beyonds.

Pitanje: Pod ugovorom sam kao savjetnik u kompaniji koja mi duguje oko 9.000 dolara. Upravo sam se čuo s njihovim odvjetnikom i saznao da restrukturiraju kompaniju i da mi vjerojatno neće moći platiti. Stvar je u tome da sam pod ugovorom još nekoliko mjeseci i oni očekuju da nastavim raditi za njih, no možda za to neću biti plaćen.

Gary: Čekajte malo. Gdje je zanimljivo gledište u ovoj priči? Zanimljivo gledište je da me oni mogu kontrolirati. Rekao bih im: "Ako mi ne možete platiti, ja neću moći raditi za vas" ili "smanjit ću količinu rada koji za vas obavljam sve dok mi ne platite za ono što sam već napravio. Možete učiniti bilo što što vam je potrebno za restrukturiranje, ali ja trebam živjeti i brinuti za svoju obitelj." Morate otići u zanimljivo gledište. Prakticirajte zanimljivo gledište da se ovo događa, a ne "oni me kontroliraju".

Ali zabrinut sam.

Gary: Ne, ne, ne. Biti zabrinut nije zanimljivo gledište. Morate biti u tome i prakticirati: zanimljivo je gledište da sam zabrinut.

Dain: Uđite u to i prakticirajte zanimljivo gledište! Uđite u to i prakticirajte!

Gary: Kada prakticirate zanimljivo gledište prema svim tim emocijama, mislima i drugim gledištima koji se pojavljuju, otvarate vrata prostoru koji će vam pokazati drugačiju mogućnost.

Sve dok govorite "to je ovo, ovo ili ovo", djelujete iz zaključka. Koliko god se priklanjate i slažete s idejom da vas oni ne mogu isplatiti, toliko se držite podalje od primanja plaće. Kada prakticirate zanimljivo gledište i stvarno postanete zanimljivo gledište s njima, oni bi negdje mogli otkriti novac kako bi vas isplatili.

Dain: Hvala što ste postavili pitanja koja imate. Često je lakše uvidjeti stvari u tuđem životu, pa vaša pitanja svima pokazuju što jest, a što nije energija zanimljivoga gledišta. Vaša pitanja ljudima pokazuju način na koji stvaramo situacije koje ne želimo. Jednom kada dođete do zanimljivoga gledišta, čak i ako trebate ponoviti 100 puta, naboj koji stvara ludilo oko vaše situacije odlazi. To je potpuno drugačiji način bivanja. To stvara mogućnost za drugačiju situaciju, kao i više mira u vašem životu. Ako ne djelujete iz zanimljivoga gledišta, nemoguće je živjeti u miru. Kako može bolje od toga?

Koju fantaziju i postojanje koristite da porazite i suzbijate kvantne zaplete koji bi vam dopustili da budete zanimljivo gledište? Sve što to jest, bezbroj puta, biste li uništili i dekreirali sve to? Right and wrong, good and bad, POD and POC, all 9, shorts, boys and beyonds.

Pitanje: Ako sam u velikoj grupi ljudi gdje svi imaju isto gledište o nečemu, a ja prakticiram zanimljivo gledište, hoće li to biti dovoljno da promijeni gledište svih ostalih?

Gary: Što više prakticirate zanimljivo gledište, to će oni teže održati svoje gledište. Ako samo jedna osoba radi zanimljivo gledište, to je za 500 ljudi sve teže održavati svoje gledišta. A ako se ne priklanjate i ne slažete s bilo čime što govore, situacija za vas postaje istoga trena lakša. I sve dok je za vas lakše, mogu se pojaviti drugačije mogućnosti.

Ako mislimo da je gledište zapravo stvarno, to nas blokira. Gledište je samo gledište. Nije stvarno, niti kreira stvarnost. Ako se dvadeset ljudi prikloni i složi oko gledišta, onda to postane njihovo gledište. No to ga ne čini stvarnom. Ne morate se priklanjati i slagati s njim. Ne morate se opirati ili na njega reagirati. Trebate samo prepoznati: "To je samo njihovo gledište." Njihovo gledište ništa ne čini stvarnim.

Pitanje: Gary, prije nekoliko tjedana na TV-u sam gledala emisiju u kojoj ste govorili o novcu. Dvoje ljudi koji su vas intervjuirali nisu razumjeli ništa što ste govorili. Dali ste im alat "Kako može biti bolje od toga?" što uopće nisu razumjeli. Dok sam gledala, mislila sam: "O, kako on to može?" Neprestano sam mislila: "Što Gary vidi, što ja ne vidim?" Meni je taj razgovor s njima izgledao kao gubitak vremena.

Gary: Za mene ništa nije gubitak vremena jer moje gledišta je da je to samo zanimljivo gledište. Ono što drugi biraju je ono što biraju. Pogledat ću nekoga i pitati: "OK, pa što je još moguće? Mogu li išta reći što bi ovim ljudima pomoglo ili što bi moglo za njih nešto promijeniti?"

Ljudi su me nakon intervjua zvali i govorili: "Puno hvala. Bilo je sjajno." To nisu bili ljudi iz Access Consciousnessa. Iznenadili su se kako upotrebom ovog malog alata mogu nešto učiniti za sebe.

Kada imate zanimljivo gledište kao realnost u svome životu i kao svoj život, ljudi ne mogu održati čvrstoću fantazije o svojoj realnosti. Ako prakticirate zanimljivo gledište, nitko s fiksnim gledištem više ga ne može održati.

Pitanje: Kako zanimljivo gledište djeluje sa stvarima koje su dobre ili u kojima uživamo?

Gary: Ako u nečemu uživate i prakticirate zanimljivo gledište, obično postaje još bolje.

Što ako neprakticiranje zanimljivoga gledišta stvara ograničenje? Ako primjerice kažete: "Riješio sam sve stvari vezano za svoj novac", radite li zanimljivo gledište?

Dain: Ne, u zaključku ste.

Gary: Da, i jednom kada dođete do zaključka ograničavate ono što se može pojaviti. Želite li stvarno ograničiti količinu novca koju možete imati u svome životu ili koliko zabave možete imati u svome životu – ili bilo što drugo što je moguće? Zanimljivo gledište širi sve u vašem životu, ne samo stvari koje ste voljni promijeniti.

Znači, svaki put kada zaključujemo, poput "Ovo je odlično" ili "Ovo je sjajno" ili "Uh, ovo je stvarno jadno", zanimljivo gledište to može otključati?

Gary: Da, i kada nešto otključa, otvara vrata drugoj mogućnosti.

Dain: Recimo da imate puno novca, a financijska je kriza. Znate da ste situirani; novac vam nije problem. Možete reći: "Zanimljivo je da svi drugi ljudi imaju gledište da je to problem."

Ili recimo da netko govori o svojim tjelesnim problemima i vi mislite: "Moje je tijelo točno onakvo kakvo želim da bude." Možete biti zanimljivo gledište o tuđim tjelesnim problemima i s tim imati osjećaj lakoće. Osjećaj lakoće stvarate bivajući zanimljivo gledište.

Gary: Još je važnije prakticirati zanimljivo gledište o onome što vi mislite da su vaša gledišta. Kada sam započeo prakticirati zanimljivo gledište, mislio sam stvari poput: "Mrzim burke. Tako su strašno ružne." Onda bih rekao: "O, zanimljivo je gledište da imam to gledište, jer nikada u životu nisam imao misao o burki. Nikada."

Shvatio sam da je većina onoga što se motalo po mome univerzumu bilo temeljeno na hvatanju misli i osjećaja drugih ljudi. Devedeset i devet tisuća posto misli i osjećaja koje ljudi imaju su gledišta koja su preuzeli, podijelili ili donijeli o tome zaključak. To ih ne čini stvarnim.

Kad primijetim da govorim "Ne volim takvu vrstu cvijeća", kažem: "O, zanimljivo je gledište da ne volim takvu vrstu cvijeća." Nakon što sam to ponovio tri puta, otkrio sam da stvarno nisam imao nikakvo gledište o cvijeću. Samo sam mislio da bih trebao imati. Zašto? Zato što su drugi ljudi imali gledište o takvoj vrsti cvijeća.

Mogli biste shvatiti da ste većinu gledišta koje imate sami kreirali jer ste mislili da trebate. Pričam s ljudima koji kažu: "Bla, bla, bla" o nečemu ili nekome.

Pitam: "Je li to stvarno tvoje gledište? Je li to gledište koje zaista imaš – ili je to gledište za koje misliš da trebaš imati?"

Oni kažu: "O! To nikada nije bila moje gledište. To je gledište koje sam trebao imati."

Točno! Jednom kad počnete prakticirati zanimljivo gledište, prepoznate: "Kreirao sam skoro sva svoja gledišta jer sam mislio da su to ona koja trebam imati."

I kad shvatite zanimljivo gledište, to postaje izbor: "Želim li se stvarno držati ova gledišta? Hoće li to doprinijeti mome životu? Ili postoji nešto drugo što bi moglo puno bolje djelovati?"

Dain: Govorimo o stvaranju prostora zanimljivoga gledišta i osjećaja lakoće tamo gdje ga prije nije bilo. Možda trenutno niste zanimljivo gledište, no ako ga birate, stvarate lakoću. Kad nešto riješite, osjećate lakoću, čak i ako netko drugi o tome ima gledište. Što ako biste to mogli imati u svakom području svoga života?

Ljudi često čuju za ovaj alat i kažu: "Izgleda mi da ne mogu prakticirati zanimljivo gledište."

Kažem: "To je zato što nikada niste umorni. Zato ne možete... još." Tome vas nitko nije podučio, i to se ne smatra vrijednim u ostatku svijeta. Govorimo o stvaranju prostora gdje sve što se pojavljuje – svako gledište koje vam dođe u glavu – može biti ono što je, a onda se može promijeniti.

Sve postaje zanimljivo gledište. Pomislite na loše iskustvo iz svoje prošlosti. Pronađite sve osjećaje vezane uz to i recite: "Zanimljivo je gledište da imam to gledište o tom iskustvu." I ponovite...

Pitanje: Govorite li da za svako mjesto gdje se ne osjećate svojim odmah trebate tri puta reći zanimljivo gledište?

Gary: Da, to je jedini način da imate slobodu mijenjanja bilo čega. Svaki od Deset ključeva dizajniran je da vam pomogne promijeniti područja vašeg života gdje je nešto zaključano i ne funkcionira. Upotrebom ovih alata na ta područja otvarate vrata svim mogućnostima koje niste mogli vidjeti jer ste bili fiksirani u gledištu. Ili zato što ste mislili da niste beskonačno biće. Ili zato što niste postavili pitanje: "Kome ovo pripada?" Ovo je istinito za svaki ključ. Svaki vam ključ omogućuje da pogledate na situaciju u svome životu iz drugog smjera, kako biste imali drugačiji izbor i drugačiju mogućnost. Tako vam univerzum može doprinijeti na načine na koje niste mogli niti zamisliti.

Pitanje: Ponekad mi se svjesnost i gledište pomiješaju. Trenutno sam tužna zbog nečije smrti i imam gledište da je to stvarno zbrkano. Je li to gledište i svjesnost?

Gary: Zvuči kao da je prvo gledište, a drugo zaključak.

Ponekad pogledam na svoj automobil i vidim da je prljav. Ne volim da je prljav. Voljela bih da je čist. Je li to gledište?

Dain: "Voljela bih da je čist" je preferencija. "Ne volim da je prljav" je gledište.

Gary: Ne sviđa mi se da mi je kuća prljava i ne sviđa mi se da su stvari neuredne. Ako mojoj kćeri dođu prijatelji i ostave neurednu kuhinju, to mi se ne sviđa. Kad se to dogodi, imam izbor: mogu na nju vikati, mogu joj govoriti kako je zločesta, mogu je natjerati da dođe i to pospremi, ili to mogu pospremiti sam u dvije i pol minute.

No upravo ste rekli: "To mi se ne sviđa." Proturječite sami sebi.

Gary: To mi se ne sviđa. Ali jednom kada prepoznam da mi se to ne sviđa i moje gledište je "Ne želim da bude tako", to mogu promijeniti.

Dain: Primijetite da u tome što mu se to ne sviđa nema opiranja i reakcije. Tražimo energiju situacije. To je srž. Garyjevo gledište je "To mi se ne sviđa" i onda pita: "Što mogu učiniti da to promijenim?" Nema opiranja i reakcije. Ne umanjuje se, niti se ljuti na nekoga drugoga. To je svjesnost s njegove strane koja kaže: "To nije način na koji želim da to bude. Dobro, što mogu učiniti da to promijenim?"

To nije gledište?

Dain: Mi ne govorimo: "Nemojte imati gledišta." Mi govorimo: "Imajte zanimljiva gledišta." Možete imati gledište da radije ne biste htjeli imati prljav auto, no primijetite da tu perspektivu možete imati iz mjesta "zanimljivoga gledišta". Kada to imate, učinit ćete nešto da to promijenite – ili nećete.

Recimo da sljedeća tri dana nemate vremena za svoj auto. Ako ste u zanimljivom gledištu, onda to nije nešto što uzrokuje zapanjenost, prosudbu, bol i patnju u vašem svijetu. To je: "U redu, doći ću do toga kada dođem do toga." Kad ste u zanimljivom gledištu u vezi nečega, u vašem svijetu postoji lakoća.

Gary: Da, a kada se opirete i reagirate ili priklanjate i slažete, onda se morate truditi da nešto napravite. I često to znači da pokušavate nekog drugog natjerati da se promijeni, umjesto da shvatite da možete promijeniti jedino sebe.

Izgleda da je linija vrlo tanka. Auto mi je bio prašnjav i morala sam ga ostaviti tjedan dana. Živciralo me do boli.

Dain: To nije zanimljivo gledište.

Gary: " Živciralo me do boli" nije zanimljivo gledište. Zanimljivo gledište je "Dobro, trebam očistiti svoj auto." Jednom kada uđete u zanimljivo gledište, pojavi se nova mogućnost.

Znači, vi ne vrednujete svoje preferencije?

Gary: Pa, to znači ne činiti ništa od toga značajnim. To je jednostavno: "Što ovdje mogu biti, činiti i imati drugačije?"

Oprostite, znam da sam dosadna, no jednostavno...

Gary: Drago mi je da ste dosadni jer će ovo i drugima pomoći.

Nije mi jasna razlika između vrijednosti, preferencije i značaja.

Gary: Recimo da odlučite da je crveni grm ruža u vašem dvorištu stvarno vrijedan. To vam je najvrednije. Vrtlar ne zna kako podrezivati grm ruža i on ga podreže u krivo vrijeme godine. To je ogroman propust. Ako kažete: "Ne mogu vjerovati da je upravo uništio moj grm ruža!" što će se dogoditi? Svake godine vrtlar će na isti način uništiti grm ruža jer ne zna drugačije.

No ako kažete: "O, zanimljivo gledište. Kako ovdje mogu dobiti drugačiji rezultat?" uvidjet ćete da možete s njim razgovarati i reći mu da želite da grm obrezuje u drugom dijelu godine. Ako to učinite, on će biti dobro.

Ako ne prakticirate zanimljivo gledište, onda se opirete i reagirate, a vrtlar će se također opirati i reagirati. Svi pokušavaju promijeniti stvari u onakve kakve žele jer cijene svoje gledište. Kada prakticirate zanimljivo gledište na gledištu kojega cijenite, to počinje mijenjati svačije sposobnosti da kreiraju drugačiji ishod.

To znači: "Stvarno mi se sviđa gledati svoj grm ruža. Želio bih da cvjeta cijele godine." To je još uvijek bez gledišta. Nije da ga pokušavate natjerati da cvjeta cijele godine, niti pretpostavljate da treba biti na određeni način. Jednostavno jest ono što jest.

Dain: Niti se ljutite, niti frustrirate ako ne cvjeta cijele godine.

Gary: To je micanje kreirane i izmišljene vrijednosti. Izmišljene vrijednosti su vrijednosti koje vi izumite. One zapravo nisu istinite.

Koju izmišljenu vrijednost koristite kako biste eliminiralizanimljivo gledište kao biranje? Sve što to jest, bezbroj puta, biste li uništili i dekreirali sve to? Right and wrong, good and bad, POD and POC, all 9, shorts, boys and beyonds.

Jeste li primijetili da sam rekao *biranje* umjesto *izbor*? To je zato što tražim potpuno biranje, a ne samo jedan, slabašan izbor.

Ako ovo mogu promijeniti, znam da će to promijeniti cijeli moj život. Osjećala sam se plačljivo cijelo vrijeme dok smo govorili o ovome, tako da se očito mijenja.

Gary: Koliko ste svoje opiranje učinili vrijednim? Kada opiranje nečemu učinite vrijednim, tada se uvijek morate opirati kako biste imali vrijednost. Čineći to, blokirate svoje sposobnosti da zapravo imate nešto veće.

Koju izmišljenu vrijednost koristite kako biste eliminiralizanimljivo gledište kao biranje? Sve što to jest, bezbroj puta, biste li uništili i dekreirali sve to? Right and wrong, good and bad, POD and POC, all 9, shorts, boys and beyonds.

Dain i ja volimo imati auto bez prašine. S vremena na vrijeme odlazimo na dva ili tri tjedna, i kad se vratimo, auti su nam prašnjavi. Stoga smo rekli: "Osobni Asistentu, želimo da nam auti budu čisti kad se vratimo kući kako bismo se mogli zabavljati." Osobni Asistent nam očisti aute prije nego se vratimo – a mi dođemo kući ka potpuno čistim autima.

Zanimljivo je gledište da ne možemo imati čist auto i zanimljivo je gledište da nam se sviđa imati čist auto. U isto smo vrijeme voljni učiniti sve što treba kako bismo dobili ono što želimo. Ne činimo to iz frustracije što nam auto nije čist. Ako postoje okolnosti pod kojima Osobni Asistent nije mogao obaviti posao, ako je primjerice kišilo dan prije našeg povratka, ne ljutimo se i ne govorimo: "Kako to da nisi očistio naše aute?" Kažemo: "Oh, pa obavit ćemo to sutra."

Opiranje i reakcija zaključavaju vas pod utjecajem situacije. Svaki put kad se zbog nečega uzrujate, uvijek ste pod tim utjecajem. Zanimljivo gledište daje vam čitav niz izbora za koje niste shvaćali da postoje – jer ste zauzimali gledište iz kojega to niste mogli vidjeti.

Koju izmišljenu vrijednost koristite kako biste eliminirali zanimljivo gledište kao biranje? Sve što to jest, bezbroj puta, biste li uništili i dekreirali sve to? Right and wrong, good and bad, POD and POC, all 9, shorts, boys and beyonds.

Gary: Svako gledište samo je izmišljotina; nije realnost. Kada idete u zanimljivo gledište, postaje jasno da ljudi izmišljaju stvari koje su im važne. Te stvari zapravo nisu važne. Samo su ih ljudi učinili važnim. Učinili su ih vrijednim. To je potpuno izmišljeno gledište. To je potpuna kreacija – bazirana na potvrđivanju izbora koje su učinili vrijednim i dobrim – i sve to kreira ograničenje koje ne mogu savladati.

Koju izmišljenu vrijednost koristite kako biste eliminirali zanimljivo gledište kao biranje? Sve što to jest, bezbroj puta, biste li uništili i dekreirali sve to? Right and wrong, good and bad, POD and POC, all 9, shorts, boys and beyonds.

Pitanje: Voljela bih još malo pričati o preferenciji. Čini mi se da govorite da preferencija nema vrijednost. To je samo preferencija.

Gary: Da, to je samo preferencija. Kada ujutro idem u svoj ormar, izaberem košulju prema preferenciji, a ne zato što ima veću vrijednost od druge košulje.

Znači li to da ako moramo činiti nešto ispravnim, time blokiramo preferenciju?

Gary: Tako izmišljate da je ovo vrednije od onoga, što znači da morate prosuđivati, što znači da zapravo ne možete birati. Morate to učiniti ispravnim. Morate učiniti pravu stvar i tako mora biti – i mora biti – i mora biti – i mora biti. A to je zapravo samo " da eliminirate da ja mislim da moram imati to gledište."

Hvala.

Pitanje: Za emociju ljutnje, biste li koristili "Bi li beskonačno biće izabralo ljutnju?" ili "Zanimljivo je gledište da imam ovu ljutnju"?

Gary: Ljutnja je implantat ometanja (vidi rječnik za definiciju), pa zapravo ne postiže ništa. To je nešto što koristite kako biste nadvladali i nadjačali tuđe gledište. Bi li beskonačno biće izabralo ljutnju? Ne.

Ljutnja je ispravna samo kad vam netko laže ili govori neistinu. Kad vas netko laže, naljutit ćete se. Ono što trebate pitati je: "Da li me netko ovdje laže? Postoji li ovdje laž?" I ako laž postoji, onda ćete se naljutiti. To je u redu.

Dain: Ljutite se zato da biste mogli primijetiti laž, i kada ju primijetite, ljutnja također nestaje jer ste dobili informaciju i svjesnost koju ste tražili.

Gary: I to postaje zanimljivo gledište.

Mogli biste probati ovo: "Imam ovu emociju. Što će ju učiniti zanimljivim gledištem? Imam ovu misao. Što će ju učiniti zanimljivim gledištem? Imam ovaj osjećaj. Što će ga učiniti zanimljivim gledištem? Imam ovaj seks ili odsustvo seksa (vidi rječnik za definiciju). Što će ga učiniti zanimljivim gledištem? Počinjete prepoznavati da su vaše misli i osjećaji, te seks i odsustvo seksa samo gledišta iz kojih stvarate. (To su stvari) (iz) (kojih) IZ NJIH izmišljate, (stvari iz kojih) IZ NJIH (ste) pokušaVATE(li) stvarati. One nemaju ništa zajedničko sa stvarnim izborom.

Koju izmišljenu vrijednost koristite kako biste eliminirali zanimljivo gledište kao biranje? Sve što to jest, bezbroj puta, biste li uništili i dekreirali sve to? Right and wrong, good and bad, POD and POC, all 9, shorts, boys and beyonds.

Pitanje: Ponekad kada ostajem u zanimljivom gledištu, ne mogu zauzeti gledište i tako iritiram ljude.

Gary: Mnogi se ljudi iritiraju kada prakticirate zanimljivo gledište. Žele da imate gledište kako bi se s njim mogli boriti, priklanjati se i slagati s njim ili kako bi vas prisilili u nešto što oni misle da je prikladno.

Pa, što vi činite?

Gary: Ja samo kažem: "Znam, tako sam strašno iritiran."

Nedavno nisam imao gledište o tome (gdje) KAMO idem jesti i ljudi su me pitali: "Kamo želiš ići?" Nije mi bilo važno. Pa, danas imam novo gledište. Upravo sam kreirao novo gledište.

Dain: Koje?

Gary: Ići ću svuda gdje imaju Don Hulio Reposado margarite s Grand Marnierom!

Pitanje: Kako se zanimljivo gledište primjenjuje na tugu ili gubitak? Kao kad netko umre, a osoba ne može preko toga prijeći...

Gary: Zanimljivo je da to spominjete jer sam upravo prije ovog susreta primio ovaj e-mail.

Dain (čita): *Bok Gary i Dain, ovo nije pitanje. Ovo je priznanje i zahvala. Tijekom posljednjeg tjedna bila sam pored moje drage prijateljice Tine, podržavajući ju uz pomoć alata Access Consciousnessa, osnažujući ju i dopuštajući joj da umre. Kakav dar za mene, za Tinu i za njezine prijatelje i* *obitelj. Umrla je u nedjelju navečer, a mi smo svi bili uz nju. Hodajući do svog auta, vidjela sam kako je divno živjeti, i da, da, da, u ovo veliko doba. Hvala vam uz zahvalnost što ste tu sada i što nam neprestano asistirate u svim našim izborima.*

Gary: Što ako je smrt izbor koji ljudi čine?

Nemam s time problem. Često ljudima pomažem da prijeđu preko svoje tuge i moje pitanje je o načinu na koji oni percipiraju smrt i kako im pomoći da ju vide kao novi korak, a ne gubitak. Izgleda da oni nose puno energije drugih ljudi o tome kako to treba izgledati.

Gary: Osnovno gledište uz koje se svi priklanjaju i slažu je da biste trebali strašno tugovati ako imate smrt u obitelji. Osoba bi vam trebala jako nedostajati. Trebali biste o njoj neprestano pričati oko godinu dana. nakon toga bi tuga trebala postepeno nestajati. To je gledište u "civiliziranom svijetu" posljednjih 5000 godina.

Ako ste u prošlosti nekoga izgubili, morali ste godinu dana nositi crnu odjeću. No trgovine odjećom su zbog toga negodovale, pa je vrijeme skraćeno na šest mjeseci. Onda je 1920-ih godina skraćeno na tri mjeseca, a u 1950-ima na tri dana. Sada crninu nosite samo na pogrebu. Ne morate ju nositi nakon toga.

Bilo je vremena i kada ste pokrivali ogledala kako ne biste pozvali dušu dragog pokojnika da ode u neku drugu realnost. To su snažna gledišta koja blokiraju ljude. Oni s njima ne prakticiraju zanimljivo gledište, no vi možete. Morate biti voljni vidjeti njihovo gledište.

Ovo konkretno zanimljivo gledište ima veze s činjenicom da je osoba s kojom sam radila bila povezana s ljudima koji su kupovali tugovatelje. Tugovatelji su išli okolo i tugovali za druge ljude. To je bila usluga koju su nudili. Moja je klijentica očito u prošlosti imala neke veze s time – jer nije prestajala sa svojim žaljenjem. Za mene je to bilo: "Dobro, jesi li završila?" Nisam htjela biti direktna i reći: "Jesi li završila s tim gledištem?" Zvučalo je hladno obzirom na njezinu sadašnju situaciju. Postoji li blaži način da joj predstavim zanimljivo gledište koje joj neće biti kao šamar u lice?

Gary: Pa, mogli biste uvidjeti da neki ljudi nikada neće čuti ono što imate za reći, pa se nemojte truditi govoriti. Tako ja radim.

Dain: Shvatite: "O, ova osoba zapravo ništa ne želi promijeniti." To je zanimljivo gledište. Ona to ima u svome univerzumu, i to zbog nečega potvrđuje ne-zanimljivo gledište koje je izabrala.

Gary: I to je razlog zašto ju zadržava.

Dain: Ako možete biti u mjestu gdje ste samo zanimljivo gledište, možete reći: "Dobro, ova osoba zapravo ne želi to otpustiti" i u vašem svijetu postaje puno lakše. A možda i to što vi prakticirate zanimljivo gledište bude jedina stvar koja će kreirati energiju koja će joj dopustiti da to otpusti. Ona može otpustiti je ste vi u dopuštanju njezinoga gledišta.

Gary: Zanimljivo gledište ne znači toliko *govoriti* to, koliko *biti* to ili *postati* to. Kada postanete zanimljivo gledište, postanete energija koja ne zahtijeva da se priklanjate ili slažete s gledištem, niti da mu se opirete i reagirate. Sposobni ste vidjeti više onoga što jest i birati. Cijela ideja zanimljivoga gledišta je imati izbor.

Dain: Molimo vas da kažete "zanimljivo gledište" i da vidite što će se u energiji promijeniti, kako biste došli do mjesta gdje možete početi biti zanimljivo gledište s puno više lakoće. Kao što je Gary rekao, to ne znači uvijek govoriti to; to znači biti to. U ovom trenutku, govor vam pomaže uvidjeti kakva bi energija bila ako uđete u mogućnost zanimljivoga gledišta. I kako ju budete govorili, počet ćete to i biti.

Pitanje: Ponekad kada prakticiram alate Access Consciousnessa u svojoj glavi, a posebno kada prakticiram zanimljivo gledište, čujem ili imam energiju koja me obesnažuje. Kao da ne vjerujem samoj sebi. Kao da nešto govori: "Ne vjerujem ti." Je li to samo još jedno zanimljivo gledište? Ili je to entitet ili postojanje?

Gary: Pitate li "Je li to moje ili od nekoga drugoga?"

O, u redu!

Gary: Sve dok ne shvatite da prihvaćate misli i osjećaje drugih ljudi, pretpostavljat ćete da su vaši. Većina ljudi na svijetu voljna je raspasti se u trenutku. Voljni su se prosuđivati. Vi pretpostavljate da su prosudbe vaše. Morate izaći iz toga i reći: "Dobro, zanimljivo je gledište da imam ovu prosudbu." Devedeset i devet tisuća posto vremena prosudba uopće nije vaša.

To je tako dobra vijest. Hvala.

Gary: Nadam se da sad imate neku svjesnost o tome što je zanimljivo gledište.

Pitanje: Napravila sam četiri Bars tretmana s klijenticom u periodu od oko šest tjedana. Prije dva tjedna dala sam joj alat zanimljivo gledište jer ona nije mogla mirno sjediti za stolom sa svojom 80-godišnjom punicom dok bi punica neprestano govorila o svojim prijateljima. Moja je klijentica nakon toga otišla na tjedan dana u planine u North Carolini sa svojim suprugom, punicom i drugim članovima obitelji. Vidjela sam ju prije dva dana i nijednom nije spomenula situaciju sa svojom punicom. Sve što je govorila bio je o planinama, pticama, vjetru i potoku, te o svim stvarima koje prije nije primjećivala, jer više nije bila zaokupljena stvarima svih ostalih. To je bilo vrlo zanimljivo.

Dain: Hvala što ste to podijelili. Ističete stvarno dobru stvar. Kada jeste zanimljivo gledište, u svijetu oko vas počinjete percipirati ono što nikada niste znali da postoji.

Gary: I kojima niste lako pristupali. O, zato mi to zovemo Access (engl. pristup)!

Dain: Ova mala izjava, zanimljivo gledište, jedan je od najvećih ključeva kraljevstva.

Gary dugo vremena govori da vam više ništa u životu ne bi bilo teško, kad bi ste cijelu godinu bili voljni prakticirati " zanimljivo je gledište da imam ovo gledište. Bili biste prostor koji omogućuje potpunu lakoću.

Biste li bili voljni instituirati ovo u svoj život na sljedećih tjedan dana? Za svako gledište koja se pojavi, za sve što mislite, recite " zanimljivo je gledište da imam ovo gledište".

Gary: Dobro, ljudi, sada ćemo završiti ovaj razgovor. Svih vas volimo. I uskoro ćemo ponovno razgovarati!

~~~

TREĆI KLJUČ KA POTPUNOJ SLOBODI
Živite u deset-sekundnim inkrementima

Gary: Treći ključ je življenje u deset-sekundnim inkrementima, što znači shvatiti da imate beskonačni izbor. Kada živite u deset-sekundnim inkrementima, nijedan izbor kojeg činite nije pravi ili krivi, nijedan izbor nije dobar ili loš. Izbor je samo izbor – i možete raditi novi svakih deset sekundi.

Jednom je čovjek kojeg poznajem rekao "Izbor stvara svjesnost, svjesnost ne stvara izbor." Mislim da je to bio dr. Dain Heer, no ne bih u to mogao biti siguran – jer sam to ukrao prvom prilikom.

Dain: Bio je netko tko je to rekao, sjećam se.

U Access Consciousnessu čujete o beskonačnom izboru i u to nekako sumnjate. Onda živite svoj život i sumnjate u to. Onda vidite što drugi ljudi biraju i onda zbilja sumnjate. Svi mi imamo ideju da beskonačan izbor zapravo ne može postojati. Čak i pri potpunoj svjesnosti i svijesti vi biste još uvijek vjerovali u fantaziju, postojanje i gledišta tajnih agendi (vidi rječnik za definiciju) da beskonačni izbor zapravo ne može postojati.

Gary: Ja sam trenutno u Teksasu, a Dain u Kaliforniji. To nije izbor koji mi se nužno sviđa. Ipak, ja sam tu, bavim se svojim konjima. Dolazim li do zaključka o ovome? Ne, svakih deset sekundi biram što ću raditi s konjima, što s konjima tražim i što je s konjima još moguće. Svaki put kad učinim izbor, otvaram vrata drugoj razini svjesnosti o izboru. Ideja deset-sekundnih inkrementata izbora je da svojim izborom otvarate vrata beskonačnim izborima – a ne više ograničenim izborima.

Mi neprestano pokušavamo doći do zaključka o pravom izboru ili krivom izboru. Pokušavamo ne napraviti takozvani pogrešni izbor. Mislimo da eliminiranjem "pogreške" u izboru imamo više izbora. Ne ide to tako. Deset-sekundni inkrementi izbora daju vam beskonačne izbore za beskonačne mogućnosti koje bi u vašem životu mogle kreirati nešto veće od onoga što ste ikada imali.

Dain: Gary govori da biranje uvijek vodi ka više izbora. Mi pogrešno shvaćamo laž da se sjebemo jednom kada nešto izaberemo, jer više nikada ne možemo izabrati nešto drugo. Zapravo je obrnuto. Morate birati kako biste imali više dostupnih izbora. Kada ne birate, eliminirate izbore koji su vam dostupni.

Gary: Kako biste izabrali "pravo" ili "krivo", morate prosuđivati. A kada prosuđujete, automatski eliminirate izbor. Eliminirate mogućnost. Prosuđivanje eliminira sve mogućnosti.

Koju fantaziju, postojanje i tajne agende da nikada nemate beskonačni izbor kao realnost ste učinili toliko stvarnim da ih čak ni pri potpunoj svjesnosti apsolutno nećete promijeniti, izabrati ili alterirati? Sve što to jest, bezbroj puta, biste li to uništili i dekreirali, molim? Right and wrong, good and bad, POD and POC, all 9, shorts, boys and beyonds.

Pitanje: Dobila sam jasnu sliku iz svoje mladosti kad mi je mama rekla: "Ako takneš taj komad hrane ili bilo što u trgovini, moraš to zadržati. To je to. To je sve što ćeš u trgovini dobiti, to je sve što ćeš dobiti za večeru." Možemo li to malo obraditi?

Gary: Ovaj bi proces trebao biti dobar za to.

U redu.

Dain: Svaki put kada prihvaćamo stvari koje nam se govore, ono što smo prihvatili eliminira izbor iz našeg života. U primjeru kojeg spominjete rečeno vam je da ako nešto dodirnete, to je to – izabrali ste – i to je sve što ste mogli imati.

Druga strana ove ideje je da nešto što niste dotakli, ne možete nikada ni imati. Ova ideja isključuje sve ono što još ne postoji u fizičkoj realnosti. Ona kaže da nešto što nije ispred vas (što znači da to ne možete dodirnuti), nikada ne može postati dio vaše stvarnosti. Ovo vas gledište vodi ka vjerovanju da nikada ne biste mogli izabrati nešto što ne vidite – ili nešto što ne možete dotaknuti.

Gary: A ako to može biti samo nešto što možete vidjeti ili dodirnuti, odričete se beskonačnog izbora i beskonačne mogućnosti, što znači da ne biste mogli imati generativnu energiju koja bi mogla kreirati život kakav uistinu želite. Nikada ne biste imali svu generativnu energiju i mogućnosti koje su vam dostupne kao izbor. Bili biste ograničeni na stvaranje i instituiranje iz ograničenih izbora ove realnosti.

Koju fantaziju, postojanje i tajne agende da nikada nemate beskonačni izbor kao realnost ste učinili toliko stvarnim da ih čak ni pri potpunoj svjesnosti apsolutno nećete promijeniti, izabrati ili alterirati? Sve što to jest, bezbroj puta, biste li to uništili i dekreirali, molim? Right and wrong, good and bad, POD and POC, all 9, shorts, boys and beyonds.

Mislim da se to spaja s činjenicom da smo mi multidimenzionalna bića koja žele sve, pa se opiremo onome što ne možemo imati, a zapravo želimo više.

Gary: To je cijela ideja iza deset-sekundnih inkremenata izbora. Svi smo mi beskonačna bića koja žele više. Gledate u svijet i kažete: "Ovaj svijet ne može biti dovoljan. Ako je to sve što postoji, molim te Bože, pusti me da odem."

Sve dok ne počnete birati iz deset-sekundnih inkremenata izbora, ne možete otvoriti vrata beskonačnom izboru. Sve dok nemate beskonačni izbor, ne možete imati totalno beskonačno bivanje. I sve dok nemate potpuni beskonačni izbor i potpuno beskonačno bivanje, ne možete imati zanimljivo gledište i svoju realnost. Oho! Želite reći da su sve te stvari građene jedna na drugoj? Da. Deset ključeva su kao piramida svijesti.

Dain: Volim to što si rekao. Te su stvari međusobno u odnosu i povezane su.

Pitanje: Puno sam puta slušao razgovor o drugom ključu, no nisam nimalo bliže biti zanimljivo gledište. Zbunjen sam više nego obrazovan. Na primjer, ako želim poraditi na svojoj nestrpljivosti, ne znam trebam li koristiti "bi li beskonačno biće bilo nestrpljivo?" ili "kome ovo pripada?" ili "zanimljivo je gledište da imam to gledište". Možda je to previše napredno za mene.

Dain: Nije to previše napredno. To su osnovne stvari, no kao što smo rekli, sve je međusobno povezano. To su ključevi kraljevstva. Što se događa kada dođete do zaključanih vrata i imate prsten ključeva? Probate li jedan ključ i ako ne funkcionira, odlučite li da nećete ući kroz vrata? Ili probate svaki prokleti ključ na prstenu sve dok se vražja vrata ne otvore? Probate svaki ključ dok se vrata ne otvore.

Ovo su ključevi za vrata koja su cijelog vašeg života bila zaključana. Uvijek ste htjeli otvoriti ta vrata. Samo probajte sljedeći ključ i sljedeći i sljedeći, sve dok nešto ne stvori lakoću. Čim dođete do pravoga ključa, osjećat ćete se lakšim. Ono što je za vas istinito uvijek će vam dati osjećaj lakoće.

Mnogi ljudi još nisu shvatili način na koji ovo funkcionira. Radio sam ovo s nekoliko ljudi koji su dio tima Access Consciousness – ljudi s kojima svaki dan radimo – i svi su rekli: "Pa, znaš kako je kad osjećaš da mora postojati još nešto, jer još nismo došli do toga da se osjećam lakše? Znam da zapravo nismo na ključnoj točki mog problema. Znam da je ono čime se sada bavimo jedan dio laži – ali znam i da moramo ići negdje drugdje."

Isto je s ovim alatima. Kada koristite ove ključeve, onaj koji vas čini lakšim – ili najlakšim – je taj koji će promijeniti situaciju ili stvar koja je van domašaja. Kad ga koristite, postavit će stvari natrag na dohvat.

Koju fantaziju, postojanje i tajne agende da nikada nemate beskonačni izbor kao realnost ste učinili toliko stvarnim da ih čak ni pri potpunoj svjesnosti apsolutno nećete promijeniti, izabrati ili alterirati? Sve što to jest, bezbroj puta, biste li to uništili i dekreirali, molim? Right and wrong, good and bad, POD and POC, all 9, shorts, boys and beyonds.

Pitanje: Opirao sam se ideji življenja u deset-sekundnim inkrementima jer su mi cijeloga života govorili da mijenjam mišljenje kao poklopac wc-a – gore i dolje. Čitam energiju, stoga konstantno mijenjam mišljenje. Pokušavam odlučiti da li postati Access Consciousness voditelj i otići na Kostariku. Jedan dan očitavam lakoću, a sljedeći dan ne. Trebam pomoć u vezi toga.

Gary: Što je krivo u promjeni mišljenja?

Ako konstantno mijenjate mišljenje, kako zapravo birate?

Gary: Pokušavate birati na osnovu "da, želim ići" ili "ne, ne želim ići". Ne birate iz: što će taj izbor kreirati? Trebate pitati: "Ako to izaberem, hoće li to proširiti moju realnost i sve učiniti boljim za mene?"

Vidim. Ne pitam pravo pitanje.

Gary: Da. Niste poduzeli sljedeći korak, a to je postavljanje pitanja "što će ovaj izbor kreirati?" Cijela ideja deset-sekundnih inkremenata izbora je da prepoznate da svaki izbor nešto stvara.

Morate pitati: "Što će ovaj izbor stvoriti? Hoće li stvoriti više ili manje u mome životu?" Ako će stvoriti više, onda imate svoju odluku. No to nije stvarno odluka; to je razina svjesnosti. Usput, učestalo mijenjanje mišljenja je sjajna stvar, a ne loša. samo vam je nedostajao jedan dio slagalice, pitanje "što će ovaj izbor kreirati u mome životu?"

Da, to je istinito. Nisam nikada osjećao da bih mogao biti na prvoj poziciji gdje jesam i biram za sebe. Uvijek sam birao za sve druge.

Gary: To je dio problema kad ste humanoid. Uvijek ste svjesni potreba svih drugih, što žele, zahtijevaju i žude, a nemate pojma koje su vaše želje, prohtjevi i žudnje jer kažete: "Ja mogu birati bilo što!"

Istinito je da možete birati bilo što; zato što ste voljni imati više od drugih ljudi. Većina ljudi provede život pokušavajući eliminirati izbor kako bi imali samo ograničeni meni. Voljni su ići samo u McDonalds jer tamo znaju meni. Ne biraju ići na druga mjesta i kušati nove stvari.

Dain: Većina ljudi na planetu ne zna da je moguć ovakav način funkcioniranja. Tako da kada nešto čujete što vas čini lakšim, znate: "Super, možda postoji druga mogućnost koju mogu uključiti u svoj život i življenje i vidjeti kako mi to može odgovarati."

Beskonačan izbor stavljamo u fantaziju. Stavljamo ga u postojanje. Stavljamo ga u tajnu agendu koju nikada ne možemo shvatiti. To nije ni jedna od ovih stvari.

Koju fantaziju, postojanje i tajne agende da nikada nemate beskonačni izbor kao realnost ste učinili toliko stvarnim da ih čak ni pri potpunoj svjesnosti apsolutno nećete promijeniti, izabrati ili alterirati? Sve što to jest, bezbroj puta, biste li to uništili i dekreirali, molim? Right and wrong, good and bad, POD and POC, all 9, shorts, boys and beyonds.

Gary: Nećete izabrati ako ne znate kakav će biti rezultat ili kako će utjecati na nekoga drugoga. Ne postavljate pitanje "što će ovaj izbor kreirati u mome životu?". Izbor je izvor stvaranja – no umjesto biranja, mi pokušavamo ukloniti stvari iz svoga života kako ne bismo kreirali "loše" rezultate.

Dain: Na koncu imamo sićušan univerzum s vrlo malo prisutnih stvari jer smo eliminirali toliko izbora koji su zapravo mogući. Ograničavamo svoj univerzum na sićušnu kuglu utjecaja koje možemo kontrolirati, umjesto beskonačnih izbora koji su dostupni.

Gary: Na primjer, ljudi kažu da smo sada u tehnološkoj revoluciji. Ako niste tehnološki spretni, iznenada niste u području biranih stvari. Ne možete birati nešto što nije tehnološki vješto, niti možete biti tehnološki izbor. Ograničili ste svoj izbor svojim nedostatkom tehnološke sposobnosti.

Nedostatak vas uvijek ograničava – a ne mogućnost. Nikada niste ograničeni mogućnošću.

Pitanje: Kad sam bio mlađi, svaki izbor koji sam donio smatrao se krivim, pa sam se morao kontrahirati kako bih shvatio zašto je bio krivi ili zašto nije odgovarao članovima moje obitelji.

Gary: Da, to je otprilike ono što nas ovdje uče. Neodobravanje je primarni izvor stvaranja izbora u ovoj realnosti.

Cijela ideja deset-sekundnih inkremenata je otvoriti vrata drugačijoj mogućnosti. Možete prihvatiti da vam je obitelj u pravu ili možete birati za sebe.

Dain: O, evo ideje! Život postaje bolji kada počnete birati za sebe.

Gary: Da, znam.

Koju fantaziju, postojanje i tajne agende da nikada nemate beskonačni izbor kao realnost (o da, i da nikada nemate niti beskonačno veselje jer bi to bilo stvarno loše) ste učinili toliko stvarnim da ih čak ni pri potpunoj svjesnosti apsolutno nećete promijeniti, izabrati ili alterirati? Sve što to jest, bezbroj puta, biste li to uništili i dekreirali, molim? Right and wrong, good and bad, POD and POC, all 9, shorts, boys and beyonds.

Gary: Dain, otkud ti samo ideja da je veselje na meniju izbora?

Dain: Znam, točno! Kako radimo ovaj proces, shvaćam da ne možete imati veselje, ako nemate izbora. Ako ne shvatite da imate izbor, ne možete imati veselje.

Gary: To je točno.

Dain: I ako ne biramo u deset-sekundnim inkrementima, ne možemo doći do mjesta gdje je veselje opcija za nas. Blokirani smo nesrećom koju oko sebe vidimo u svijetu drugih ljudi. Ponašamo se kao da je to stvarno i istinito i mi to moramo prihvatiti i živjeti u skladu s tim.

Gary: Znam. Nevjerojatno, zar ne?

Sve što to jest, bezbroj puta, biste li to uništili i dekreirali, molim? Right and wrong, good and bad, POD and POC, all 9, shorts, boys and beyonds.

Koju fantaziju, postojanje i tajne agende da nikada nemate beskonačni izbor kao realnost ste učinili toliko stvarnim da ih čak ni pri potpunoj svjesnosti apsolutno nećete promijeniti, izabrati ili alterirati? Sve što to jest, bezbroj puta, biste li to uništili i dekreirali, molim? Right and wrong, good and bad, POD and POC, all 9, shorts, boys and beyonds.

Pitanje: Biste li rekli nešto o upotrebi riječi postojanje u ovome procesu?

Gary: Bivanje je kad ste zapravo prisutni. *Postojanje* je kada nešto činite kako biste nešto dokazali. To je: "Vidiš, ja ovo radim; prema tome, ja jesam to."

Koliko ste puta čistili stan? Kada čistite svoj stan, postojite li kao sobarica? Postojite li kao čistač? Postojite li na način "mrzim ovo"? Postojite li kao savršena domaćica? Ili samo izvršavate posao čišćenja? Jeste li jednostavno prisutni i brzo završavate posao?

Hvala Vam! Ovo je brilijantno.

Dain: Koju fantaziju, postojanje i tajne agende da nikada nemate beskonačni izbor kao realnost ste učinili toliko stvarnim da ih čak ni pri potpunoj svjesnosti apsolutno nećete promijeniti, izabrati ili alterirati? Sve što to jest, bezbroj puta, biste li to uništili i dekreirali, molim? Right and wrong, good and bad, POD and POC, all 9, shorts, boys and beyonds.

Gary: Hvala za to pitanje. Zbog njega je proces upravo otišao dublje.

Dain: Koju fantaziju, postojanje i tajne agende da nikada nemate beskonačni izbor kao realnost ste učinili toliko stvarnim da ih čak ni pri potpunoj svjesnosti apsolutno nećete promijeniti, izabrati ili alterirati? Sve što to jest, bezbroj puta, biste li to uništili i dekreirali, molim? Right and wrong, good and bad, POD and POC, all 9, shorts, boys and beyonds.

Pitanje: Kada nešto čistim, automatski želim da to bude čisto ili mislim da sam dobra osoba ili da to radim vrlo lijepo. To je gotovo automatski. Kad ste dali ovaj primjer, bilo je tako jasno i korisno. Pitala bih vas da kažete nešto više o tome kako bih bolje razumjela.

Gary: *Postojanje* je nešto što radite kako biste dokazali da nešto jeste. Kad nešto jeste, o tome ne razmišljate. Samo jeste to. Nemate nikakva gledišta o tome. Samo dostavljate sve što je potrebno.

Ako poslušate ovaj razgovor još nekoliko puta nakon što napravimo još nekoliko procesa, bit će vam jasnije. Razumjet ćete to na potpuno novi način. Ovaj će vas proces otključati iz življenja u "Moram dokazati da sam dobra cura čineći ovo" ili "Moram dokazati da brinem za stvari" ili "Moram dokazati (bilo što)". Postojanje je uvijek pokušaj dokazivanja da nešto jeste; nikada nije prakticiranje nečega samo zato što to volite prakticirati.

Prije nego što sam došao do deset-sekundnih inkremenata izbora, uvijek sam se osjećao da nekako trebam gledati u svačiji negativni svijet kako bih odredio što trebam činiti ili biti, tako da se drugi ne bi trebali nositi s negativnim stvarima s kojima su se morali nositi. Mislio sam da ako bih nekako izvadio negativno iz njihovog svijeta, onda ne bih trebao biti negativan, a ni oni.

Dain: U tome gledištu nema lakoće, već konstantnog stanja prosuđivanja.

Gary: Da, i uvijek pokušavate birati na temelju potreba, želja, zahtjeva i prohtjeva drugih ljudi – a nikada svojih.

Pitanje: Nije mi problem birati iz deset-sekundnih inkremenata kada se radi o stvarima poput ispuhivanja nosa il pranja ruku. Tu nema dugoročnih posljedica.

Gary: Kada kažete "dugoročne posljedice" slažete se sa zaključkom da ako birate, to će biti zauvijek, umjesto na deset sekundi.

Pa, teško je zamisliti da napustim svoj posao ili brak u deset-sekundnim inkrementima.

Gary: Ako se razvedete ili date otkaz u deset-sekundnim inkrementima, morali biste izabrati želite li zapravo biti u tom odnosu ili na tom poslu.

Pitanje: Blokira me ono što sam odlučila da su ograničavajuće opcije, umjesto da uistinu budem otvorena svim mogućnostima. Mogu li primijeniti ključ deset-sekundnih inkremenata na ta područja gdje sam blokirana, primjerice kad se blokiram s idejama o tome kako da započnem svoj posao? Mogu li ga koristiti da olakšam razbijanje ciklusa ograničenih izbora koje si izgleda dajem?

Dain: Pokušajte s procesom:

Koju fantaziju, postojanje i tajne agende da nikada nemate beskonačni izbor kao realnost ste učinili toliko stvarnim da ih čak ni pri potpunoj svjesnosti apsolutno nećete promijeniti, izabrati ili alterirati? Sve što to jest, bezbroj puta, biste li to uništili i dekreirali, molim? Right and wrong, good and bad, POD and POC, all 9, shorts, boys and beyonds.

Pitanje: Ponekad nisam sigurna što izabrati, primjerice kada kupujem kartu ili slično. Pogledam u energiju i pitam: "Ako ovo izaberem, kakva će energija u mome životu biti za tri mjeseca ili šest mjeseci ili devet mjeseci?" Je li to nešto što vi dečki preporučujete? Postoji li nešto drugo što bih trebala pitati?

Gary: Primjećujete li da biranje na taj način otvara stvari u različitim područjima vašeg života?

Da.

Gary: Kada nešto izaberete, vi zapravo birate kakva će vam biti budućnost. Ne birate ju na temelju nečije tuđe stvarnosti.

Da, tako se to osjeća.

Dain: Koje generiranje i kreiranje prostora beskonačnog izbora bez uma i deset-sekundnih inkremenata izbora kao apsolutne nestvarnosti koristite da zaključate u postojanje pozicijske HEPADe (vidi rječnik za definiciju) koje utemeljujete kako biste se postavili u negativne elemente stvarnosti, što su tuđe stvarnosti bezizbornog nepostojanja. Sve što to jest, bezbroj puta, biste li to uništili i dekreirali, molim? Right and wrong, good and bad, POD and POC, all 9, shorts, boys and beyonds.

Gary: Ne trebate tražiti smisao u ovome. Ovo vam treba spržiti um kako biste se mogli promijeniti i imati totalnu slobodu u promjeni.

Pitanje: Što su pozicijski HEPADi?

Dain: Svaki puta kad zauzmete poziciju ili fiksno gledište, kreirate HEPADe. H znači hendikepiranje, E označava entropiju, P označava paralizu, A atrofiju i D destrukciju.

Svaki put kada niste u zanimljivome gledištu o nečemu, kreirate pozicijske HEPADe. Oni u velikoj mjeri kreiraju blokade u tijelima ljudi, gdje se čini da više ne mogu biti fleksibilni. HEPADi također doprinose stvaranju bolesti u ljudskim tijelima i umovima.

Gary: HEPADi su sve ono što stvara življenje u ovoj ograničenoj realnosti. To su svi načini na koje se zaustavljate kako ne biste imali neograničenu stvarnost.

Gledao sam na življenje u deset-sekundnim inkrementima i ostale alate kao na stvari koje su tako jednostavne i tako lake, da ne mogu zamisliti da ih ljudi nisu sposobni primijeniti. Ovaj tečaj Deset ključeva je za mene veliki dar. Omogućio mi je da vidim zašto ljudi ne mogu primjenjivati nešto što meni izgleda tako izravno i jasno.

Dain: Kako sam uz tebe jedanaest godina, vidio sam da ti funkcioniraš iz drugačijeg mjesta od svih drugih koje znam ili za koje sam čuo na planetu.

Ono što ja prepoznajem s ovim razgovorima o Deset ključeva je da svi imamo sposobnost funkcionirati iz pozicije lakoće. Vidim da ti funkcioniraš iz te realnosti. Većina ljudi vjerojatno ni ne zna kako je to.

Za vas koji ne znate Garyja, želio bih reći da bez obzira što mu se pojavi u životu - a pojavilo mu se sve što se i nama pojavilo – on ne bira teškoću, traumu ili dramu. Što god se pojavi, čak i ako je to trauma ili drama u tuđem životu, on uvijek ima osjećaj lakoće vezano uz to. Vidio sam da bira stvari koje će stvoriti veću budućnost, čak i ako one danas nemaju smisla. On to može djelomično stoga što funkcionira iz ovih Deset ključeva.

Prema tome, ako ovo slušate i mislite: "Donekle ovo razumijem – ali nekako i ne, i ne želim da to itko zna jer želim pravilno prakticirati Access Consciousness", molim vas, nemojte tako. Ne prosuđujte se. Samo shvatite da je ovo prilika da birate živjeti iz potpuno drugačijeg mjesta. Radi se o lakoći i radosti i bujnom izražavanju života. Radi se o dopuštanju da životne teškoće iščeznu, a lakoća postane sve prisutnija.

Gary: Razgovarao sam s damom u Novom Zelandu koja je bila bijesna na svog unuka koji je došao živjeti s njom. On bi ostavljao nered u kuhinji svaki put kad bi u nju ušao.

Pitao sam ju: "Pa, što činiš u vezi s tim?"

Rekla je: "Pa, počistim njegov nered i kažem mu što o tome mislim. Kažem mu da je loš i da to ne bi smio raditi i da to mora prestati raditi i sve to. No ništa se ne mijenja."

Pitao sam: "Zašto čistiš kuhinju – za njega ili za sebe?"

Rekla je: "Pa, za sebe, naravno."

Pitao sam: "Stvarno? Zašto se onda buniš? Njemu se sviđa prljava. On misli da je zabavnije kad je prljava. Zato ju ne čistiš za njega, već za sebe."

Rekla je: "Ali ja čistim za njim."

Rekao sam: "Ne, nije tako. Čistiš ju za sebe. Kad ne bi imala gledište da čistiš za njim, bi li to promijenilo sve u vezi ovoga?"

Nazvala me nakon tjedan dana i rekla: "Hvala. Nakon što sam shvatila da kuhinju čistim za sebe, sav naboj je nestao. Nisam imala gledište. Samo bih rekla 'Dobro, to je nered' i pospremila ga. A onda je iznenada moj unuk počeo čistiti iza sebe."

Rekao sam: "Da, kada promijenite svoje gledište, oni promijene svoje."

Dain: Koje generiranje i kreiranje prostora beskonačnog izbora bez uma i deset-sekundnih inkremenata izbora kao apsolutne nestvarnosti koristite da zaključate u postojanje pozicijske HEPADe koje utemeljujete kako biste se postavili u negativne elemente stvarnosti, što su tuđe stvarnosti bezizbornog nepostojanja. Sve što to jest, bezbroj puta, biste li to uništili i dekreirali, molim? Right and wrong, good and bad, POD and POC, all 9, shorts, boys and beyonds.

Gary: Jedan od razloga zašto razgovaramo o deset-sekundnim inkrementima kao prostoru bez uma je stoga što ljudi neprestano govore: "A što je s mojim umom? Ne mogu shvatiti deset-sekundne inkremente. Jesam li promijenio mišljenje?"

Ne radi se tu o vašem umu. Radi se o stvaranju drugačije realnosti za sebe. U prostoru beskonačnog izbora počinje se stvarati drugačija realnost. Želite li drugačiju realnost? Ovo je način da tamo dođete.

Sve što to jest, bezbroj puta, biste li to uništili i dekreirali, molim? Right and wrong, good and bad, POD and POC, all 9, shorts, boys and beyonds.

Pitanje: Gary, možete li nešto više reći o to prostoru bez uma?

Gary: Mi neprestano svoj um vidimo kao izvor kreacije. No naš um može definirati samo ono što već znamo. Naš um je privid bivanja. To je postojanje. Vaš um je u osnovi postojanje koje koristite kako biste pokušali definirati ono što ste izabrali. Kad imate prostor bez uma, ulazite u prostor potpunog izbora. Potpuni izbor dolazi iz prostora. Bezumnost počinje kreirati prostor. Biranje iz prostora vam uvijek pokazuje što će se kreirati vašim izborom.

Izbor kreira, a ne um?

Gary: To je točno. Vaš um može samo definirati; ne može kreirati. Vaš izbor može kreirati, no vi kreirate svoj život i svoju realnost samo kad ste u prostoru potpunog izbora.

Hvala.

Dain: Naš um kreira postojanje, pa vjerujemo da mi jesmo naš um. Naš um pumpa postojanje za postojanjem za postojanjem, jer kad funkcioniramo iz našeg uma, nikada ne dolazimo do bivanja.

Imamo postojanja koja ništa ne stvaraju. Ta se postojanja temelje na definicijama koje postavlja naš um. Postavljamo postojanje temeljeno na tim definicijama i onda se pitamo zašto ne kreiramo nešto veće od onoga što smo imali u prošlosti. Vi ste kao biće kreativni i generativni, i vaš izbor je kreativan i generativan. Vaš um je uvijek konačan i definirajući.

Koje generiranje i kreiranje prostora beskonačnog izbora bez uma i deset-sekundnih inkremenata izbora kao apsolutne nestvarnosti koristite da zaključate u postojanje pozicijske HEPADe koje utemeljujete kako biste se postavili u negativne elemente stvarnosti, što su tuđe stvarnosti bezizbornog nepostojanja. Sve što to jest, bezbroj puta, biste li to uništili i dekreirali, molim? Right and wrong, good and bad, POD and POC, all 9, shorts, boys and beyonds.

Gary: Ljudi pokušavaju funkcionirati iz svojih umova umjesto iz percepcije prostora, što je ne-um. Kada dođete do te percepcije prostora, onda funkcionirate iz deset-sekundnih inkremenata izbora.

Bio sam u štali sa svojim konjima kad me napala djevojka. Rekla je: "Mrzim te i bla, bla, bla."

Rekao sam: "U redu."

Rekla je: "Kako to misliš, u redu?"

Rekao sam: "Pa, ako me želiš mrziti, dobro. Nije me briga. To je tvoj izbor."

Rekla je: "Ne želim to birati."

Pitao sam: "Zašto onda to biraš?"

Stajala je tamo i rekla: "Uh, pa, pa, pa..."

Pitao sam: "Jesi li psihički svjesna?"

Rekla je: "Da."

Pitao sam: "Je li taj osjećaj mržnje zapravo tvoj – ili od nekoga drugoga?"

Rekla je: "Od nekoga drugoga!"

Upitao sam: "Pa, da li me stvarno mrziš?"

Odgovorila je: "Ne, volim te!"

Rekao sam: "U redu, dobro."

Da sam funkcionirao iz svoga uma, ne bih imao izbor odgovoriti na taj način. Moj bi um pokušavao shvatiti što se s njom događa i zašto to bira. Sve što vaš um čini je da vrti sva ona pitanja "zašto" ove realnosti. Uvijek se vrtite u krug kako biste ostali u labirintu zvanom vaš um. To je nevjerojatan um.

Dain: A ako ga pogledate, um je uvijek niz prosudbi o pravom ili krivom, dobrom ili lošem, pozitivnom i negativnom, uključenom ili isključenom.

Koje generiranje i kreiranje prostora beskonačnog izbora bez uma i deset-sekundnih inkremenata izbora kao apsolutne nestvarnosti koristite da zaključate u postojanje pozicijske HEPADe koje utemeljujete kako biste se postavili u negativne elemente stvarnosti, što su tuđe stvarnosti bezizbornog nepostojanja. Sve što to jest, bezbroj puta, biste li to uništili i dekreirali, molim? Right and wrong, good and bad, POD and POC, all 9, shorts, boys and beyonds.

Pitanje: Kad otkrijete da ste u prostoru konfiguriranja uma, kako se otuda maknete?

Gary: Možete pitati: "Dobro, želim li ovo nastaviti birati?" Da ili ne? Ne? U redu, dobro. Ili možete pitati: "Bi li beskonačno biće ovo izabralo?" Ili biste mogli reći: "Zanimljivo je gledište da imam ovo gledište." Imate izbor.

Da se vratimo na ono što ste govorili prije: biti prisutan, je li to prostor potpunog izbora?

Gary: Da. Kad ste potpuno prisutni i potpuno svjesni, kreirate prostor potpunog izbora.

Što je potrebno da se to neprestano bude?

Gary: Ako koristite ove alate, počet ćete to kreirati. No, morate ih koristiti. Primijetio sam da većina ljudi prođe Temeljni tečaj i Razinu 1 pročitajući alate jednom, i kaže: "Pa, pročitao sam ih i nisu mi koristili."

Ne, trebali biste ih koristiti svaki dan, cijeli dan, barem šest mjeseci do godinu dana. Na kraju godine imali biste razinu slobode koju niste imali cijelog svog života.

Neprekidno sam koristila 'zanimljivo je gledište da imam to gledište'. To mi omogućuje da se postavim u puno više prostora. Govorili ste: "Krenite sa samo jednim alatom i držite se njega." To ja radim i to mi stvara toliko više lakoće.

Gary: Odlično. Ako uzmete jedan od ovih alata i neprekidno ga koristite šest mjeseci, promijenit će vam se cijeli život. Ako svaki od ovih alata prakticirate šest mjeseci, promijenit će se sve u vašem životu. No to je uvijek izbor.

Možete li to ponoviti?

Gary: Uzmite svaki od ovih alata i koristite ga šest mjeseci. Recimo da šest mjeseci koristite 'zanimljivo je gledište da imam to gledište'. To bi stvorilo mjesto gdje više nikada ne biste imali gledište da vam ikoje gledište nešto znači. Većini vas bi vjerojatno bilo dovoljno prakticirati to tri mjeseca, ali zasigurno bi djelovalo ako to radite šest mjeseci.

U redu! Biram to. Oko mene je mnogo projekcija i zanimljivo gledište je...

Gary: Ljudi uvijek na nas projiciraju stvari. Kada prakticirate zanimljivo je gledište da imam to gledište, iznenada ćete reći: "Nije me briga za to. Zašto tome pridajem značaj?" Čini stvari puno lakšim.

Pitanje: Dali ste mi klin (vidi rječnik za definiciju), veliki klin. Tada nisam znala da je to klin, no shvatila sam da sam takav "control freak" (osoba koja jako teži kontroliranju) da gasim svoje izbore i stežem svoj život. Jednostavno ne mogu biti izvan kontrole (vidi rječnik za definiciju), ne mogu imati previše stvari odjednom, ne mogu imati toliko novca da je izvan kontrole. Jučer sam napravila zahtjev da otpustim to s kontrolom i izgleda da sada više funkcioniram iz prostora bez uma. Tako je drugačije!

Gary: Nije li zabavno?

Da! Hvala!

Dain: O, ne, ona se zabavlja! O, ne!

Gary: "Control freak"-ovi uvijek pokušavaju kontrolirati stvari kako se ne bi previše zabavljali. Dain, hajmo ponovno pokrenuti proces.

Dain: Koje generiranje i kreiranje prostora beskonačnog izbora bez uma i deset-sekundnih inkremenata izbora kao apsolutne nestvarnosti koristite da zaključate u postojanje pozicijske HEPADe koje utemeljujete kako biste se postavili u negativne elemente stvarnosti, što su tuđe stvarnosti bezizbornog nepostojanja. Sve što to jest, bezbroj puta, biste li to uništili i dekreirali, molim? Right and wrong, good and bad, POD and POC, all 9, shorts, boys and beyonds.

Pitanje: Biste li molim vas dali primjer bivanja i življenja u deset-sekundnim inkrementima? Znači li to svakih deset sekundi pitati 'Što još'?

Dain: U redu, evo primjera. Sa svojom koordinatoricom za komunikacije često razgovaram o planovima tečajeva ili događaja koji bi se mogli odviti u narednih šest mjeseci. Kad smo tek započinjali suradnju, birali smo tečajeve na temelju informacija koje su nam u to vrijeme bile dostupne. Učinili bismo to realnim i čvrstim – i to je postao zaključak. Djelovali bismo iz zaključka koje smo postavili u svijet, umjesto da budemo u konstantnom stanju pitanja.

Kako smo mi postajali otvoreniji činjenici da bismo mogli imati druge izbore i da se stvari s vremenom mogu mijenjati, to se počelo mijenjati. Ponekad bi se energija u našem svijetu upalila ili bismo dobili neku novu informaciju, pa bismo rekli: "Čekaj malo. Ovdje nešto moramo vidjeti. Možda trebamo promijeniti naslov, možda trebamo promijeniti mjesto ili možda trebamo otkazati tečaj."

Jednom sam planirao napraviti nekoliko radionica u konferencijskom centru u Švedskoj. Prvotno sam trebao napraviti tečaj Budi svoj i promijeni svijet. Malo kasnije sam rekao: "Znaš što? Ovo moramo promijeniti." Na to ljudi nisu bili spremni.

Malo zatim moja koordinatorica za komunikacije je rekla: "Nešto me zove. Što ovdje moramo napraviti drugačije?" To je dio deset-sekundnih inkremenata izbora. Pogledala je na tečaj koji smo planirali i rekla: "Što god smo mislili učiniti, neće ići. Trebamo vratiti tečaj Budi svoj i promijeni svijet. Sada će djelovati jer se univerzum promijenio i dostupno je nešto drugačije."

Tako smo promijenili ime tečaja i sada je to dobar osjećaj. Bit će tamo ljudi koji će ga sada shvatiti, dok to prije nekoliko mjeseci ne bi mogli.

Gary: Nakon što sam dugo vremena prakticirao Access Consciousness, došao sam do točke gdje nisam mario što radim. Nizašto nisam mario. Gdje želiš jesti? Svejedno mi je. Što želiš raditi? Nije me briga. Što želiš gledati na TV? Nije me briga. Nizašto nisam mario, ništa nije imalo značaj, ništa nije bilo važno, ništa me nije zahtijevalo.

Onda sam rekao: "U redu, imam deset sekundi do kraja života. Što ću sad izabrati?" Shvatio sam da sam cijeli život proveo birajući na temelju potreba, želja, zahtjeva i žudnji drugih ljudi jer je to bilo lako. Otkad sam se oženio, nikada nisam sjeo i izabrao za sebe.

Rekao sam: "U redu, idem se prošetati van. To je deset sekundi. Što ću sad raditi? Pomirisat ću onu ružu. U redu, napravio sam to. Imam deset sekundi, što bih sada volio raditi? Počeo sam shvaćati da sam izgubio sposobnost biranja više od tri stvari.

Nisam imao beskonačni izbor kao mogućnost. Nisam bio svjestan da bih takvo nešto uopće mogao imati u svome svijetu. Sada znam da mogu imati stvari i znam da mogu imati sve što želim. Znam da će se isporučiti sve što pitam, i kao rezultat, to je upravo ono što se pojavljuje.

Živite u deset-sekundnim inkrementima

Još uvijek funkcioniram iz deset-sekundnih inkremenata. Danas sam bio na ranču sa svojim konjima i znao sam da ću biti na ovom seminaru sa svima. Mogao sam otići u Annienu kuću, gdje se nalaze konji, i obaviti razgovor odonuda. Bilo bi klimatizirano, udobno i lijepo. Drugi izbor bio je povratak u moj hotel. Pitao sam: "Kuća? Hotel?" Rekao sam: "Hotel se osjeća laganije; to ću napraviti." Vratio sam se u hotel i dobro da jesam jer morao obaviti gomilu stvari između ranča i hotela. Da se nisam vratio u hotel ne bih bio sposoban napraviti sve te stvari. Bio je to trenutak znanja da je povratak u hotel prava stvar koju treba učiniti. Znao sam da je prava jer se osjećala lagano. Bio je to izbor koji je otvorio vrata prema dvanaestak drugih mogućnosti u manje od petnaest minuta.

Dain: Još nešto, u tvome svijetu nije bilo zaključka. Nisi rekao: "Moram obaviti razgovor ovdje" ili "Moram to obaviti tamo." Bio si otvoren bilo čemu što bi kreiralo najviše lakoće ili najveći broj mogućnosti. Izgleda da puno ljudi govori: "Daj mi pravi zaključak kako bih imao onaj koji će biti pravi za cijelu vječnost."

Gary: Kad sam prvi put izašao s ovim alatom, govorio sam: "Svijet je pun lavova, tigrova, medvjeda i otrovnih zmija koje ćete sresti kada izađete van. Što biste upravo sad učinili ako će vas za deset sekundi pojesti? Što ako biste znali da ćete umrijeti za deset sekundi?"

Otac mi je umro kad sam imao 17 godina. Prije svoje smrti učinio je nešto što me je razljutilo i nisam s njime razgovarao dvije godine. Pokušao se "iskupiti" u te dvije godine, no nije uspio. Moj stav je bio: "Uvrijedio si me, šupčino, i ja više nikada s tobom neću razgovarati."

Umro je i ja sam shvatio: "Oho, ta odluka koju sam donio prije dvije godine koje sam se držao s takvom žestinom koštala me prilike da provedem zadnje minute sa svojim ocem koje bi mi mogle pojasniti kako mu je bilo."

Saznao sam da je dvije godine znao da umire. Jesmo li mogli imati bolji odnos? Jesam li ga mogao bolje upoznati? Da. Mnoge su stvari mogle biti drugačije. Nisam mu prije smrti rekao da ga volim.

Tu sam prepoznao da trebaš reći ono što je za tebe istinito danas, a ne čekati do sutra. Što ako netko umre deset sekundi nakon što s vama razgovara? Želite li da posljednje što ćete im reći bude "Ti si prokleti šupak"? Ili želite da posljednje što ćete im reći bude "Zahvalan sam što te imam u životu"?

Što je to što želite reći u posljednjih deset sekundi svoga života? Što je to što želite čuti u tih zadnjih deset sekundi? Što je to što želite raditi u tih zadnjih deset sekundi svoga života? Ako umirete i znate da imate samo deset sekundi, što bi vam bilo najvažnije? Kada to vidite, počnete shvaćati što vam je važno, a što nije važno, što želite učiniti značajnim, a što je beznačajno.

Dain: To puno pomaže.

Pitanje: Prije nekoliko tjedana imala sam puno problema sa školom u kojoj radim gdje su se prema meni ponašali autoritativno. Otišla sam kući i slušala prvi tečaj Energetska sinteza zajedništva, i nešto se dogodilo. Rekla sam: "Oho, povezat ću se sa školom i učiteljima i učenicima", i to sam i učinila. Toliko se toga promijenilo s tim deset-sekundnim izborom. Sad su ljudi zbilja, zbilja dragi, i tako je lagano u školi.

Gary: To nije napor; to nije nešto što trebate činiti. Samo jeste i dopuštate sebi biranje kao što ste vi učinili, i to promijeni cijelu realnost.

Da, to je drugačija stvarnost. Tako lagano.

Gary: Sada trebate reći: "U redu, bio je to dobar deset-sekundni izbor. Koje još izbore sada imam? I kako mogu upotrijebiti sve što mi je dostupno i sve što znam, na drugačiji način od onoga na koji su svi do sada to koristili?"

Pitanje: Što činiti kad znate da netko umire, a vi pokušavate živjeti u tih deset sekundi, ili im pokazati "Hej, samo je deset sekundi", a oni vas ne čuju?

Gary: Nikoga ne možete natjerati da čuje nešto što ne želi čuti. Imali smo 92-godišnju prijateljicu Mary koja je živjela s nama. Mary je umirala i rekla: "Samo želim otići sada."

Pitao sam: "Što je to što te tu drži?"

Rekla je: "Pa, nisam sigurna."

Upitao sam: "Postoji li nešto čega želiš biti svjesna prije nego što odeš?"

Rekla je: "Da, želim znati kamo dalje idem."

Rekao sam: "Zašto ti ne odlučiš kamo ćeš dalje ići? Ako ideš u svoj sljedeći život, kakav bi željela da bude?"

Upitala je: "Mogu?"

Rekao sam: "Da. Sve je stvar izbora. Izbor je tvoj. Ako želiš da ti život bude ovakav, učini to, pitaj za to. Zahtijevaj da se za tebe pojavi."

Rekla je: "To je sjajno", i oko mjesec dana kasnije konačno je mogla otpustiti. To joj je omogućilo bistrenje njezine voljnosti da kreira ciljeve za svoj budući život.

Za mnoge je ljude nužno, posebno ako su katolici ili se bave metafizikom, kreirati ciljeve za sljedeći život. To moraju učiniti prije nego što odu. Deset-sekundni inkrement za to je: Dobro, umireš za deset sekundi. Što je sljedeće? Što ćeš izabrati?

I nakon što to kažete, ako se ne žele promijeniti, to je njihov izbor, zar ne?

Gary: Da, to je njihov izbor. Iz njihovoga gledišta oni nemaju deset-sekundne inkremente izbora kao realnost. Oni vjeruju da moraju učiniti pravi ili krivi izbor. Ako netko ne želi čuti da postoje deset-sekundni inkrementi izbora, morate priznati činjenicu da su to izabrali i recite "Zanimljiv izbor, to je tvoj izbor", ne iz gledišta pravog ili krivog – već iz gledišta "To ja ne bih izabrao, ali ti kreni. Čini što god ti odgovara."

Dain: Dopustite mi da kažem još jedan proces kojeg je Gary smislio jer je i on briljantan.

Koje generiranje i kreiranje ne bivanja, rada, imanja, kreiranja, generiranja i utemeljivanja bilo čega i svega po volji kao brisanja svoje realnosti koristite da zaključate u postojanje pozicijske HEPADe koje utemeljujete kako biste okrivljavali sebe što ne popravljate svijet? Sve što to jest, bezbroj puta, biste li to uništili i dekreirali, molim? Right and wrong, good and bad, POD and POC, all 9, shorts, boys and beyonds.

Gary: Prepoznaje li itko od vas da okrivljujete sebe što niste izabrali pravu stvar kako biste ovaj svijet učinili boljim mjestom?

Da.

Gary: Dobro.

Dain: Koje generiranje i kreiranje ne bivanja, rada, imanja, kreiranja, generiranja i utemeljivanja bilo čega i svega po volji kao brisanja svoje realnosti koristite da zaključate u postojanje pozicijske HEPADe koje utemeljujete kako biste okrivljavali sebe što ne popravljate svijet? Sve što to jest, bezbroj puta, biste li to uništili i dekreirali, molim? Right and wrong, good and bad, POD and POC, all 9, shorts, boys and beyonds.

Gary: Ako ne birate u deset-sekundnim inkrementima, ne možete popraviti svijet. Sve što možete popraviti je prošlost – jer kada niste u deset-sekundnim inkrementima, više niste u sadašnjosti.

Dain: Drugim riječima, da biste bili prisutni, morate funkcionirati u deset-sekundnim inkrementima.

Gary: Ako ne djelujete u deset-sekundnim inkrementima, djelujete u prošlosti. A ako djelujete iz prošlosti, ne možete ništa popraviti, ne možete ništa poboljšati i ne možete uopće ništa generirati.

Dain: Ako ne djelujete u deset-sekundnim inkrementima, funkcionirate ili iz prošlosti ili projicirate u budućnost...

Gary: Što znači da funkcionirate iz onoga što bi budućnost mogla biti.

Dain: Koje generiranje i kreiranje ne bivanja, rada, imanja, kreiranja, generiranja i utemeljivanja bilo čega i svega po volji kao brisanja svoje realnosti koristite da zaključate u postojanje pozicijske HEPADe koje utemeljujete kako biste okrivljavali sebe što ne popravljate svijet? Sve što to jest, bezbroj puta, biste li to uništili i dekreirali, molim? Right and wrong, good and bad, POD and POC, all 9, shorts, boys and beyonds.

Gary: Dugo sam vremena pokušavao pridobiti ljude da kreiraju svoju vlastitu realnost. Nisam mogao shvatiti zašto oni to ne mogu. Onda sam shvatio da je razlog tomu što ne razumiju ni jedan od Deset ključeva. Ako ne prakticiraju deset-sekundne inkremente izbora, ne mogu kreirati svoju realnost. Mogu kreirati samo realnost temeljenu na prošlosti koja nema nikakve veze s njima u sadašnjosti.

Dain: Tako je kad funkcionirate u prošlosti. To nema nikakve veze s vama u sadašnjosti. Funkcionirate iz fantazije, postojanja i tajne agende. Oni nemaju nikakve veze s time da vi budete svoji. To je ludo!

Pitanje: Tri su područja u kojima se osjećam limitirano u vezi deset-sekundnih inkremenata izbora. Želim to iznijeti jer želim imati drugačije iskustvo. Kao prvo, hvata me anksioznost u vezi djelovanja u deset-sekundnim inkrementima. Svjesna sam da prođe više od deset sekundi prije nego što nešto izaberem. Što je potrebno da se opustim s ovime ili da zapravo imam svjesnost o deset sekundi kako one prolaze?

Gary: Gledate na deset sekundi kao na fiksnu količinu vremena. Radi se zapravo samo o izboru kojeg trebate donijeti u ovome trenutku. To znači: "Što bih želio izabrati upravo sada?" Morate vježbati korištenje ovog pitanja. Recimo da se spremate ući u kadu. Pitate: "Dobro, što upravo sada želim izabrati? Želim topliju vodu." U redu, dobro. Tih deset sekundi je prošlo. Onda je: "Ovo nije još dovoljno toplo." U redu, još ću deset sekundi puštati toplu vodu. "Nije još dovoljno toplo." U redu, činit ću to još deset sekundi.

Pokušavate doći do zaključka o tome što je deset sekundi, umjesto da uvidite da je stvar u učenju biranja. Nikada vas se nije učilo birati; učili su vas da činite ono što je ispravno. Stoga vaša anksioznost oko deset-sekundnih inkremenata nije abnormalna. Normalna je jer vas nikada nisu učili da birate.

Hvala. Vidim da sam djelovala pretežno iz univerzuma bez izbora. To me dovodi do drugog dijela. Što je stvarno biranje ili stvarni izbor? Kada dajete primjer, to je uvijek nešto što je akcija ili nešto što možete činiti, poput podešavanja temperature vode. No kad bi ovo bilo mojih zadnjih deset sekundi i ja se pitam što bih izabrala, moja prva pomisao bi bila "Voljela bih biti u oceanu, plivati s delfinima." No to se neće dogoditi u deset sekundi.

Gary: Morate krenuti od mjesta gdje jeste i naučiti birati. Cijela ideja iza ovoga je učenje biranja. Vi još uvijek pokušavate činiti najbolje izbore.

Izbore koje bih preferirala.

Gary: Ne, ne izbore koje biste preferirali. Morate naučiti birati u deset-sekundnim inkrementima. Vi radite: "Ovo bi bio najbolji izbor." To je zaključak; to nije izbor. Pogrešno ste protumačili i pogrešno primijenili zaključak kao izbor. Tko je sve od vas pogrešno primijenio i pogrešno protumačio izbor kao zaključak i zaključak kao izbor?

Sve što to jest, bezbroj puta, biste li to uništili i dekreirali, molim? Right and wrong, good and bad, POD and POC, all 9, shorts, boys and beyonds.

Posljednji dio moga pitanja je o biranju iz prostora, jer se većinu vremena osjećam kao da biram unutar energetske luđačke košulje. Stvarno volim imati taj osjećaj prostora.

Gary: Kako biste dobili osjećaj prostora, sve što trebate učiniti je izaći i pitati: "U redu, želim li staviti svoje desno stopalo ispred svog lijevog stopala, ili svoje lijevo stopalo ispred svog desnog stopala?" Zadajte si jednostavne korake. Učili su vas da skačete u zaključak, da pravilno shvatite i da činite samo prave stvari. To nije izbor. To je prosudba. To je još jedna stvar o izboru koju ste pogrešno protumačili i pogrešno primijenili. Vjerujete da je prosudba izbor, a izbor prosudba.

Sve što to jest, bezbroj puta, biste li to uništili i dekreirali, molim? Right and wrong, good and bad, POD and POC, all 9, shorts, boys and beyonds.

Radi se o učenju kako birati. Imam deset sekundi da biram ostatak svoga života, što ću izabrati? U redu, tih deset sekundi je gotovo. Imam deset sekundi da biram ostatak svoga života, što bih izabrao? Učite kako birati. Svrha ovoga je da naučite kako birati, a ne da pravilno izaberete.

Govorite li da birate nešto što ćete zapravo raditi u tih deset sekundi?

Gary: Da, jer je to jedini način da naučite birati.

U redu, hvala.

Gary: Vaša je verzija nešto poput "Što bi bilo najbolje raditi?" To se temelji na prosudbi i na onome što biste vi voljeli raditi, a niste radili.

Dain: Ne radi se o tome da pravilno shvatite. Radi se o učenju kako birati. Što ako biste na Deset ključeva gledali iz ovoga gledišta: "Već bih trebao savršeno prakticirati Deset ključeva, pa daj da dođem na seminar."

Što ako biste sada gledali na to na ovaj način: "Vrijeme je da naučim ovih Deset ključeva i kako da ih biram, utemeljujem i koristim u svome životu."

Jedna od Garyjevih kćeri htjela je ići na satove baleta, no prije tečaja htjela je ići na privatnu poduku baleta. Htjela je znati kako plesati balet prije nego što se upisala na tečaj. To si mi neprestano radimo. Mislimo da bismo nekako trebali biti savršeni u nečemu što još ne znamo raditi. Jeste li znali čitati prije nego što ste krenuli u školu? Ili ste krenuli u školu kako biste ponešto naučili?

Sve što ste učinili da prihvatite da biste trebali biti savršeni s ovih Deset ključeva, što je razlog zašto ste na tečaju, biste li to uništili i dekreirali, molim, i dopustili si da sve ovo naučite, kako ih koristiti i utemeljivati? Right and wrong, good and bad, POD and POC, all 9, shorts, boys and beyonds.

Gary: Sve ovo je učenje o bivanju beskonačnim bićem. Bi li beskonačno biće uistinu ovo izabralo? Tu se radi o tome da naučite vidjeti što bi beskonačno biće izabralo. Zanimljivo je gledište da imam ovo gledište služi za prepoznavanje da devedeset posto onoga što percipiram nije moje.

Djelovanje u deset-sekundnim inkrementima služi da izađete iz prosuđivanja. Radi se o učenju biranja bez prosudbe. To je veliki dar. Uvelike će vam olakšati život. Otpuhat će vam um. No morate to činiti bez prosuđivanja. Trebate samo birati.

I prevladati strah od pogreške.

Gary: Ako birate na samo deset sekundi, zapravo ne možete pogriješiti. Kažete: "U redu, loš izbor. Što sad želim izabrati?" Ne možete prosuđivati u deset-sekundnim inkrementima. Možete samo birati.

Dain: Drugim riječima, biranje u deset-sekundnim inkrementima eliminira prosudbu. Ako uistinu shvatite da nakon ovih deset sekundi možete izabrati nešto drugo, zašto biste prosuđivali taj izbor? Samo biste prešli na nešto drugo. Unutar samoga alata nalazi se put koji vas vodi izvan ograničenja zbog kojega ga koristite.

To je divno.

Dain: Koje generiranje i kreiranje ne bivanja, rada, imanja, kreiranja, generiranja i utemeljivanja bilo čega i svega po volji kao brisanja svoje realnosti koristite da zaključate u postojanje pozicijske HEPADe koje utemeljujete kako biste okrivljavali sebe što ne popravljate svijet? Sve što to jest, bezbroj puta, biste li to uništili i dekreirali, molim? Right and wrong, good and bad, POD and POC, all 9, shorts, boys and beyonds.

Upravo mi se pojavila zanimljiva svjesnost. Ako vjerujete da svaki vaš izbor sam po sebi nije dovoljan da popravi svijet, negira li to na neki način vašu voljnost, vaše sposobnosti, vaše vještine i vrijednost izbora?

Gary: Samo apsolutno, kompletno i neopozivo.

Dain: Sve što ste učinili da prihvatite da je svaki izbor premalen da zapravo učini svijet drugačijim mjestom, i sve što ste učinili da prihvatite da bi svi izbori koje zajedno možemo donijeti, zbrojeni, mogli promijeniti svijet, no nikada se ne mogu ostvariti, biste li to uništili i dekreirali, molim? Right and wrong, good and bad, POD and POC, all 9, shorts, boys and beyonds.

Gary: Pa Dain, ova briljantnost je jedan od razloga zašto te obožavam.

Svaki put kada birate, baš svaki pojedini put kada birate, otvarate vrata većim mogućnostima. Vaš izbor je zapravo dar univerzumu. Morate birati – i učiti birati – kako bi svaki izbor koji učinite otvorio vrata ka više mogućnosti, što pomaže svijetu.

Dain: To je moć koja smo odbijali biti.

Gary: Kada shvatite da vaš izbor otvara vrata, možete birati i reći: "Oh, taj izbor mi nije odgovarao! Sljedeći izbor." To činite bez prosudbe. Ne blokirate taj izbor u svijetu kao nešto što se ne može promijeniti. Ponovnim biranjem otvarate vrata drugačijoj mogućnosti.

Dain: Koje generiranje i kreiranje ne bivanja, rada, imanja, kreiranja, generiranja i utemeljivanja bilo čega i svega po volji kao brisanja svoje realnosti koristite da zaključate u postojanje pozicijske HEPADe koje utemeljujete kako biste okrivljavali sebe što ne popravljate svijet? Sve što to jest, bezbroj puta, biste li to uništili i dekreirali, molim? Right and wrong, good and bad, POD and POC, all 9, shorts, boys and beyonds.

Gary: Ako želite popraviti svijet, naučite birati – ne iz prosudbe, već iz izbora.

Dain: Birajte iz izbora, samo zato što možete. Nakon što neko vrijeme koristite ove alate i vaše vas prosudbe više ne budu vukle, možete pomisliti: "Što se događa?" Došli ste do mjesta koje je Gary opisivao, gdje vas nije briga gdje jedete. Mogli biste samo cijeli dan sjediti na kauču i gledati TV. To je čudan osjećaj jer vas ništa ne vuče ni ne gura u svim smjerovima na način kako je to do sada bilo. Nekada ste mislili da to znači da nešto morate birati, no zapravo je ovo prostor odakle počinje istinski izbor.

Izbor dolazi iz ovog prostora, a ne iz čvrstoće koja vas lupa po glavi, koju pokušavate postaviti u svijet. To je prostor koji nema nikakve čvrstine, nikakvih mentalnih konstrukata i nikakve težine na koju ste možda navikli.

Koje generiranje i kreiranje ne bivanja, rada, imanja, kreiranja, generiranja i utemeljivanja bilo čega i svega po volji, kao Deset ključeva, kao brisanja svoje realnosti koristite da zaključate u postojanje pozicijske HEPADe koje utemeljujete kako biste okrivljavali sebe što ne popravljate svijet? Sve što to jest, bezbroj puta, biste li to uništili i dekreirali, molim? Right and wrong, good and bad, POD and POC, all 9, shorts, boys and beyonds.

Gary: Sada moramo ići. Vrlo sam zahvalan za vaša pitanja i nadam se da ćete vidjeti da cijela svrha učenja biranja nije da birate iznova i iznova isti problem, već da imate drugačiji izbor. Svakih deset sekundi možete drugačije birati. To je najvažniji koncept koji u životu možete dobiti.

Dain: Stvarno se radi o praksi. To je nešto što se uči i nešto o čemu ja svaki dan sve više učim. To nije nešto u čemu već morate biti savršeni. Možda niste birali. Možda ni sada ne znate što je izbor – ali ako nastavite vježbati, počet ćete shvaćati što je izbor.

To nije nešto što ste prije naučili raditi. U redu je. Ne znači da s vama nešto ne štima. Molim vas nastavite birati, molim vas nastavite vježbati i molim vas nastavite uživati u ovoj sjajnoj avanturi funkcioniranja iz mjesta s kojega gotovo nitko na planetu nikada prije nije funkcionirao. Planet vas treba. I sad je naše vrijeme.

~~

ČETVRTI KLJUČ KA POTPUNOJ SLOBODI
Živite kao pitanje

Gary: Bok svima. Večeras ćemo razgovarati o četvrtom ključu: Živite kao pitanje.

Dain: U ovoj realnosti svi smo podučavani da ne živimo kao pitanje. Posebno su nas učili da ne funkcioniramo kao pitanje. Trebali bismo biti odgovor.

Gary: Sve se vrti oko imanja odgovora. Učili su nas da tražimo odgovor, nađemo odgovor i činimo odgovor – jer ako dođemo do pravog odgovora, sve će nam u životu biti ispravno. Usput rečeno, ovo nije istinito.

Dain: Prodali su nam laž da smo u krivu ako moramo postavljati pitanje – ne možeš biti u pravu ako moraš postaviti pitanje. To je apsolutno sranje.

Gary: Prvi korak prema življenju kao pitanje je postavljanje pitanja.

Ako neprestano postavljate pitanja, doći ćete do točke gdje jeste pitanje, i iznenada potreba za pitanjima prestaje jer funkcionirate iz pitanja zvanog apsolutna svjesnost. Apsolutna svjesnost uvijek je pitanje. Više ne morate postavljati pitanje jer je cijeli vaš život pitanje.

To mislimo pod življenjem u pitanju.

Pitanje: Od svoga djetinjstva do rane odrasle dobi bilo mi je urođeno postavljati pitanja. Kako sam stario, ismijavali su me ili ignorirali zbog postavljanja previše pitanja, i ja sam to postepeno prestao raditi. Prestao sam biti u pitanju gdje sam osjećao najviše radosti, rasta i ekspanzije. Možete li nam dati proces za poništavanje višegodišnjeg prosuđivanja i preuzimanja osjećaja da sam glup, tupoglav, spor ili nedovoljno pametan?

Gary: Koje generiranje i kreiranje pitanja kao urođene pogrešnosti koristite da potvrđujete pozicijske HEPADe koje birate, koji odgovore čine realnošću, a pitanja utjelovljenjem gluposti, tupoglavosti i sporosti? Sve što to jest, bezbroj puta, biste li sve to uništili i dekreirali? Right and wrong, good and bad, POD and POC, all 9, shorts, boys and beyonds.

Pitanje: Što mislite pod tupoglavošću?

Gary: Tupoglavost je ideja da niste dovoljno bistri da bi znali što je istinito. To znači neimanje svjesnosti. Vi zapravo niste tupoglavi - no možete se pretvarati da jeste ako želite! Tupoglavost je kada zapravo koristite energiju da se učinite manjim od svjesnog.

Jeste li koristili masivne količine energije da se učinite dovoljno tupoglavim da živite u ovoj realnosti? O, jesam li ja to rekao? Biste li sve to uništili i dekreirali? Right and wrong, good and bad, POD and POC, all 9, shorts, boys and beyonds.

Koje generiranje i kreiranje pitanja kao urođene pogrešnosti koristite da potvrđujete pozicijske HEPADe koje birate, koji odgovore čine realnošću, a pitanja utjelovljenjem gluposti, tupoglavosti i sporosti? Sve što to jest, bezbroj puta, biste li sve to uništili i dekreirali? Right and wrong, good and bad, POD and POC, all 9, shorts, boys and beyonds.

Pitanje: Kad sam bio dijete i postavljao pitanje, moja bi obitelj rekla: "Znatiželja je ultimativni zločin. Ne postavljaj pitanja."

Gary: Da, u mojoj su obitelji govorili: "Znatiželja je ubila mačku. Bi li ubila i tebe, molim?" Nije li to zabavno?

Otkrio sam da su me pokušavali zaustaviti u postavljanju pitanja zato što nikada nisu imali smisleni odgovor. Postavljao bih nova pitanja sve dok mi nešto ne bi imalo smisao, i onda bih prestao postavljati pitanja. Kako oni nisu mogli dati dovoljno smislena pitanja da me zaustave, pokušavali su me zaustaviti u postavljanju pitanja. Jeste li iskusili nešto takvo?

Sve što to jest, bezbroj puta, biste li sve to uništili i dekreirali? Right and wrong, good and bad, POD and POC, all 9, shorts, boys and beyonds.

Ljudi vam daju glupe besmislene odgovore, a vi mislite: "Kako to može biti odgovor?" Ako imate trunku svjesnosti, shvatite da su odgovori koji vam se nude glupi i bezvrijedni. Vaše je pitanje bilo prebistro da bi oni mogli odgovoriti!

Jedna gospođa mi je rekla: "Bila sam najtupavija osoba u svojoj obitelji."

Pitao sam: "Na temelju čega si donijela tu odluku?"

Rekla je: "Pa, kad sam imala pet godina rekli su mi da sam natprosječno uspješna."

Upitao sam: "Znaš li što znači natprosječno uspješna?"

Zaustavila se i rekla: "To je netko tko mora uložiti više truda jer je gluplji."

Rekao sam: "Ne, to je netko tko je toliko pametan da mora učiniti više od bilo koga drugoga!"

Rekla je: "Što? Nisam glupa?"

To se dogodilo kad je imala pet godina, a danas je pedesetogodišnja žena. Proteklih četrdeset i pet godina mislila je da je najgluplji član svoje obitelji jer je natprosječno uspješna – no nije znala što to znači.

Ljudi vam govore ovakve stvari dok ste dijete, a vi nemate pojma što znače, pa sami interpretirate ono što oni govore. Pretpostavite da natprosječno uspješan znači nešto loše. Pa, ako sam loš, moram biti u krivu, a ako sam u krivu, moram biti glup.

Gdje god ste to odlučili, biste li sve to uništili i dekreirali bezbroj puta, molim? Right and wrong, good and bad, POD and POC, all 9, shorts, boys and beyonds.

Koje generiranje i kreiranje pitanja kao urođene pogrešnosti koristite da potvrđujete pozicijske HEPADe koje birate, koji odgovore čine realnošću, a pitanja utjelovljenjem gluposti, tupoglavosti i sporosti? Sve što to jest, bezbroj puta, biste li sve to uništili i dekreirali? Right and wrong, good and bad, POD and POC, all 9, shorts, boys and beyonds.

Pitanje: Osjećam kako me zaustavio razgovor o natprosječnom uspjehu. Imao sam ogromnu emotivnu reakciju na to. Vratilo me u iskustvo kad su moji roditelji bili izuzetno ugroženi svaki put kad bih postavio pitanje. Još se uvijek osjećam kao da ću počiniti zločin kada postavljam pitanje. Čini se tako važnim i znoje mi se dlanovi. Što mogu učiniti da uništim i dekreiram to kao automatsku reakciju na postavljanje pitanja?

Gary: Koliko ste laži pokupili o pogrešnosti postavljanja pitanja? Sve što to jest, bezbroj puta, biste li sve to uništili i dekreirali? Right and wrong, good and bad, POD and POC, all 9, shorts, boys and beyonds.

Jeste li prihvatili laž o pogrešnosti postavljanja pitanja? Koliko laži koristite da učinite pogrešnim vaše postavljanje pitanja ili da budete pitanje što uistinu jeste? Sve što to jest, bezbroj puta, biste li sve to uništili i dekreirali? Right and wrong, good and bad, POD and POC, all 9, shorts, boys and beyonds.

Govorili ste o bivanju pametnim. Moja je obitelj priznavala i slavila što sam ja pametan, no to mi je ostavilo osjećaj nemoći jer unatoč svojoj svjesnosti, unatoč svojoj pameti, činilo se da nisam uspijevao imati pozitivan utjecaj. Što mogu učiniti kako bih promijenio ovaj identitet iz kojeg bez obzira na sve, bez obzira koliko sam pametan ili svjestan, ostajem i dalje blokiran u tom neuspjehu?

Gary: Mogli biste učiniti nešto strašno.

Kao što?

Gary: Birati protiv svoje obitelji.

Ah...

Gary: Otac mi je umro kada sam imao sedamnaest. Želio sam otići u vojsku. Želio sam postati marinac. Majka mi je rekla: "Trebaš ići na fakultet. Ako ne odeš na fakultet, otac će ti se okrenuti u grobu. To je bilo jedino što je htio da napraviš." Pa sam tako otišao na fakultet.

Bio sam na fakultetu tri godine. Otišao sam kući u posjetu, a moja mlađa sestra postala je sveti roler. To su ljudi koji se kotrljaju po crkvenom oltaru vičući: "Da, Isus! Da, Isus!"

Imao sam tada oko dvadeset godina. Sestra mi je rekla: "Ako ne vjeruješ u Isusa, ići ćeš u pakao!"

Rekao sam: "Pa, da budem iskren, nisam siguran da vjerujem u Boga." Otrčala je u kuću vičući i vrišteći jer nisam vjerovao u Boga.

Majka joj je rekla: "Ne brini, dušo. To je samo neka luckasta ideja koju je pokupio na fakultetu."

Majka me natjerala da odem na fakultet na temelju ideje da će se moj otac okrenuti u svome grobu ukoliko ne odem, no njezino gledište bilo je da na fakultetu samo kupim luckaste ideje.

Pogledao sam to i rekao: "To je ludo. Govoriš mojoj sestri da je to glupa ideja koju sam naučio na fakultetu, a govoriš mi i da moram ići na fakultet jer sam inače glup. Žao mi je, to je glupo!"

Počeo sam biti neuspješan na fakultetu samo zato da dokažem da je u krivu. Konačno sam to promotrio i rekao: "Znaš što? To je isto glupo! Zašto pokušavam dokazati da mi je majka u pravu, dokazujući da sam glup što idem u školu, i da sam glup što ne idem u školu, i da sam glup zbog neuspjeha u školi i što dovraga ovdje pokušavam vjerovati?"

Stoga, bi li itko od vas, tko još uvijek pokušava zadovoljiti svoje živuće ili davno umrle roditelje, prestao to raditi i umjesto toga postavio pitanje:

Koliko su moji roditelji bili glupi? Sve što to jest, bezbroj puta, biste li sve to uništili i dekreirali? Right and wrong, good and bad, POD and POC, all 9, shorts, boys and beyonds.

Živite kao pitanje

Pitanje: Prvi put kad sam iskusio bivanje u pitanju, nisam osjećao ništa posebno. Nisam osjećao ono što vi govorite. Kada postavljam pitanja, čini se kao da sam u blatu. Osjećam se kao da sam u umu.

Dain: Sve što ste odlučili da življenje kao pitanje jest – i sve što mislite da ćete osjećati kada to prakticirate – je projekcija iz gledišta. To nije pitanje.

Gary: Sve što ste odlučili da će življenje kao pitanje biti i kako će izgledati, biste li uništili i dekreirali sve to bezbroj puta? Right and wrong, good and bad, POD and POC, all 9, shorts, boys and beyonds.

Dain: Kada imate način bivanja koji se tiče ove realnosti, funkcionirate iz odgovora. Iskrivljavate sebe kako ne biste bili voljni biti pitanje, kao da je to odvratno.

Kada to činite, namještate svoje tijelo da bude fizičko utjelovljenje ove realnosti i da za vas nosi taj teret kako se vi ne biste uvijali izvan pitanja, svakog trena svakoga dana.

Gary: Vaše tijelo mora ići na vožnju svijesti jednako koliko i vi. Nevjerojatne su promjene koje se mogu pojaviti u vašem tijelu i u vašoj povezanosti sa svime oko vas kada živite kao pitanje. Vaše je tijelo osjetilni organ koji vam nudi informacije. Govori vam što se oko vas događa. Ako niste voljni biti s njime u zajedništvu, otkidate devedeset posto onoga što ste sposobni percipirati, znati, biti i primati. Želite li tako živjeti?

Dain: Vaše je tijelo doprinos ukupnom zbroju energija koje percipirate kao sebe u ovoj realnosti.

Gary: Vi se sami takvima kreirate. Zato radimo ovaj proces – on će vam pomoći da živite kao pitanje. Pohađanje Naprednog tečaja o tijelu također će pomoći.

Dain: Ljudi pitaju: " Dovraga, kakve veze Napredni tečaj o tijelu ima sa sposobnošću življenja kao pitanje?"

Procesi naprednog tečaja o tijelu otključavaju stvari tako da umjesto da imate super teškog slona zvanog "ova realnost" koji sjedi na vašim ramenima, vaš slon počinje gubiti na težini. Postaje lakše biti sve ono o čemu razgovaramo.

Pitanje: Bio sam na Naprednom tečaju o tijelu, koji je bio više nego sjajan, i shvatio da su moja pitanja dolazila iz uma. Sada izgleda da dolaze iz drugačijeg prostora.

Gary: Da. Upravo tako djeluje. Vaše tijelo mora ići na istu vožnju kao i vi. Stoga radite Bars, Temeljni tečaj, Razinu 1, Razinu 2, Razinu 3 i Osnovni tečaj o tijelu, koji morate proći barem dva puta kako biste došli na Napredni tečaj o tijelu, jer ako niste imali dovoljno rada na tijelu, rezultati koje dobivate su polovični u odnosu na one koje će dobiti netko drugi. I onda tečaj Energetska sinteza bivanja. Sa svima njima imate priliku birati totalno drugačiju realnost – ako je to ono što biste htjeli imati. Dakle evo, rekao sam. Dao sam svoju trideset-sekundnu točku.

Pitanje: *Slušao sam davni seminar gdje je Gary govorio kako je otišao do Dainove ordinacije za mrežnu kiropraktiku. Bio je to prvi put da su se sreli. Dain je radio na Garyjevom tijelu bez dodirivanja, a Gary je imao izvrsne rezultate.*

Vjerovanje u to za mene bi bilo kao slijepo vjerovanje. U ništa ne vjerujem dok to ne vidim. Kao kad sam bio dijete. Često sam plakao kada bih navečer išao u krevet jer nisam vjerovao u Isusa. Rekli su mi da ću ići u pakao ako u njega ne vjerujem, pa sam se uvjeravao da vjerujem, iako sam duboko u sebi znao da ne vjerujem.

Stoga, ako ne vjerujem u to, zašto sam prošlog mjeseca išao na Dainovu Energetsku sintezu bivanja? Zašto pokušavam vjerovati u stvari u koje ne vjerujem? Puno dobivam od energetskih brisanja i rada na tijelu, a i sam radim sa tijelima. Vjerujem u energetsko iscjeljivanje. No ako to ne mogu osjetiti ili vidjeti ili dodirnuti, ne mogu u to vjerovati. Je li manjak povjerenja i ispravnost mojega gledišta vezana za slijepo vjerovanje? Čemu se u ovoj priči toliko opirem?

Gary: Što ako je ideja slijepog vjerovanja način na koji osljepljujete vjeru u sebe? Oho!

Sve što to jest, bezbroj puta, biste li sve to uništili i dekreirali? Right and wrong, good and bad, POD and POC, all 9, shorts, boys and beyonds.

Opirem se primanju i Energetskoj sintezi bivanja (vidi rječnik za definiciju). Radi li se ovdje o tome da ne mogu primiti nešto što ne razumijem? Je li kontrola u pitanju? Trebam li više informacija? Što je tu još moguće?

Gary: Kada pitate "Je li kontrola u pitanju?" je li to pitanje ili je to odgovor na kraju kojega stavljate upitnik, kao da će vam to pojasniti stvari?

Dain: To je nešto što puno ljudi radi. Imaju odgovor ili zaključak na kojega dodaju upitnik. Ponašaju se kao da postavljaju pitanje i čude se zašto to ne otvara nijedna vrata. Pitanje će uvijek otvoriti vrata svjesnosti. Odgovor će vam uvijek dati više onoga što ste odlučili da jest.

Gary: A odgovor vas drži na istom putu s kojega funkcionirate – onom koji vam otprije ne odgovara.

Dain: Pitanje otvara vrata izvan puta na kojem se nalazite.

Gary: "Trebam li više informacija?" nije pitanje. Ako ste zbunjeni ili frustrirani ili osjećate da nešto nije baš u redu, treba vam više informacija. To nije "Trebam li više informacija?". To je "Gdje da dobijem potrebne informacije koje će mi omogućiti više jasnoće i lakoće?"

Pokušajte pitati: "Što je tu još moguće?" To je istinsko pitanje. Što je tu još moguće što još nisam bio voljan percipirati, znati, biti i primati? Što ste odlučili da morate vjerovati, da ako u to ne vjerujete, to ne možete ni biti?

Što ako ste toliko veličanstveni da ste vjerovanje u svoju veličanstvenost definirali kao nužnost bivanja veličanstvenim? Jeste li prihvatili da nešto možete biti samo ako to možete definirati? Sve što to jest, bezbroj puta, biste li sve to uništili i dekreirali? Right and wrong, good and bad, POD and POC, all 9, shorts, boys and beyonds.

Dain: Kažete da morate definirati svoju veličanstvenost kako biste to i bili, no ovo pitanje očito pokazuje da morate nešto definirati prije nego što u to vjerujete, prije nego što to možete Imati, prije nego što to možete biti.

Gary: Sve što to jest, bezbroj puta, biste li sve to uništili i dekreirali? Right and wrong, good and bad, POD and POC, all 9, shorts, boys and beyonds.

Dain: Što ako ne biste morali vjerovati ili definirati nešto kao biste to i bili?

Gary: Dain, kada sam prvi put došao u tvoju ordinaciju, jesi li vjerovao da ja znam što govorim?

Dain: O, ne.

Gary: Jesi li mislio da sam lud?

Dain: Da, donekle. Izmijenili smo tretmane i znao sam da se nešto događalo kad si ti radio na meni. Mogao sam osjetiti da se moja realnost mijenja. No uopće nisam vjerovao u svoju sposobnost da darujem ili doprinesem tebi. To nije bilo važno. Vjerovanje s tim uopće nije imalo veze.

Gary: Pa što ako to uopće nije imalo veze s vjerovanjem? Što ako je to samo vaš izbor? Na prvom tretmanu sam ti rekao: "Samo imaj povjerenje u ono što znaš i pitaj moje tijelo što ti za njega možeš učiniti." Točno?

Dain: Da, rekao si: "Znat ćeš što treba raditi." Dio mene je polazio sa stare pozicije vjerovanja i sumnje, no drugi dio bio je primamljen i uzbuđen. Taj moj dio rekao je: "Stvarno? Znat ću što treba učiniti?" Otišao je izvan vjerovanja da nemam nikakvih sposobnosti i da ne mogu nekome drugome biti doprinos.

Gary: To je ovdje najvažniji aspekt. Morate biti voljni postaviti pitanje i ići preko svojih ograničenih vjerovanja. Jedini način da odete preko onoga u što vjerujete je postavljajući pitanje.

Dain: Ono što je izvan vaših vjerovanja je ono što je zapravo moguće. Ono što je preko vaših vjerovanja je ono što zapravo znate. To je ono što možete percipirati, što možete primati i što možete biti.

Gary: Življenje u deset-sekundnim inkrementima izbora je početak shvaćanja da imate beskonačan izbor. Nažalost, većina ljudi to ne razumije. Pokušavaju kreirati zaključak, prosudbu ili odgovor uz pomoć kojega će im sve odgovarati, kao da je to zapravo moguće. Predlažem da postavite pitanje: "Ako ovo izaberem, što će to kreirati?" Imaš li kakvih primjera za to iz svoga života, Dain?

Dain: Misliš li na nešto konkretno, prijatelju?

Gary: Jedna je žena htjela s tobom provesti noć, a ti si to razmotrio i pitao...

Dain: Točno. Pitao sam: "Ako to izaberem, hoće li to biti doprinos mome životu i življenju? Hoće li mi to stvoriti više – ili manje?" Postavljanje toga pitanja bilo je puno drugačije od funkcioniranja iz mog uobičajenog zaključka, koji je bio: "Seks? Da. Žene? Da. Definitivno."

Stoga sam postavio pitanje i dobio potpuno drugačiju svjesnost od one koju sam dotada bio voljan imati. To je energija koju promatrate. Kada pitate: "Ako ovo izaberem, hoće li to biti doprinos mome životu i življenju?" dobit ćete percepciju ili osjećaj kako će biti ako tu stvar izaberete.

Uvidio sam da ako budem s tom ženom, to neće kreirati energiju koju sam želio imati u svome životu. Seks sa njom neće doprinijeti mome životu. Osjećao sam kako bi mi to iscrpilo život. Rekao sam: "Znaš što? Čak ni zbog seksa, nisam to voljan izabrati."

To je za mene velika promjena. Izgleda da svi mi imamo barem jedno područje gdje naizgled negiramo svoju voljnost za postavljanjem pitanja, za promatranjem stvari i za biranjem onoga što će nam biti doprinos. Koje god područje za vas to bilo, možete ga promotriti i pitati: "Ako ovo izaberem, hoće li to biti doprinos?"

Budite voljni postaviti to pitanje. Ako ga postavite i funkcionirate prema svjesnosti koju dobijete, imat ćete još veću svjesnost o tome kako je biti pitanje.

Pitanje: Kada postavljam pitanja, osjećam da moram brinuti o stvarima koje mi dođu u svjesnost. Kao da imam odgovornost popraviti te stvari.

Gary: To je pretpostavljeno gledište. Tu se ne radi o postavljanju pitanja. Postavljanje pitanja znači imati veću svjesnost. Kad imate veću svjesnost, dostupna je drugačija mogućnost. Morate biti voljni nešto pogledati i pitati: "U redu, što je zapravo ovdje moguće što ne percipiram, ne znam, ne bivam ili ne primam?"

Sve što Access Consciousness čini jest da širi vašu svjesnost. Morate otpustiti ideju da ste odgovorni za sve što se pojavljuje i da morate nešto učiniti u vezi svake svjesnosti koju imate. Izludit ćete se.

Ako ste nečega svjesni, ne znači da morate nešto s time učiniti. Morate postaviti pitanje: "Je li tu nešto što moram učiniti, trebam učiniti ili bih mogao učiniti?"

U devedeset posto slučajeva otkrit ćete da ne trebate učiniti ništa. Na primjer, vrlo lako vidim kada ljudi odluče umrijeti. Pitat ću: "Mogu li nešto u vezi ovoga učiniti? Da? Ne? Ne, u redu. Mogu li ovdje nešto promijeniti? Da? Ne? Ne, u redu. Je li to ono što osoba želi? Da ili ne? Da, u redu."

Tada prestanem pokušavati činiti bilo što. Prepoznam da jednostavno imam svjesnost. Onda pitam: "Kad će umrijeti?" Kada postavite ovakvo pitanje, postanete svjesni energije smrti i kada će se dogoditi. Ne možete ju definirati kalendarski ili u sat. Samo znate da će se smrt dogoditi. Velika je razlika razumjeti ovo.

Dain: Ako ne djelujete kao pitanje ili ako ne postavljate stvarno pitanje, usmjereni ste u jednom pravcu. Kao da imate zidove s vaše lijeve i desne strane. Ne možete vidjeti preko zidova, ne možete vidjeti oko zidova, ne možete vidjeti kroz zidove, ne možete vidjeti između njih. Možete ići samo u tom jednom smjeru.

Jednom kada postavite pitanje, vrata se otvaraju i slijeva i zdesna, a vi vidite mogućnosti koje nikada prije niste uzimali u obzir. Pitanje otvara vrata tim mogućnostima. Pitanje je ključ koji tim mogućnostima omogućuje postojanje.

Mi hodamo uokolo glumeći da nam drugi izbori i mogućnosti nisu dostupni. Nismo voljni biti pitanje – a to postižemo tako da počnemo postavljati pitanja. Hodate niz uzak hodnik koji se zove vaš život. Imate zidove sa svih strana i ne možete vidjeti druge mogućnosti. Ako postavite pitanje, vrata se otvaraju i slijeva i zdesna. Ako jeste pitanje, onda nema zidova koji vam ograničavaju svjesnost o onome što možete imati ili biti. Zidovi prestaju postojati. A nisu li to zidovi o koje ste cijelog svog života zapinjali glavom pitajući se: "Kako da prođem kroz ovaj zid? Kako da prođem kroz ovaj zid? Kako da prođem kroz ovaj zid?"

Kroz zid prolazite kada bivate pitanje, što počinje postavljanjem pitanja.

Pitanje: Koja je razlika između intuitivnog znanja i društvenog znanja? Znači kada znate odgovor na intuitivan način i kada znate odgovor u društvenom smislu?

Gary: Intuicija je sama po sebi laž. Nemate intuiciju, već svjesnost.

Intuiciju definirate kao nešto što dođe i ode, umjesto kao svjesnost, što je nešto što je uvijek prisutno. Intuicija je ideja da vam nešto dođe, kao čarolijom. No svjesnost nije nešto što vam dolazi kao čarolijom; to je nešto što je dio onoga što vi jeste. Sve dok svjesnost definirate kao intuiciju, vidite to kao nešto što vam nije cijelo vrijeme dostupno.

Morate biti voljni da vam sve što se pojavljuje bude cijelo vrijeme dostupno. Pitanje je: Kako da proširim ovu svjesnost?" Svaki put kad imate intuiciju, priznajte ju kao svjesnost. Pitajte: "Kako da proširim ovu svjesnost sve dok ne bude ovdje cijelo vrijeme?"

Pitanje: Majka mi je umrla prošli tjedan. Primila sam malo nasljedstvo. Sada moja obitelj želi dio toga. Ne znam što učiniti. Pokušavam smisliti pitanje da to shvatim...

Gary: Pitanje je: "Koja vrsta budala misli da to zaslužuje?" Vaša je majka to ostavila vama. Je li to ostavila njima?

Ne.

Gary: Zašto bilo što zaslužuju?

Nemaju nikakvog novca.

Gary: Svi ljudi koji nemaju novac misle da zaslužuju sve od onih koji imaju novac.

Sve što trebate je reći: "Žao mi je, tako sam siromašna da moram sav ovaj novac iskoristiti da platim svoje račune" ili "Već sam iskoristila novac da platim svoje račune."

Sestra mi je rekla: "Ako je to puno novca, moraš ga podijeliti sa mnom."

Gary: I jeste li pitali zašto?

Da, i onda sam imala gomilu krivnje.

Gary: Ta krivnja nije Vaša. Projicirana je na Vas, draga. Koliko vas ljudi u Vašoj obitelji pokušava natjerati da se osjećate krivom jer ste ga vi dobili?

Svi.

Gary: Jeste li ga dobili jer ste bili loše dijete ili zato što ste bili dobro dijete? A oni ga nisu dobili zato što su bili loša djeca ili dobra djeca?

Ne znam.

Gary: Da, znate. Oni ga nisu dobili jer su ga od vaše majke pokušavali dobiti prije nego što je bilo vrijeme.

Jesu.

Gary: Pokušavali su ga dobiti cijeloga svoga života. "Trebaš umrijeti kao bih mogao imati tvoj novac" nije lijepa stvar za projiciranje na jadnu staru damu. Vi ste ju, s druge strane, voljeli bez obzira hoće li Vam dati novac ili ne.

Tako je.

Gary: Jeste li bili netko komu je zaista stalo?

Da, mislim da da.

Gary: Ne mislite, znate. Izbacite to. Sve dok mislite, niste u pitanju. Dođite do pitanja: "Jesam li bila brižna?" Jeste li zbilja marili za njezin novac? Istina?

Ne. Da, ne.

Gary: Ne, niste marili samo za njezin novac. Sviđala vam se zbog onoga što ona je. Svima ostalima sviđala se zbog svoga novca. Mislite li da je možda bila dovoljno svjesna da to zna i da kaže: "Tko ih šiša, neću im ništa ostaviti."

Da.

Gary: Ili vam je sve htjela ostaviti kako bi vas mogla mučiti do smrti?

Dain: Ili vam je možda sve ostavila kako bi mogla mučiti i Vas i njih.

(Smijeh) Pomislila sam i na tu mogućnost.

Gary: Sve što niste voljni percipirati, znati, biti i primati u vezi svega toga, biste li uništili i dekreirali sve to bezbroj puta? Right and wrong, good and bad, POD and POC, all 9, shorts, boys and beyonds.

Dain: Kada sam rekao "Sve vam je ostavila kako bi mogla mučiti Vas i njih", nasmijali ste se. Takav je osjećaj kada dobijete svjesnost koja proizlazi iz bivanja u pitanju ili od postavljanja pitanja. To je svjesnost onoga što je istinito. Čini vas lakšim i često vas nasmije.

Gary: Ako vas čini lakšim ili vas nasmije, istinito je. Ako se osjeća kao teško i grozno, nije istinito.

Mislim da je sjajno da Vam je uručila uzde da mučite ostatak svoje obitelji. Sada ih možete mučiti ako to želite. Ili možete lagati i pretvarati se da ste toliko duboko u dugovima da ste sve morali potrošiti kako biste platili svoje račune. Možete reći i da potpuno razumijete da su i oni duboko u dugovima i da ne mogu platiti svoje račune – ali žao Vam je, sve je potrošeno.

I zašto ne biste lagali opakim ljudima? Dakle, svim opakim ljudima u Vašem životu kojima niste voljni lagati bez propitkivanja, hoće li to zapravo kreirati i generirati nešto u njihovom svijetu?

A ako im date novac, bi li to uistinu generiralo ili kreiralo nešto veće u njihovom svijetu? Ili bi to bilo samo rješenje koje su cijeloga života čekali? Bi li to zapravo išta postiglo? Istina?

Ne.

Gary: U redu onda, otpilite ih.

Sve što to jest, bezbroj puta, biste li sve to uništili i dekreirali? Right and wrong, good and bad, POD and POC, all 9, shorts, boys and beyonds.

Pitanje: Bio sam toliko dugo nesretan da u mome univerzumu nije bilo pitanja o postojanju nijedne druge mogućnosti. Onda sam počeo raditi procese s Naprednog tečaja o tijelu i jednog sam se jutra probudio u nevjerojatnom stanju sreće. Bilo je to: "Što je ovo?" Toliko sam se bio navikao na svo nezadovoljstvo ili bol i kaznu, da sam mislio: "Pa, to je jednostavno tako." Nisam znao za ništa drugo.

Gary: Kakvo je pitanje "To je jednostavno tako"?

Točno, glede toga u mome svijetu nije bilo pitanja. Sve do tada nisam bio svjestan da postoji pitanje koje bih mogao postaviti poput "Kako bih mogao biti sretniji?".

Gary: Kao što ste rekli, radi se o postavljanju pitanja. Mogli biste pitati: "Jesam li sretan?" No to nije pitanje. To je pravo ili krivo gledište. Trebala bi biti beskonačna mogućnost.

Beskonačno pitanje bilo bi: "Što je potrebno da budem sretan?"

Sve što ste učinili pravim ili krivim vezano za svoju sreću bezbroj puta, biste li sve to uništili i dekreirali? Right and wrong, good and bad, POD and POC, all 9, shorts, boys and beyonds.

Pitanje: Imam dilemu oko toga trebam li postaviti pitanje ili samo pustiti da nešto jest. Nekoliko sam puta o tome razgovarao s nekim i on je rekao: "Želio bih doći na tvoj tečaj Access Consciousness Bars." Prijatelj me je danas nazvao i rekao: "Razgovarao sam danas s njime i on je rekao da ne želi doći na tvoj tečaj jer si previše energična." Pomislio sam: "Trebam li o ovome postaviti pitanje?" Dobio sam: "Ne, samo ću to pustiti."

Gary: Je li on bio u pitanju, zaključku ili odgovoru?

On je bio u zaključku. No trebam li ja nešto učiniti vezano za to?

Gary: Ne. Žao mi je, ali tko gubi ako on ne dođe na Vaš tečaj? On ili Vi?

Obojica. Ja gubim klijenta.

Gary: Ne, ne, ne. Pretpostavljate da bi vam novac koji bi on platio za tečaj riješio neke stvari. Ne gledate na činjenicu da je njegov izbor da ne živi, što on bira neodlaskom na tečaj, na neki način znači da vi gubite. Morate uvidjeti da su neki ljudi voljni izabrati samo ono što im dopušta da gube. Vidim to cijelo vrijeme.

Sve što to jest bezbroj puta, biste li sve to uništili i dekreirali? Right and wrong, good and bad, POD and POC, all 9, shorts, boys and beyonds.

Koje pitanje možete biti, a odbijate biti, a kada biste bili, to bi promijenilo sve realnosti? Sve što to jest bezbroj puta, biste li sve to uništili i dekreirali? Right and wrong, good and bad, POD and POC, all 9, shorts, boys and beyonds.

Dain: Koliko je anti-svijesti potrebno da vas makne iz bivanja pitanjem što prirodno jeste, ka mjestu koje sada osjećate neprirodnim?

Gary: To je dijelom ono što su izbili iz vas dok ste bili dijete govoreći: "Budi tiho i ne pitaj to pitanje." Učili su vas da ne propitkujete. Ispitivanje je vaša urođena sposobnost.

Dain: Majka mi je stavljala flastere na usta kad sam bio dijete jer sam uvijek postavljao pitanja. Je li djelovalo? Naravno da ne! Pronašao sam način da pričam s flasterom na ustima. Samo ih morate malo razdvojiti da dovoljno zraka može izlaziti van, i možete dalje govoriti.

Gary: To je jako smiješno.

Sve što to jest bezbroj puta, biste li sve to uništili i dekreirali? Right and wrong, good and bad, POD and POC, all 9, shorts, boys and beyonds.

Dain: Evo dogovora: ako flaster nije ubio pitanje u meni, te ako i dalje mogu biti toliko dosadan s bivanjem u pitanju koliko jesam, onda to možete i vi.

Gary: Ono po čemu se Dain razlikovao od svih drugih koji su došli u Access je to što bi on postavio pitanje o nečemu, smislili bismo proces, obrisali bismo neke velike probleme u njegovom životu – i trideset sekundi kasnije on bi rekao: "Pa, sad kad smo to riješili, što kažeš na ovo?"

Rekao bih: "Zar ne možeš samo na tren uživati u miru i mogućnosti ovoga što si kreirao?"

On bi rekao: "Ne, postoje druge stvari za brisanje." Ta voljnost da uvijek tražimo više je življenje kao pitanje. Kada prestanete tražiti više, onda umrete. Ako mi ne vjerujete, pogledajte ljude koji su stvarno stari, a još uvijek aktivni i rade razne stvari. Imaju aktivni um; još uvijek traže više. Više je osnovno operativno stanje onoga tko je voljan biti pitanje.

Pitanje: Tijekom cijelog mog djetinjstva govorili su mi da ne budem više, da ne pitam za više, da ne očekujem više, što znači da su mi u osnovi govorili da budem zombi?

Gary: Govorili su vam da ne budete.

Dain: Više, više, više. Biti više, primati više i pitati za više je zapravo stanje bivanja. Vi kao biće uvijek želite više, kreirati više i generirati više.

Gary: Ako ste uistinu voljni biti, postoji li ikada mjesto gdje niste u pitanju o tome kako imati više percipiranja, znanja, bivanja ili primanja?

To je kao novi koncept. Moj stari način bivanja upravo je izokrenut. To je sjajno.

Gary: To je ono što ovdje pokušavamo učiniti. Deset ključeva će vam, sami po sebi, kreirati osjećaj potrage za onim što je još moguće u vašem životu, imati više i biti pitanje.

Dain: Primijetio sam da ponekad kada govorimo o Deset ključeva i ljudi nešto ne razumiju, krenu prosuđivati sebe. Kao da misle da im mi govorimo: "Glupi ste. Niste svjesni."

Sve to proizlazi iz gledišta ove realnosti. To nam je uručeno. To je mjesto s kojega funkcioniramo – prihvaćamo to i nastavljamo kreirati vlastitu pogrešnost.

Gary: Morate postaviti pitanje: "Što je sa mnom ispravno, a ja ne shvaćam?"

Okrivljavali su vas zbog postavljanja pitanja, govorili su da ste u krivu zato što želite više, govorili su da ste u krivu zato što imate osjećaj da mora postojati nešto veće i zbog želje da imate veći život od većine drugih ljudi.

U jednom periodu svoga života imao sam ono što je moja majka smatrala savršenim domom od 130 kvadratnih metara. Kuća je bila u lošem kvartu, no imala je 130 kvadrata. Gledište moje majke bilo je: "Što bi više netko mogao poželjeti?"

Prodao sam tu kuću i preselio se u razbijenu ruinu u najboljem dijelu grada. Odlična stvar u življenju u najboljem dijelu grada je ta što imate "pravu" adresu koju možete reći ljudima koji misle da su bolji od vas.

Gledište moje majke bilo je: "Ovdje imaš savršenu kuću dobre kvadrature. Zašto se seliš?"

Moje je gledište bilo: "Zato što to nije dovoljno. Želim više u životu."

Njezino je gledište bilo: "Trebao bi biti zadovoljan s onime što imaš."

Nikada nisam mogao imati to gledište jer sam živio kao pitanje u svakom trenutku svoga života.

Živite kao pitanje

I na kraju sam prodao ruinu za više novca nego što sam ju platio, te tako na njoj zaradio.

Pitanje: Koja pitanja i brisanja mogu poslužiti onima od nas koji žele raditi stvari koje si naizgled ne mogu priuštiti?

Gary: Kad si ljudi nešto ne mogu priuštiti, to je rješenje koje su donijeli da nikada ne budu više.

Koje ste rješenje kreirali da nikada ne budete više, da osigurate da nikada ne možete biti više, što biste uistinu mogli biti? Sve što to jest bezbroj puta, biste li sve to uništili i dekreirali? Right and wrong, good and bad, POD and POC, all 9, shorts, boys and beyonds.

To je proces za ljude koji kažu da si ne mogu priuštiti više.

Pitanje: Kako sam postajala osjetljivija, percipiram osjećaje i misli ljudi oko mene. Ne želim baš sve percipirati. Što mogu napraviti glede toga?

Gary: Zašto ne?

Zato što dobijem bol u tijelu. Jutros sam telefonski razgovarala s prijateljicom koja je bolesna i mogla sam percipirati sve što se u njezinom tijelu događa.

Dain: Čekajte! Kada kažete da ne želite sve percipirati, oduzimate si sposobnost da imate i budete sve što ste tražili. Pogrešno ste protumačili i pogrešno primijenili da vaša percepcija stvara problem.

Problem dolazi iz fiksnoga gledišta kojeg imate i stvari koje s vašom percepcijom radite. Gary može sve percipirati bez da bude pod utjecajem toga. Ja dolazim do toga da mogu sve percipirati i ne biti pod utjecajem toga. To je drugačiji način bivanja koji se do sada nije mogao pojaviti. Morate otići u pitanje.

Gary: Prijateljičin suprug ima demenciju. Ljut je preko svih očekivanja, a ima puno oružja. Moja je percepcija je da će ju on upucati ako ona ubrzo nešto veliko ne promjeni u svome životu. Je li to nešto što bih želio da se dogodi? Ne. Mogu li to zaustaviti? Ne. Samo ona može. Mogu li joj to reći? Ne. Što da s tim radim? Da budem svjestan. To je sve što možete učiniti s tolikim informacijama koje imate.

Mislite da zbog te svjesnosti koju imate, morate iskusiti bol, mijenjati bol i nešto činiti za ljude koji imaju bol. Tko vas je učinio Bogom? Imanje potpune svjesnosti ne čini vas Bogom. Čini vas osobom s božjim sposobnostima – a ne s božjom odgovornosti.

Sve što pokušavate da biste se učinili odgovornim kao bog svjesnosti, biste li sve to uništili i dekreirali? Right and wrong, good and bad, POD and POC, all 9, shorts, boys and beyonds.

Pitanje: Svaki put kada kažete kreirati, shvatim da ne znam što je kreiranje. Ili kakav je to osjećaj. Znam što je generiranje, no ne znam što je kreiranje.

Gary: *Kreirati* znači uzeti generativnu energiju koje ste svjesni i pretvoriti ju u nešto. Voljni ste biti svjesni energije i voljni ste napraviti potrebne korake da ostvarite ono što želite. Mogli biste reći: "Ovo je generativna energija. Ono što želim trebalo bi samo postati." Da, trebalo bi, ali neće. Morate nešto učiniti kako biste to kreirali. Morate to dovesti u postojanje.

Dobro je razumjeti što je generativna energija, no ako niste voljni uzeti tu generativnu energiju i nešto kreirati – dovesti u stvarnost – generativna energija, sama po sebi, zapravo neće kreirati ništa u vašem životu. Koju kreativnu energiju biste voljeli imati u svome životu? Morate pitati: "Kako da ovo koristim? Kako da ovo iskoristim? Kako da ovo radi za mene?"

Čujem Vaše riječi i razumijem ih, no još uvijek ne shvaćam. Jednostavno ne shvaćam. Mogla bih pitati: "Što je potrebno da shvatim što je kreiranje?" Ili...

Gary: Pitajte: "Što odbijam biti što bih uistinu mogla biti, a ako bih to bila, to bi promijenilo sve realnosti?"

Odbijate nešto biti kako ne biste morali kreirati drugačiju realnost. Većina nas ima mjesto gdje znamo da samo trebamo dobiti energiju nečega, i ono će nam pasti u krilo. Znamo da bi to trebalo biti realnost. No, tako stvari ne funkcioniraju.

Na koji da vas način dovedemo do spoznaje kako uzeti ovu generativnu energiju i dovesti ju u postojanje kao nešto što se pojavljuje u ovoj realnosti? To je kreacija – nešto što se pojavljuje u ovoj realnosti od energije koju ste sposobni koristiti, kontrolirati, mijenjati i utemeljivati.

Razumijem to u kontekstu kreiranja tečaja. Znam kako to raditi.

Gary: To je slično, no takav vam treba biti cijeli život, a ne samo tečaj.

Pitanje: Kako možemo biti pitanje – i dok do toga ne dođemo – koja pitanja možemo postavljati?

Gary: Ovo se vjerojatno može primijeniti na Vaše pitanje o kreiranju: Kojih sam energija svjesna koje mogu koristiti za kreiranje nečega što će za mene biti vrijedno?

Jednom kada osjetite i postanete svjesni onoga što bi vama bilo vrijedno, onda započnete utemeljivati. Pitate: "Što bih trebala utemeljiti danas kako bih ovo odmah kreirala?"

Evo primjera: nedavno sam razgovarao s nekim tko je zainteresiran za kreiranje tečaja. Rekao sam: "Želiš kreirati tečaj. Koja je svrha tečaja?"

Rekla je: "Da ljude zainteresiram za ovo, ovo i ovo."
Pitao sam: "Koja je platforma s koje gradiš?"
Upitala me: "Na što misliš?"
Rekao sam: "Moraš imati platformu s koje nešto kreiraš." Objasnio sam kako su pri konstruiranju zgrada u Veneciji postavljali stupove u blato preko kojih su gradili platformu. Zatim su konstruirali kuću sa dva unutarnja zida koja će držati glavnu strukturu, te druga dva zida u suprotnim smjerovima. Vanjske zidove kuće naslanjali su na strukturu unutarnjih zidova. Kuće nisu imale temelje. Imale su platformu s koje su sve gradili. Platforma bi izdržala sve. Platforma bi opstala čak i ako bi struktura pala.

Platforma je kreativni dio. Imate generiranje, što je energija onoga što želite stvoriti, imate platformu i onda možete utemeljiti dijelove koji će funkcionirati i ono što se sljedeće treba dogoditi na temelju platforme. Platforma je kreacija.

Jednom kada imate generiranje, kreiranje je platforma s koje ćete utemeljivati ono što pokušavate kreirati. Pomaže li to?

Da, hvala.

Gary: Molim. Odlična pitanja, usput rečeno. Uzmite u obzir mogućnost postavljanja stvarnih pitanja, umjesto "Kad stiže moj BMW?" ili "Kad stiže moj partner?" To nisu pitanja. To su odluke s upitnikom na kraju.

Morate gledati na način: "Što mogu generirati, što će kreirati platformu s koje ću moći utemeljivati sve što želim kreirati u i kao svoj život?" Molim vas, koristite bezgranična pitanja.

Dain: Ili biste mogli pogledati na ovaj način: "Ako više nizašto ne bih bio u krivu, koja bih pitanja mogao postaviti? Koje bih izbore imao koje prije nisam imao?"

Gary: U redu, društvo, nadam se da vam ovo objašnjava neke stvari. Molim vas da znate da svaki put kada postavite pitanje, kreirate drugačiji izbor. Kada kreirate drugačiji izbor, kreirate drugačiju svjesnost. Dr. Dain je rekao: "Izbor kreira svjesnost, svjesnost ne kreira izbor." Živite to.

Dain: Eto!

Gary: Eto! Puno vas volimo i radujemo se razgovoru s vama o petome ključu. Čuvajte se.

Dain: Pozdrav svima.

~~~

Peti ključ ka potpunoj slobodi

Bez forme, bez strukture, bez značaja

Gary: Bok svima. Večeras ćemo govoriti o petome ključu. Ovaj ključ je: Bez forme, bez strukture, bez značaja.

Forma je oblik ili obris nečega. To je i način na koji se nešto čini ili način djelovanja.

Struktura je način organiziranja, građenja ili konstruiranja sa svrhom da sve teče na određeni način. Svi se slažu da to postoji na određeni način i da to nemaš pravo promijeniti.

Značaj je važnost ili značenje. Činimo nešto značajnim kada to činimo važnim, znamenitim ili dosljednim.

Recimo da imate novu vezu i kažete: "Sada imam odnos s nekim tko je ljubav mog života. Naš odnos bit će savršen."

Odnos je forma.

Savršeni odnos je struktura koju pokušavate učiniti stvarnom i rigidnom i istinitom, a koja ne mora biti sve to.

Ljubav mog života je značaj. Ozbiljno.

Sve su to samo zanimljiva gledišta. Nije nužno imati formu (odnos), nije nužno kreirati strukturu (savršeni odnos) i nije nužno imati značaj (da je osoba ljubav vašega života).

Kako bi ovaj primjer izgledao bez forme, bez strukture i bez značaja? Bilo bi: "Ovaj odnos je sjajan danas."

Ako se upuštate u odnos, činite to iz gledišta "Što danas mogu kreirati? Što danas želim? U čemu danas mogu uživati? I kako bi bilo da od ovoga učinim više?"

Većina nas nije voljna imati odnos koji se ne temelji na formi, strukturi ili značaju kojeg smo svi vidjeli, čuli ili su nam govorili da bismo ga trebali imati.

Kada krenete stvarati odnos bez forme, bez strukture i bez značaja, prestanete biti Pepeljuga, princ na bijelome konju ili patuljak koji samo ljubi mrtvo meso.

Kada kreirate odnos bez forme, bez strukture i bez značaja, možete odustati od odnosa – ili ga također možete kreirati, željeti, uživati u njemu i tražiti ga. Vidite li slobodu koju vam to daje? Usporedite to s verzijom odnosa koji ima formu, strukturu i značaj: "Moram imati savršeni odnos s osobom koja je ljubav moga života."

Dain: Kada nemate formu, strukturu i značaj, onda ničemu ne priljepljujete prosudbu. Svaka prosudba koju koristite kreira formu, strukturu i značaj. Gradi zidove oko vas. Pokušavate lupati glavom o zidove ili ići oko njih – no ne možete.

Bez forme, bez strukture i bez značaja nema prosuđivanja. To je utjelovljenje zanimljivoga gledišta.

Gary: Vidite li kako to funkcionira?

Pitanje: Razumijem što znači ne činiti nešto značajnim, no nije mi jasno što su forma i struktura. Na primjer, mislila sam da postoji forma i struktura tečaja Bars jer postoje stvari koje se moraju odraditi da Bars tečaj bude "ispravan". Rekli ste da to nisu forma ili struktura i ja to ne razumijem. Možete li reći nešto više o tome, molim Vas?

Gary: Ono što govorite o Bars tečaju je sustav koji će omogućiti da nešto funkcionira.

Postoji razlika između sustava i strukture. Sustav je nešto što možete promijeniti i izmijeniti kad ne funkcionira. Struktura je nešto fiksirano u mjestu. Imate strukturu kada oko nje sve pokušavate postaviti, kao da nemate drugog izbora.

Učitelji će često reći: "Ovo morate naučiti na ovaj način. Ovo morate činiti na ovaj način." To postaje kruti format kod kojeg se ne može događati promjena i ne može povećavati svjesnost. Promijenili su sustav u strukturu.

Značaj bi bio: "Ovo je jedini način. Ovo je način na koji to mora biti i to je način na koji to moraš činiti. To je jedini način koji funkcionira. To je najbolji način. To je pravi način."

Svaki put kada kažete "To je jedini način", "To je pravi način" ili "To je odgovor", morate stvoriti značaj, što onda stvara strukturu koja drži na mjestu ono što ne možete promijeniti – to je forma koja je izvor svih ograničenja.

Dain: Ovo je bilo briljantno.

Gary: Imam svojih trenutaka. Ima ih malo i rijetki su – no imam ih. Recimo da ćete čistiti toalet.

Forma čišćenja toaleta je: moram uzeti četku, moram uzeti sredstvo za čišćenje, moram marljivo trljati i moram upotrijebiti neku kemikaliju jer inače neće biti čisto. Struktura čišćenja toaleta je: trljaj, trljaj, trljaj sve dok ne bude "čisto". Značaj čišćenja toaleta je: nitko me neće prosuđivati zbog prljavog toaleta.

Ako ne bi bilo forme, strukture i značaja, mogli biste čistiti toalet na bilo koji način na koji želite – jer nedostatak forme, strukture i značaja kreira potpuni izbor.

Pitanje: Prvo malo priznanje. Bila sam u stanju neopisivog mira tjednima nakon tečaja u San Franciscu. Imam osjećaj slobode i ima trenutaka kada samo želim vikati: "Hej! Slobodna sam." Tako sam lagana i sretna. Hvala, hvala, hvala.

Molim vas da objasnite fizičku formu koju imamo. Je li ona stvarna – ili je to iluzija kreirana sviješću? Kako kreiramo forme? Kako životni oblik izgleda izvan načina na koji mi mislimo da izgleda?

Gary: Vi kreirate svoj fizički oblik iz forme, strukture i značaja ove realnosti. Kreirate ga i onda govorite stvari poput: "Sada imam četrnaest godina pa sam prestara da trčim okolo i igram se kao dijete. Sve moram činiti staloženo i divno i biti labud koji leti kroz vodu ovoga života." To je forma.

Kada stvarate strukturu, gledate svoje tijelo i govorite: "Nisam atletske građe jer ne mogu ovo."

Značaj bi bio: "Sada sam star, što znači da moram postati debeo kao svi moji prijatelji." To je forma, struktura i značaj ovoga tijela.

Dain: Volim ovo pitanje kako se stvara forma – jer imate izbor vezano za način kako se ona stvara. Možete izabrati stvaranje iz forme, strukture i značaja svega u ovoj realnosti – ili možete izabrati stvaranje s drugačijeg mjesta. Kada ju stvarate s drugačijeg mjesta, stvari nisu fiksirane na mjestu. Sve je savitljivo.

Gary: To je kada život postane sustav stvaranja, umjesto strukture stvaranja – jer sustav je prilagodljiv. Ako biste pogledali na svoje tijelo i rekli: "Stvarno sam debeo. Koju strukturu trebam upotrijebiti da to promijenim?" ili "Koju formu moram uzeti da to promijenim?" zahtijevat će od vas da krenete na dijetu i vježbanje i sve to.

Sustav bi bio: "U redu, Tijelo, što bi, ako bi to činili, sve ovo promijenilo?" I onda vam tijelo počinje govoriti: "Čini ovo, ovo i ovo."

Iznenada prestanete činiti stvari po formi, strukturi i značaju čemu su vas podučavali, i počinjete kreirati sustav koji odgovara vašem tijelu.

Dain: Kada stvarate nešto bez forme, bez strukture i bez značaja, možete to promijeniti u deset-sekundnim inkrementima. To ne možete učiniti kada stvarate iz forme, strukture i značaja. Drugim riječima, učinili ste svoju formu onakvom kakva jest sa značajem kojeg ste joj dodijelili, i to vam ne daje mogućnost da bilo što promijenite.

Gary, zanimljivo je da si spomenuo četrnaestogodišnjake. To je vrijeme kada forma, struktura i značaj zapravo za nas postaju realnost.

Gary: Prije nego što djeca postanu četrnaestogodišnjaci, očekuju da je svaki dan drugačiji. Nemaju ideju da bi nešto trebalo biti na određeni način, ili da se trebaju ponašati na određeni način, ili izgledati na određeni način. No oko četrnaeste godine, u vrijeme puberteta, iznenada pomisle: "Moram se početi ponašati kao odrastao čovjek. Moram se početi ponašati kao..." umjesto "Što bih danas želio izabrati? Što bi za mene i moje tijelo bilo zabavno?" Zabava nestane iz života i življenja i nastupa naporan život odraslih.

Kad od nečega radite formu, strukturu i značaj, počinjete zaključavati dijelove svojeg tijela, i to ne funkcionira baš dobro.

Bilo je vrlo zanimljivo gledati Daina kako mijenja i pretvara svoje tijelo pred mojim očima na način na koji nikada nisam znao da ljudi mogu. On to čini kada funkcionira bez forme, bez strukture i bez značaja. Onda kada upadne u formu, strukturu i značaj, umanjuje svoje tijelo. Postao je u trenu niži od mene samo zato što je imao formu, strukturu i značaj o nečemu.

Dain: Gary i ja normalno stojimo gledajući se oči u oči, no ponekad bi se dogodilo da više nismo bili u razini očiju. Ja bih iznenada gledao u njegova usta. Bilo je to: "Što se dovraga upravo dogodilo?" I onda bih se ponovno promijenio u svoju uobičajenu visinu, ili bih nekada bio viši od Garyja. To nikada nije bilo kognitivno. To nikada nije bilo: "Sad ću smanjiti svoje tijelo i osjećat ću se kao hrpa kake." Uvijek se događalo kada bih birao formu, strukturu i značaj.

Kako ovo čitate, mogli biste pomisliti: "Oh, ne shvaćam ovo. Ne razumijem ovo!" To je u redu. Razgovarajući o ovome, vaša će se svjesnost promijeniti. Reći ćete: "Čekaj malo. Ovo je nešto što u mome životu može biti drugačije. Postoji drugačiji način stvaranja."

Možda u ovome trenutku sve ovo neće u potpunosti postati dijelom vaše realnosti, no svaki ključ otvara vrata mogućnosti da stvari za vas budu drugačije.

Gary: Jutros sam razgovarao sa svojom kćeri. Rekla je da kad me je vidjela na Naprednom tečaju o tijelu da sam bio ukočen, i primijetila je da se ne mogu sagnuti naprijed.

Pogledao sam to i rekao: "O, pa ja sam učinio značajnim što imam ovoliko godina. Stvorio sam strukturu svoga tijela kako bih se prilagodio svojoj dobi. Napravio sam da forma moga tijela izgleda kao forma dobi koju moje tijelo ima. Dosta s tim! Bez forme, bez strukture i bez značaja o tome danas."

Otišao sam pod tuš i nisam se mogao sagnuti niže od svojih koljena. Rekao sam:

Sva forma, struktura i značaj koje sam koristio da ovo kreiram, right and wrong, good and bad, POD and POC, all 9, shorts, boys and beyonds.

Nastavio sam to govoriti i za deset minuta mogao sam se sagnuti toliko da mi dlanovi budu jedan inč iznad poda. Dugo vremena nisam uspijevao doći tako blizu podu jer sam djelovao iz forme, strukture i značaja o dobi koju imam, i formi koju imam, te vježbam li dovoljno. Rekao sam: "Znaš što? To je potpuno ludo!"

Mnogi ljudi koje znam ovako kreiraju svoja tijela. Kažu: "Udebljao sam se dodatnih 10 kilograma. To je zato što ne vježbam." To je forma, struktura i značaj onoga kako kreiramo svoje tijelo onakvim kakvim ono jest.

Dain: Zauzimamo gledište i onda to gledište koristimo za kreiranje čvrste realnosti, bilo da se radi o našem tijelu ili o nečem drugom.

Počeo sam prakticirati super-intenzivan fitnes program zvan Ludilo, koji bi te trebao dovesti do lude forme, sjajnog tijela kojeg želiš u šezdeset dana. Radio sam to tri dana kad me Gary pogledao i rekao: "Zar stvarno misliš da trebaš raditi taj program šezdeset dana?"

Pitao sam: "O čemu pričaš?"

Upitao je: "Jesi li nedavno pogledao svoje tijelo u ogledalu?"

Upitao sam: "Na što misliš?"

Rekao je: "Izgleda da već nakon tri dana imaš rezultate za koje su rekli da je potrebno šezdeset dana." Rekao sam: "Oh." Nisam primijetio da sam već dobio ono što su rekli da trebaš dobiti. Pokušavao sam postaviti na mjesto njihovu formu, strukturu i značaj: "Ovo morate raditi šezdeset dana."

Naviknuti smo funkcionirati na temelju forme, strukture i značaja ove realnosti u odnosu na vrijeme, tijela, rezultate koje možemo kreirati, te ono što nam drugi ljudi govore da moramo činiti ili biti. Što ako to ne bismo imali? Ako bismo bili bez forme, bez strukture, bez značaja i bez gledišta o onome što bi se moglo ili ne bi moglo kreirati, zamislite što bismo mogli kreirati s našim tijelom.

Gary: Vratimo se na drugi dio posljednjeg pitanja: *Kako životni oblik izgleda izvan okvira načina na koji mi mislimo da izgleda?*

Prije svega, način na koji vi mislite da životni oblik izgleda je forma, struktura i značaj na temelju čega vi kreirate. Kada počnete kreirati izvan okvira, sve se iznenada počne topiti i stvari se mijenjaju.

Nedavno sam planirao otići u Auckland na Novom Zelandu i odlučio sam unajmiti vozača da me odveze do zračne luke.

Vozač me upitao: "Kada morate krenuti?"

Rekao sam: "Ne znam. Što Vi mislite? Želio bih biti u zračnoj luci između 9 i 9.30."

Rekao je: "Vjerojatno bismo trebali krenuti u sedam sati."

Rekao sam: "U redu, krenimo u sedam." Došao je do moje kuće pet minuta do sedam i mi smo spakirani krenuli za pet minuta. Takve se stvari događaju kada djelujete bez forme, bez strukture i bez značaja.

Stigao sam u zračnu luku za manje od dva sata, što se nikada ne događa, unatoč gužvi i gustom prometu. Kako se to dogodilo? O da, bez forme, bez strukture i bez značaja.

Dakle stigao sam vrlo rano. Otišao sam do Qantasovog prijavnog mjesta gdje su mi rekli: "Otkazali smo taj let."

Rekao sam: "Što!"

Onda su rekli: "Ali imamo drugi koji kreće za pola sata. Ako prođete sigurnosnu provjeru, dat ćemo Vam mjesto u njemu."

Rekao sam: "Što!"

Rekli su: "Ovaj let ide za Sidney u Australiji, pa ćete tamo morati presjedati na drugi let za Auckland."

Rekao sam: "U redu."

Napravili su mi novu rezervaciju i sve organizirali u trenu. Ušao sam u zrakoplov nekoliko minuta prije polijetanja. Da nisam uranio u zračnu luku, zauvijek bih čekao u Los Angelesu jer je vulkan u Čileu eruptirao i letovi su otkazivani.

Tako izgleda životni oblik kada funkcionirate bez forme, bez strukture i bez značaja.

Dain: Ljudi se neprestano pitaju: "Kako nastaju takve stvari?"

Kad je Gary razgovarao s vozačem o vremenu polaska i vozač je predložio u sedam, to se osjećalo lagano. Odgovaralo je energiji lakoće koja je Gary bio. Nije razmišljao o tome koje je najbolje vrijeme. Drugim

Bez forme, bez strukture, bez značaja

riječima, nije djelovao iz forme, strukture i značaja, što bi bilo: "O, potrebno je točno sat i pol ako nema prometa, te dva-plus sata ako je gužva. Prema tome trebali bi krenuti u to-i-to vrijeme." Umjesto toga, Gary je slijedio energiju.

Praćenje energije dopustilo je rezultate koji su se pojavili. Da je Gary djelovao iz forme, strukture i značaja, struktura bi bila "potrebno je toliko vremena da se dođe do zračne luke". Da je tako napravio, propustio bi svoj avion jer ne bi stigao dovoljno rano da ulovi let koji su mu ponudili. Nije pridavao nikakav značaj ideji o tome koliko dugo navodno treba vremena da bi se stiglo do zračne luke; samo je dopustio da informacija bude tamo.

Gary: A nisam tome pridavao značaj ni kada sam stigao u zračnu luku tri i pol sata ranije. Mislio sam "Samo ću se ići prijaviti", a ne "O ne, tako sam rano stigao i moj avion još satima neće krenuti!"

Da sam tamo stigao pet minuta kasnije, ne bih imao vremena za ukrcaj na let. Propustio bih avion.

Dain: I to nije kognitivno – nikad. To je interakcija energije vas i vašega života i izbora koji se pojave.

Dakle, kad je Garyjev vozač rekao "Sedam", a Gary "U redu, odlično", i vozač je stigao u pet do sedam – ništa od toga nije bilo kognitivno. Da energija nije odgovarala, Gary bi postavio pitanje. Rekao bi: "U redu. Ranije il kasnije? Ranije. U redu. Trebam krenuti ranije. Ne znam zašto, ali krenimo malo ranije."

Napravili smo to stotinu puta. Vozač bi upitao "Hoću li vas pokupiti u to vrijeme?" a jedan od nas bi rekao "Hm, krenimo nešto ranije." Ne znamo zašto to biramo – no kao rezultat toga uspijevamo izbjeći prometne gužve i nesreće.

Pitanje: Voljela bih da moje tijelo bude manje značajno.

Dain: Kada pokušavate izaći iz značaja nečega, već ste to učinili značajnim. U suprotnom ne biste trebali izaći iz značaja toga.

Gary: Sve što vaše tijelo može je kreirati strukturu za koju ste prosudili da ono jest. To je jedini izbor koje ono ima. Prosudba je struktura koju koristite da kreirate ograničenja svoga tijela. Kako god prosuđivali svoje tijelo, ono mora kreirati takvu strukturu i takvu formu. Kada se gledate u ogledalu, automatski kreirate značaj o tome kako vaše tijelo izgleda.

Prosuđujete li da ste debeli, tijelo će kreirati više masnoće. Prosuđujete li da ste premršavi, vaše će tijelo kreirati više mršavosti. Ako prosuđujete da imate previše bora, vaše će tijelo kreirati više bora. Što god prosuđivali, vaše će tijelo to kreirati.

Dain: I koliko je pretilost većini ljudi važna? Ili kad imaju bore? Ili kada djeca imaju prištiće? To je najvažnija stvar u njihovim životima! Kada pokušavate zakopčati hlače, a hlače se ne daju zakopčati, to je tako važno. To znači pridavati značaj – umjesto "zanimljivo je gledište da imam to gledište" ili "To je zanimljivo! Pitam se što je potrebno da to promijenim."

Kada vam je nešto značajno nemate slobodu jer je ta čvrsta energija jedino što tu može biti.

Gary: Značaj učvršćuje stvari u postojanje.

Pitanje: Napravila sam zahtjev da ću raditi procese iz Naprednog tečaja o tijelu, pa sam ih nekoliko i učinila. No ovo me zbunjivalo: procesi imaju formu i strukturu, a ima ih određeni broj koje moram odraditi. Kako to nije forma i struktura?

Dain: Ljudi su pogrešno protumačili i pogrešno primijenili strukturu i ono što ona jest. Strukturu karakterizira nepromjenljivost. To je ključna stvar. Tjelesni procesi nisu nepromjenljivi. Mijenjamo ih cijelo vrijeme. Na Naprednom tečaju o tijelu Gary je nedavno izbacio razne tjelesne procese do kojih smo bili došli jer je shvatio da su se svi temeljili na druga dva procesa. Stoga tjelesni procesi nisu struktura; oni su sistem, što je potpuno drugačiji način bivanja sa svime. Promjenljiv je i savitljiv, a to je ono što imate kad nemate strukturu.

Znači ne radi se o formi, strukturi i značaju procesa? Već samo o svjesnosti o onome što je potrebno za dobivanje željenih rezultata? Ne radi se o tome da vas obuzme energija da ih morate raditi? Ako uz bilo što postoji lakoća, je li to znak da nema forme, strukture i značaja?

Gary: Da, kada uz nešto imate osjećaj lakoće, to znači da izlazite iz forme, strukture i značaja. Kada koristite silu ili kada osjećate potrebu da nešto morate činiti, onda ste u formi, strukturi i značaju.

Znači da nije važno o kakvoj se radnji ili izjavi radi; već o energiji oko toga?

Gary: Da.

Dain: Mi ne govorimo da ništa na svijetu ne treba imati strukturu. Važan je način na koji birate živjeti svoj život i kreirati sebe, te jeste li u zajedništvu sa svime u svome životu i u svijetu.

Gary: Ako postoji struktura, a vi ste s njom u zajedništvu, onda ona nema značaj. Njezina forma je za vas savitljiva ili promjenljiva, čak i ako za nekoga drugoga nije.

Jedna od stvari do koje smo došli je ideja nužnosti. Kada odlučite da je nešto nužnost, nemate izbora. A kada kreirate bez izbora, obično se ljutite. Svatko s tom ljutnjom čini nešto drugo. Neki ljudi grade više masnih stanica u svome tijelu. Neki ljudi se usporavaju u glavi. Neki ljudi se čine krutim i ukočenim. Nužnost postaje ogromni zatvor u našem tijelu. Neki ljudi se pretvore u emotivno nestabilne osobe.

Radi se o tome da misle da nemaju izbora, što proizlazi iz ideje da je to nužnost – a ne izbor. Morate naučiti djelovati iz izbora i prepoznati izbor koji imate.

Djelujete li iz forme, strukture i značaja, sjedite u univerzumu bez izbora. Govorite: "Ovo je nužno. Ovako treba biti. To je ono što moram raditi."

Kada imate izbor, pitate: "Što je još moguće? Koje izbore imam? Koji još doprinosi postoje? Koje pitanje mogu biti ili primiti koje bi sve to promijenilo?"

Ideja da izbor ne postoji drži nas u formi, strukturi i značaju ove realnosti; postoji samo nužnost i morate činiti ono što morate činiti – zato što to morate činiti.

Postoje prioriteti i stvari koje se od vas zahtijevaju da ih činite. Na primjer, postoje stvari koje činite kao član vaše obitelji. Morate ih činiti. To zapravo nije nužnost; to je samo izbor koji ste davno napravili kada ste odlučili doći u tu obitelj. Kreirali ste neke izbore. Nije točno da nemate izbora; morate izabrati ono što će vam olakšati stvari. Većina ljudi pokušava izbjeći (ono što će im biti lagano) lakoću u želji da se drugi ljudi promijene.

Dain: Kada primijetite da vas nešto vrijeđa, možete pitati: "Koliko nužnosti imam koje ovo kreiraju?" – i POD/POC-ajte to. Ili kad primijetite da se usporavate ili nešto kvarite, pitajte: "Koliko nužnosti imam kako bih ovo radio?" i uništite i dekreirajte ih. Pogledajte ih i kognitivno priznajte: "Čekaj malo. Ja zapravo biram to raditi. To nije nužnost. Ja biram to raditi."

Nedavno sam želio nešto pisati. Gary i ja smo napuštali grad i sljedeći je dan bio potpuno bukiran, a ja sam još uvijek imao milijun stvari za obaviti. Gary je rekao: "Naći ću se s urednikom kako bismo radili na knjizi. Želiš li doći?"

Rekao sam: "Da." Prije nego što se pojavila ova nužnost, ogorčeno bih otišao s njim jer sam imao toliko stvari koje sam trebao učiniti, no rekao sam: "Ovo je izbor koji činim. To će doprinijeti boljoj budućnosti za svih."

Razumijevanje da nema nužnosti mijenja sva ona mjesta u kojima ste ikada na nešto bili ogorčeni.

Gary: I svu tu ogorčenost zaključavamo u svoje tijelo.

Dain: Ukrućujemo ga i činimo ga ružnim.

Pitanje: Je li bivanje u pitanju, primjerice uvijek pitati što je još moguće s tijelom, protuotrov za formu, strukturu i značaj? Djeluje li tako?

Gary: Da. Dobar naziv. Kada djelujete bez forme, bez strukture i bez značaja, stvari se događaju s velikom lakoćom – i vrlo brzo. Stvari koje drugim ljudima predstavljaju teškoću, vama neće biti teške.

Svaka prosudba koju donesete zaključava vas u formu, strukturu ili značaj. Kao što je Dain ranije rekao, djelovanjem bez forme, bez strukture i bez značaja ni o čemu, ne možete prosuđivati.

Ako nešto "znači" nešto, to je značaj. Značaj kreira strukturu, a ona kreira formu.

Pitanje: Možete li dati primjer bez forme, bez strukture i bez značaja vezano za kreiranje prihoda, bogatstva i izobilja u mome životu i življenju?

Gary: Primjer bi bio kada mi netko da priliku, a ja sam voljan vjerovati svojoj svjesnosti i postaviti pitanje poput: "Ako te kupim, hoćeš li mi donijeti novac?"

Možete pitati i:

- Što je potrebno da kreiram bogatstvo, novac i izobilje u svome životu?
- Koju formu, strukturu i značaj sam učinio toliko važnim da to ne mogu imati?

Taj će vam proces pokazati mjesta na kojima niste bili voljni kreirati bogatstvo, novac i izobilje.

Rekli ste: "Bez forme, bez strukture, bez značaja ništa ne znači", pa znači li to da mogu kreirati na svoj način i da ne važe svi zakoni ove realnosti?

Gary: Da i ne. Ima li fizička realnost određene zakone po kojima opstoji? Donekle – ali ne uvijek. Svi misle da nemaju izbora kad je riječ o fizičkoj realnosti, no kada ste bez izbora, onda ste u gledištu nužnosti.

Nisu nas nikada učili da pitamo:

- Što je ovdje stvarno moguće?
- Koje izbore stvarno imam?
- Koje bih pitanje mogao postaviti i što bi to pitanje kreiralo?
- Koja vrsta doprinosa mogu biti ili primiti ovdje?

Doprinos je dvosmjerna ulica; ide u oba smjera. Možete istovremeno biti i primati. Ako nemate formu, strukturu i značaj o tome kako kreirate i generirate novac, primjerice umjesto da kažete: "Oh, sav svoj novac dobivam radeći x, y ili z" pitajte: "Koje mogućnosti su danas ovdje?"

Morate djelovati iz pitanja:
- Gdje još mogu stvoriti novac?
- Otkud još novac može doći?
- Što je još moguće?

Sve dok neprestano govorite "Što još?", imat ćete neprekidnu ekspanziju u načinu na koji kreirate i generirate novac.

Ako kažete: "Novac mogu zaraditi samo čuvajući djecu ili ako svakodnevno idem na posao", dobit ćete drugačiji rezultat. Preuzeli ste značaj da rad znači novac. To je vrlo drugačije od "Kako da kreiram i generiram novac putem mojih najluđih snova?"

Ukoliko ste voljni biti bez forme, bez strukture i bez značaja o tome imate li novac, bogatstvo i izobilje, možete kreirati na svoj način. Ukoliko ste voljni djelovati kao pitanje i vidjeti što je još moguće, možete kreirati bilo što.

Dain: Također morate biti bez forme, bez strukture i bez značaja o tome kreirate li ga ili ne na svoj način.

Gary: Postoji puno dobrih načina za stvaranje novca, pa zašto ih ne koristiti?

Dain: Hej, pa da. Zašto otkrivati toplu vodu kada ne morate? Onda tome možete dodati ono što vi imate.

Pitanje: Možete li mi, molim vas, ovdje pomoći? Zvao sam sve ljude koji su sudjelovali na mojim Bars tečajevima kako bih ih pozvao na tečaj koji će Dain održati. Jedna dama koju sam nazvao rekla je: "Ne biram Access Consciousness jer ne prakticirate više stanje svijesti. Radi se samo o novcu." Želim opravdati sebe i Access Consciousness u ovoj situaciji. Stvarno ne znam što reći..."

Gary: Možete reći: "Vjerojatno ste u pravu. Drago mi je da ste svjesniji od mene i da ste otišli dalje. Zapravo Vam Access Consciousness nije potreban. U pravu ste."

Hvala. Njezin sam komentar učinio vrlo značajnim i to me je frustriralo.

Dain: Bez forme, bez strukture i bez značaja može doći na bilo kojem dijelu puta, i promijenit će sve nakon toga.

Kada ne djelujete iz forme, strukture i značaja, mogli biste se naći u poziciji gdje biste rekli upravo ono što je Gary rekao. No zato što je to postalo značajno, gospođinu prosudbu ste učinili vrijednom i stvarnom. Kada to učinite, ona tamo sjedi kao stijena s kojom ništa ne možete učiniti. Jedini način da se s takvom situacijom nosite je da iz nje izvučete značaj koji joj pokušavate pridati. Pronađite način da poništite taj značaj. Osipajte stijenu koja se ispred vas nalazi i tako ćete se osloboditi.

Ako ne činite značajnim hoće li ta dama doći u Access Consciousness, hoće li pohoditi moj tečaj ili tečaj nekoga drugoga, hoće li postati svjesna ili bilo što drugo, onda ćete biti voljni reći: "U redu, dosta sam ovoj dami pridavao značaj, dosta sam činio značajnim njezino gledište o Access Consciousness-u ili o bilo čemu drugom. Dosta sam pridavao značaj njezinoj prosudbi." Svaki put kad imate formu, strukturu i značaj, imate prosudbu.

Gary: Bez forme, bez strukture i bez značaja znači da nikoga ne morate nagovarati da dođe na tečaj. To znači: "Ne želite doći? Dobra ideja, nemojte doći. Bok, vidimo se kasnije! Usput, hvala na vašoj prosudbi."

Dain: "Puno hvala na vašoj prosudbi, hvala što ste ju podijelili, ugodan dan, pazite da vas vrata ne udare po stražnjici dok izlazite!"

Pitanje: Je li odluka da nešto ima vrijednost ista kao činiti nešto značajnim?

Gary: Da. Značaj kreirate kao način da nemate ono što ste odlučili da je značajno.

Ako neprestano pokušavate pronaći formu nečega, ili strukturu nečega, te značaj da li to imate ili nemate, onda to morate izgubiti. To se odnosi na sve u životu, uključujući novac.

Dain: Sve stvari u svijesti, uključujući vas, imaju prostor koji one jesu. Ako im pokušate nametnuti formu i strukturu, poništavate njihovu svijest. Pokušavate ih prilagoditi ovoj realnosti – i njihova ljepota nestaje.

Nametnete li nečemu formu i nametnete li strukturu, osigurali ste da ćete to izgubiti. Kada bilo što učinite značajnim, to ćete ili izgubiti ili prosuđivati kako to ne biste primili.

Pitanje: Ovo mi donosi suze na oči. Vidim da sam vrednujući vas i moje iskustvo s vama, te rast i ekspanziju koju sam imao, dodirivao nešto beskonačno i pokušavao to učiniti ograničenim. Kao da sam leptira stavio u staklenku.

Dain: Da.

Gary: Kao da od Daina napravite uzorak koji stavite u okvir i gledate ga svaki dan.

Da, shvaćam da nametanje forme, strukture i značaja nečemu oduzima tome slobodu novosti što ono može biti u svakom deset-sekundnom inkrementu.

Gary: Aha.

Pitanje: Volio bih imati proces koji bi mogli uništiti i dekreirati mjesto gdje se osjećam blokirano. Kada sam s nekim tko je podijelio gledište suprotno od mojeg, ja se paraliziram jer...

Gary: Hej! "Ja se paraliziram jer..." je značaj onoga zašto se paralizirate. Umjesto toga pitajte: "Što je to što generira i kreira ovu paralizu?"

Možda se paralizirate jer osoba ne može čuti ono što imate za reći. Možda je paraliziranje jedna od najpametnijih stvari koje ste ikada činili!

Hmm... pa, kako da izađem iz paralize?

Gary: Ne želite izaći iz paralize. Želite prepoznati da paraliza najvjerojatnije nastaje kada netko ne može čuti ono što imate za reći – stoga samo zašutite i slušajte. To znači bez forme, bez strukture i bez značaja.

Kreirate strukturu i značaj. "Paraliziran sam" je struktura. "Moram im reći svoju istinu" je značaj. Ne morate im reći svoju istinu.

Forma u kojoj se pojavljuje je osjećaj paraliziranosti. Možda ste dovoljno svjesni da znate kako se druga osoba potpuno paralizira s ispravnošću svojega gledišta i razgovor s njom neće donijeti nikakve koristi. Pa zašto biste se onda gnjavili?

Recimo da sam u poslovnom okruženju i situacija zahtijeva odluku ili akciju.

Gary: Kad god ste u poslovnoj situaciji, trebate pitati: "U redu, koji je dogovor ovdje? Što vi isporučujete, a što ja isporučujem? I kako to točno izgleda?"

Nastavljajte pitati sve dok ne dobijete precizan odgovor. Kada to činite, ljudi se ne mogu zapetljati oko onoga što govore. Moraju biti jezgroviti u onome što govore. Nastavite sve dok ne dobijete jezgrovitost i svjesnost o tome što točno traže, i o onome što vi točno trebate isporučiti, i o onome što oni točno trebaju isporučiti.

A što ako kažu da će isporučiti jednu stvar, a onda isporuče suprotno?

Gary: Pitate li "Kako to točno izgleda?" i dobijete precizan odgovor, onda ne mogu isporučiti suprotno.

Morate pitati "Kako to točno izgleda? Što to točno znači? Što ćete točno isporučiti?"

Kada to činite, oni moraju jasno i jezgrovito objasniti kako će to biti.

Ne pokušavajte razumjeti, potvrđivati ili konfrontirati. Nijedna od tih stvari ne funkcionira. Paralizirate se jer konfrontacija ne funkcionira. Dopuštate im da se izvuku sa sranjem i onda oni ne isporuče ono što su rekli da će isporučiti.

Druga stvar je da radite formu, strukturu i značaj od poslovne pogodbe. Kreirate formu, strukturu i značaj prije nego što u nju uđete. Kažete "Oh, ovo će funkcionirati" ili "Ovo će biti dobro" ili "Mislim da je ovaj pravi".

Mogu li vas još nešto pitati vezano za svoju situaciju? Kolegica s posla je rekla da će popraviti situaciju, a deset sekundi kasnije tvrdila je da to nikada nije rekla. Nisam znala što učiniti. Blokirala sam se u pokušaju da promijenim situaciju, a onda sam shvatila da sam pokušavala popraviti njezino ludilo, što ne funkcionira – i samo sam zašutjela, što isto ne funkcionira.

Gary: Pa, to funkcionira.

Stvarno? Kako?

Gary: Zato što vam šutnja može dati svjesnost. Dobili ste svjesnost, no vi pokušavate nju pridobiti da se prikloni i složi s vašim gledištem i da nadoknadi štetu koju vam je nanijela iz vašega gledišta. Pokušavate joj se suprotstaviti i natjerati ju da se promijeni. Hoće li to uistinu djelovati?

Ne.

Gary: Pa zašto biste onda to radili? U svojem svijetu kreirali ste formu, strukturu i značaj o tome kakve stvari trebaju biti umjesto da ste u pitanju o tome kakve one jesu.

Evo primjera. Pomislite na svoju obitelj, što je forma. Postojite vi, otac, majka, sestre, braća, je li tako?

Pomislite sada na strukturu svoje obitelji i kako su stvarno divni i nevjerojatni (ili nisu).

Pomislite sada na značaj imanja svoje obitelji ili gubljenja svoje obitelji. Daje li vam to prostor i dopuštanje ili to čini nešto drugo? Zapravo, primijetite značaj činjenice da ih se nikada nećete moći riješiti.

(Smijeh) U redu.

Gary: Kako se sada osjećate? Čini li vas to laganim i prozračnim?

Ne, ne kad sam osvijestila koliko je to ograničavajuće.

Gary: O tome se radi. Želio sam da dobijete svjesnost o tome kakav je osjećaj kontrakcije.

Dain: I primijetite da ste se smijali. Kad je Gary rekao: "Primijetite značaj činjenice da ih se nikada nećete moći riješiti", to je bilo: "Ha-ha! Pridavala sam tome tako veliki značaj – to je smiješno!" Pa to sada možete promijeniti. Sada imate drugačiji izbor. Svih ovih deset ključeva temelje se na svjesnosti. Jednom kada nečega postanete svjesni, laž o tome nestane. Može se promijeniti točno ispred vas u trenutku kada postanete toga svjesni.

Vidim. Pridavanje značaja nečemu je upravo ona energija koja to drži podalje od mene.

Gary: Točno. Onda trebate uvidjeti formu, strukturu i značaj toga, i reći: "Ovo ne funkcionira. Pokušajmo nešto drugo."

Jedna me gospođa s Novog Zelanda nedavno nazvala i rekla: "Želim doći na vaš tečaj, no ostalo mi je samo 4.000 dolara."

Upitao sam ju: "Kako to mislite, imate samo 4.000 dolara?"

Rekla je: "Pa, bila sam bez posla godinu dana i ostalo mi je samo 4.000 dolara."

Upitao sam: "Zašto ne počnete gledati u drugačiju realnost? Što ako biste, umjesto da govorite 'Ostalo mi je samo 4.000 dolara', rekli 'Još uvijek imam 4.000 dolara'? Osjetite li razliku u energiji te dvije tvrdnje? 'Ostalo mi je samo 4.000 dolara' znači da ćete sve to izgubiti. Ako kažete 'Još uvijek imam 4.000 dolara', možete pitati: 'Kako to mogu zadržati?' To je potpuno drugačija energija."

Rekla je: "Odlazim na intervjue za posao gdje mi nude 15 dolara na sat, no ja to ne percipiram kao njegujuće za mene i moje tijelo."

Rekao sam: "Bez novca ste. Pronađite vraži posao. Nijedan vam posao neće biti njegujući sve dok ne započnete i nešto proizvedete, pa vam netko kaže 'Tako sam vam zahvalan', ili dok ne shvate da ste dar – ili dok vi ne shvatite da želite raditi neki drugi posao. Morate prestati pokušavati kreirati formu, strukturu i značaj. Vaša struktura je da to mora biti posao kojeg volite, i gdje vas vole. Prestanite s tim. To je posao. Dobivate novac za posao koji obavljate. Izvršite posao i šutite."

Dain: Pa, misliš li da je ona tome pridavala mali značaj?

Gary: Aha, sasvim mali! Rekla je: "Ali ako to radim, neću moći doći na vaš tečaj."

Onda nemojte doći na tečaj. Zadržite svojih 4.000 dolara. Jeste li ludi? Trebao sam reći: "Shvaćate li da ste ludi?" To bi bio primjereniji odgovor.

Pitanje: Posljednjih sam dana pitao za energiju brižnosti i imam puno više brižnosti za Zemlju i za tijela. Jutros sam se probudio i nisam mogao doći do te energije; nisam to mogao biti i nisam ju mogao pronaći. Rekao sam: "Gdje je ta energija? Pitam za nju. Gdje je?" i to me je uzrujalo.

Primjećujem da se to događa kada nečemu pridajem značaj ili kada za nešto pitam, a izgleda kao da to ne mogu biti ili... Ono što čujem da govorite je: "Nije važno. Otpusti to." Onda kažem: "Ali to osjećam kao da me nije briga."

Gary: Kreirali ste formu brižnosti, kao da možete brinuti za Zemlju ili možete brinuti za tijela. To je manje od onoga što brižnost jest i više od onoga što ste vi voljni biti.

Učinili ste da struktura brižnosti izgleda kao da dolazi s određenog mjesta ili da izgleda na određeni način. I pridajete značaj svojim osjećajima.

S formom, strukturom i značajem onoga što ste definirali kao brižnost, kreirali ste ograničenje onoga što brižnost jest. Ograničili ste što brižnost jest kako biste imali značaj onoga što osjećate, strukturu onoga kako to osjećate ili doživljavate, te formu u kojoj vam to mora doći kako biste znali da ste to i dobili.

Jednom kad postignete brižnost, ne možete ju osjetiti. Jednom kada jeste brižnost, ona nema formu, nema strukturu i nema značaj; ona jednostavno jest. I ona samo jest ono što ste vi.

Dain: Gary, bi li predložio alat: Što je forma ovoga? Što je struktura? Čemu ovdje pridajem značaj?

Gary: To je dobar početak. Imam ovdje i proces:

Koju fantaziju, postojanje i tajnu agendu za kreaciju forme, strukture i značaja sam učinio tako stvarnom da ju čak ni pri potpunoj svjesnosti i svijesti ne mogu i neću promijeniti, birati i izliječiti? Sve što to jest, bezbroj puta, biste li sve to uništili i dekreirali? Right and wrong, good and bad, POD and POC, all 9, shorts, boys and beyonds.

Pitanje: Kroz cijelo moje djetinjstvo uvijek mi se iznova nametalo da se moram obrazovati, zaposliti i steći iskustvo kako bih dobro zarađivao. Kako da uništim i dekreiram ljestve i stepenice ka uspjehu?

Gary: Ne morate ih uništiti. Trebate samo provjeriti imaju li značaj. Roditelji su vam pokušali dati formu, strukturu i značaj onoga kako su oni mislili da treba biti. Većina to nije slijedila, i zato što nisu, mislili su da bi to trebalo biti ispravno.

U mojoj obitelji bilo je: "Trebaš se educirati, trebaš dobiti posao, trebaš dobro zarađivati. Idi u školu" – no odlazak u školu nije ništa značio jer moja majka to nije učinila.

Za mene je sve to bilo u redu, no to nije bio život koji sam priželjkivao. Nisam želio živjeti s formom, strukturom i značajem. Ispalo je da sam zapravo želio živjeti bez forme, bez strukture i bez značaja.

Kada ni o čemu nemate forme, strukture i značaja, imate potpuni izbor. To se ne temelji na: "Forma je ovo, struktura je ovo, značaj je ovaj, stoga to moram raditi". Više sliči na: "U redu, koji izbor ovdje imam?" Bez forme, bez strukture i bez značaja daje vam totalni izbor.

Pitanje: Postoji izreka "Neznanje je blaženo". Vjerujem da ne znajući i ne razmišljajući o nečemu, tome ne možeš niti pridavati značaj. Ipak, zbog Access Consciousnessa počinjem biti svjestan svega, pa kako da primijenim ovaj ključ u svoju korist?

Zapravo, nečemu pridajete značaj tako što se pravite neukima. Ovaj ključ možete primijeniti u svoju korist prepoznajući da vam potpuna svjesnost daje potpuni izbor. Kada nema forme, strukture ili značaja o tome što biste trebali znati ili što ne biste trebali znati, onda znate sve i tada sve možete iskoristiti i dobiti sve što u životu želite.

Pitanje: Moja majka svemu pridaje značaj. Sve je činjenica i sve priče koje kreira su stvarne. To je zanimljivo gledište; no čime bih ju mogla bocnuti, samo za zabavu?

Gary: Ona je majka. Koji dio ne razumijete? Sve majke znaju sve činjenice. Recite joj da je u pravu – i budite tako zahvalni. Recite: "Tako sam zahvalna što te imam da me vodiš, Majko."

Dain: To je briljantno. Recite svojim roditeljima koliko ste im zahvalni za sve što su vas naučili i za način na koji su vas vodili. Tako sve što činite postaje rezultat onoga što su vam oni dali, pa vas više neće moći kriviti.

Gary: Oho! Ako izrazite zahvalnost, oni neće znati što s time činiti jer se više neće moći žaliti. I više neće moći svemu pridavati značaj i činjeničnost, te vjerovati svim svojim pričama, jer svrha priča je dati vam svjesnost. Kad im se zahvalite što su vam dali svjesnost, prestat će pokušavati davati vam svjesnost.

Pitanje: Ako nema forme, strukture i značaja, što je onda sa ljudskom težnjom da želi formirati vezu s drugim živim bićem, čovjekom il životinjom? Da želi osjetiti ljubav i vezu s drugim kao čistu i brižnu i onu koja daje?

Gary: Oho, kakva luda fantazija. Volim vas, ali to je samo totalna luda fantazija.

Dain: Kod toga je zanimljivo postojanje forme, strukture i značaja u ideji da mi nismo jedinstvo i da nismo već potpuno povezani.

Proživjela sam svoj život izvan normalne strukture i uvijek sam imala odnose u kojima sam se osjećala kao da ne pripadam. Bila sam crna ovca, Zvonar crkve Notre Dame, i to mi je ponekad odgovaralo. No ponekad sam tako silno htjela pripadati, imati neki značaj, vikati sa zvonika i biti viđena.

Gary: Je li to forma, struktura i značaj? Totalno. Je li značaj da je brižnost stvarna, kada zapravo većina ljudi ne može brinuti. Brižnost u ljudskoj realnosti znači da ubijete osobu. Stoga, vikanje sa zvonika kako biste ljude natjerali da vide da ste tamo, da vam je stalo, da se mogu za vas brinuti i da možete takvu brižnost dati drugome, pouzdani je način da vas ubiju. Na vašem mjestu ja to ne bih radio. To znači bez forme, bez strukture i bez značaja onoga kako bi trebalo biti.

Ja sam jedna od onih latinoameričkih žena zarobljenih u emotivnoj telenoveli (španjolskoj sapunici) i protiv svega toga sam se bunila, no ipak sam se držala emotivne drame oko dubokog osjećanja ljubavi.

Gary: Cijela ideja ljubavi je forma, struktura i značaj. Umjesto ljubavi, trebate ići u zahvalnost. Upitajte: "Za što sam zahvalna s ovom osobom?"

Ljubav dopušta prosudbu. Ljudi kažu: "Ovoj osobi s ljubavlju sve dopuštam", sve dok ih ta osoba ne naljuti i u tom trenutku njihova ljubav iznenada postane uvjetna. To sam puno puta gledao u svakoj crkvi, kultu i religiji u koje sam ušao. Možete imati ljubav i prosudbu u istom univerzumu – no ne možete imati zahvalnost i prosudbu u isto vrijeme.

Dain: Ljubav je jedna od ogromnih formi, struktura i značaja. Dizajnirana je da vas izvuče iz prostora zahvalnosti. Ljubav osigurava da se uvijek morate svađati ili tući za nešto ili nekoga.

Gary: U zahvalnosti nema forme, strukture i značaja.

Pitanje: Ponekad se pitam kako Vi i Dain živite u svojoj vezi ili u jedinstvu bez da ga činite značajnim. Čula sam da ste rekli da se međusobno obožavate, za što mislim da je uistinu divno. Jasno je da tome ne pridajete značaj. Voljela bih bolje razumjeti o tome kako to činite. Možete li reći nešto više o tome?

Gary: Mogu reći da obožavam Daina, ali zbog njega ne bih odustao od sebe. Većina ljudi misli da obožavanje znači veličanje. Obožavanje je oblik veličanja, kada veličate drugu osobu i činite ju značajnijom od sebe.

Pa sad, Dain, tebe su ljudi obožavali. Sviđa li ti se da te se tako veliča?

Dain: Ne, ne sviđa mi se.

Gary: Zašto?

Dain: Kao što si istaknuo, kada te netko veliča, moraš mu služiti. To nije zabavno. Toliko je forme, strukture i značaja povezano s time, to nije mjesto lakoće.

Drugi dio obožavanja je kada druga osoba zapravo ne prima niti jedan dio mene. Prima samo fantaziju onoga što projicira da ću biti ili činiti. Neće primiti promjenu ili dar mogućnosti koju bih im volio omogućiti.

Vidim da je sve to stvarno ograničenje. Izgleda da smo zaboravili da smo beskonačna bića. Ako nekoga obožavam, morala bih umanjiti definiciju onoga što mislim da jesam u odnosu na tu osobu. To bi nas oboje ograničilo.

Gary: Da, kada nekoga obožavate u smislu definicija ove realnosti, umanjujete sebe u odnosu na drugu osobu. Nju ste prosudili kao bolju od vas, i prije ili kasnije ćete se automatski morati odvojiti od nje i otići, bilo fizički ili energetski. Morat ćete vjerovati da ste vi i/ili druga osoba nekako to željeli. Doći ćete do toga da se opirete i reagirate na ideju da nekoga drugoga činite većim od sebe. Morate se tome opirati i reagirati kako biste imali sebe.

To je slično onome što tinejdžeri rade. Kao djeca, mamu i tatu su učinili savršenim u svemu, a onda su iznenada rekli: "Zajebi ovo! Ne želim biti poput ovih ljudi. Želim imati sebe."

Što ako uopće ne morate ići tim putem? Što ako ne biste trebali imati formu, strukturu i značaj obožavanja ili veličanja nekoga, već biste jednostavno mogli pitati: "U redu, što oni imaju što mi se zapravo sviđa? Što oni imaju što ne bih volio imati? Što je potrebno da imam više onoga što bih zapravo volio imati? Kraj priče, idemo. Idemo dalje."

To je izbor i zajedništvo o kojem govorite. Upravo ste mi pomogli razumjeti cijelo moje djetinjstvo. Moja me mama apsolutno obožavala, no to je bio takav teret. Ta energija imala je takvu težinu. Mama je bila poput požarnog hidranta ljubavi koja je tekla prema meni, no uvijek bi me promašila za metar i pol jer nikada nije bio stvarna. Zapravo nikada nije bila upućena meni, pa sam se uvijek osjećala nevoljenom ili gladnom ljubavi, dok je sve što je ona govorila i činila izgledalo kao da govori da sam ja nešto najbolje na planetu. Sve je to bila samo njezina refleksija, jer ja sam bila njezina kreacija. Nikada nije shvatila da je kreirala zasebnu osobu koja ima slobodu vlastitog izbora.

Gary: Nikada nije shvatila kakvo je čudovište kreirala.

Aha, bio je to pravi nered. A onda me moja sestra, koja me bila postavila na pijedestal, potpuno odbila kada više nisam udovoljavala njezinim očekivanjima.

Gary: Obožavali su fantaziju, a ne Vas. U pedesetim i šezdesetim godinama bila je vrlo popularna knjiga Khalila Gibrana "Prorok". On kaže da ako otpustiš ono što voliš, to će se vratiti. No ako se držiš za ono što voliš, to mora umrijeti. To je kao da se držite za pticu. Toliko ju volite da ćete ju voljeti do smrti. Bez forme, bez strukture i bez značaja u ljubavi prema nekome je mjesto gdje otpuštate. Puštate da leti, i ako želi biti s vama, vratit će se.

Kada sam pročitao tu knjigu prije četrdeset godina, rekao sam: "O, to zapravo ima smisla!" Otada sam funkcionirao iz ideje da ako vas voli, vratit će se. Puštanje nečega da bude slobodno jer to volite, jedini je način da ono bude to što jest.

Dain: Htio bih reći nešto o ljubavi, zahvalnosti i značaju. Prije dosta vremena izlazio sam s djevojkom. Stvarno mi se sviđala. Govorio sam: "Volim ju, volim ju i volim ju." Počela je govoriti laži o meni svima koje sam znao. Ogovarala me na svaki mogući način.

Pitao sam Garyja: "Kako se to događa? Volim tu osobu."

Gary me upitao: "Pa, kako ti ta ljubavna stvar odgovara u ovoj situaciji?"

Odgovorio sam: "Ubijam se zbog toga!"

Rekao je: "Dopusti da ti postavim pitanje. Možeš li još uvijek biti zahvalan za ono što ona radi?"

Rekao sam: "Da, jer od toga dobivam puno svjesnosti. Shvaćam da to nije značajno. To ne mora ništa značiti. Ljudi koji prihvaćaju laži su samo ljudi koji prihvaćaju laži. Ionako su tražili razlog da odu u prosuđivanje."

Gary me upitao: "I možeš li još uvijek biti zahvalan za nju i sve što si od nje primio i za svu zabavu koju si imao dok si se zabavljao, prije nego što te počela mrziti?"

Shvatio sam da bih joj mogao biti potpuno zahvalan. Vidio sam da me pokušaj održavanja mjesta zvanog ljubav ubija. Toliko je forme, strukture i značaja u načinu na koji to svima nama izgleda. Svakome se od nas uručuju naše forme, strukture i značaji dok odrastamo – i kod svake osobe izgledaju drugačije od drugih.

Pitanje: Rekli ste da se uz ljubav veže ogromna forma, struktura i značaj – a zahvalnost vas iz toga izvlači. Zašto zahvalnost tako oslobađa i zašto je tako radosna? Kako se to događa?

Gary: Ljubav je bolna forma, struktura i značaj za sve pjesme, sve drame, sve traume, sve uzrujanosti, sve intrige, sve loše televizijske emisije, sve dobre televizijske emisije, sve filmove i gotovo sve ostalo.

Ali zašto zahvalnost tako oslobađa i tako je divna?

Dain: Zato što zahvalnost priznaje i postavlja vas u vezu s drugima. Dopušta vam da postanete jedan od aspekata i prostora bivanja koji su dostupni.

Ljubav je, iz mojeg čudnog gledišta, kao uzimanje svega što zahvalnost, brižnost, dobrota i mogućnost mogu biti, i iskrivljavanje toga kako biste uvijek mogli prikačiti formu, strukturu i značaj. Uvijek biste bili izvan brižnosti, izvan zahvalnosti, izvan dobrote i izvan mogućnosti. Uvijek biste pokušavali stremiti tim stvarima, no nikada ne biste mogli zapravo, sada, to i biti.

Pitanje: Imate li koji drugi proces koji bismo mogli napraviti na temu bez forme, bez strukture i bez značaja? Glava mi je kao nogometna lopta.

Gary: Radite onaj koji sam vam dao:

> Koju fantaziju, postojanje i tajnu agendu za kreaciju forme, strukture i značaja sam učinio tako stvarnom da ju čak ni pri potpunoj svjesnosti i svijesti ne mogu i neću promijeniti, birati i izliječiti? Sve

što to jest, bezbroj puta, biste li sve to uništili i dekreirali? Right and wrong, good and bad, POD and POC, all 9, shorts, boys and beyonds.

Mogli biste poželjeti raditi ovaj proces jako puno. Počet će dezintegrirati sve stvari koje ste napravili kao formu, strukturu i značaj i počet će vam davati novu mogućnost.

U redu, narode, vrijeme je da završimo naš razgovor na temu "Bez forme, bez strukture i bez značaja". Čujemo se sljedeći tjedan!

~~~

ŠESTI KLJUČ KA POTPUNOJ SLOBODI

Bez prosuđivanja, bez diskriminacije, bez razlikovanja

Gary: Bok svima. Večeras ćemo razgovarati o šestome ključu: Bez prosuđivanja, bez diskriminacije, bez razlikovanja. Dain je s nama na telefonu, no ima problema sa svojim glasom, pa će slušati i neće puno govoriti.

Želio bih pročitati e-mail koji je stigao. Mislim da će svima koristiti ako najprije popričamo o njemu:

Učili su nas da je razlikovanje jako važno. Nisam mogao shvatiti ideju o nerazlikovanju, sve dok nisam shvatio da je razlikovanje prosudba i diskriminacija, i da znanje zamjenjuje razlikovanje. Kao beskonačna bića koja jesu, znaju, percipiraju i primaju, putem znanja možemo biti bez prosuđivanja, diskriminacije i razlikovanja. Slažete li se s tim? I ako da, biste li molim vas to elaborirali?

Gary: To je upravo točno. Sve dok prakticirate neprosuđivanje, nediskriminaciju i nerazlikovanje, možete biti beskonačno biće percipiranja, znanja, bivanja i primanja.

Kada bilo što prosuđujete, diskriminirate ili razlikujete, eliminirate svoju sposobnost da budete, znate, percipirate i primate.

Prosuđivanje je "Srijedom ne jedem svinjetinu". Kažete: " Svinjetina bi bila dobra bilo kojeg drugog dana, no ne mogu je jesti srijedom." To je vaša prosudba. To je zaključak do kojega ste došli.

Diskriminacija je način na koji pokušavamo nešto kreirati kao ne sasvim ispravno.

Razlikovanje je ideja da nešto morate odabrati. Razlikovanje je: "Ovo ne volim; ovo je grozno. Ovo je loše i ima užasan okus." To je blaži oblik prosudbe. Razlikovanje okusa znači: "Prosuđujem da je to tako." Razlikovanje je zaključak do kojega dolazite. Izbor i svjesnost su mogućnosti koje osvijestite.

Izbor je: "Neću ovo jesti."

Svjesnost je: "Ne želim jesti cvjetaču. Ne marim za nju."

Preferencija je: "Radije jedem ukusnu hranu umjesto obične hrane, ali ne diskriminiram obične stvari jer ih ponekad jedem ili pijem, ovisno o okolnostima – jer uvijek imam izbor."

Ovdje se zapravo radi o načinu na koji vidite stvari. Jeste li u izboru i svjesnosti? Ili ste u nekom obliku prosuđivanja?

Pitanje: Jednog jutra kad sam se probudio došla mi je riječ intenzitet. Izgleda da postajući gušći, više sam čovjek, više sam prizemljen, više emocija primam od ljudi oko sebe i više prosuđujem.

Što sam manje gust, pri tome mislim što sam više proširen, više prosudbi otpadne. Kad sam o tome mislio, osjetio sam osjećaj slobode svud oko sebe. Je li to mjesto gdje pronalazimo neprosuđivanje, nediskriminaciju i nerazlikovanje?

Gary: Ne radi se o tome da nađete neprosuđivanje; već kako da to postanete. Kada ste prostor, vrlo je teško praviti formu, strukturu i značaj koji je potreban za kreiranje prosudbe, diskriminacije i razlikovanja.

Pitanje: Biste li rekli nešto više o prošlotjednom komentaru: jednom kada nešto postanete, recimo mir ili ljubav ili brižnost, to ne osjećate, već to jeste. Izjednačava li se to s bivanjem u vrlo mirnom mjestu? Na primjer, kada svjedočite drami nekog događaja i doživljavate suosjećanje, jeste li neovisni promatrač koji zadržava mirnu točku?

Gary: Ovo pitanje je savršeno jer je zadnja osoba upravo rekla da postajući gustoća, osjećate ju. Gustoća je uvijek osjećaj, i osjećaj je uvijek gustoća. Kada postanete prostor, sve to otpadne. Pa kada postanete prostor, sva gustoća koja je potrebna za kreiranje nekakvog "osjećaja" nestaje. Eliminirana je i odlazi.

Drugi dio pitanja govori o bivanju mirnom točkom. Može li beskonačno biće uistinu biti mirno? Ne, beskonačna bića mogu biti samo potpuno ekspandirana, tako ekspandirana da im je dostupan samo beskonačni izbor. U tim slučajevima s beskonačnim izborom, oni ne mogu doći do zaključka, ne mogu doći do prosudbe i ne mogu otići u diskriminaciju, razlikovanje ili prosuđivanje na bilo koji način ili oblik. Zato je netočno nazvati to mirnom točkom. Mirna točka je koncept koji je dizajniran da nas učini što je moguće manjim, te da nas dovede što bliže ništavilu koliko god je to moguće.

Stoga, gdje god je itko od vas prihvatio *mirnu* točku kao način da dođete do svjesnosti, biste li sve to uništili i dekreirali molim? Right and wrong, good and bad, POD and POC, all 9, shorts, boys and beyonds.

Pitanje: Je li prosudba prilog? Je li to asocijacija na stvari iz prošlosti kojih se prisjećamo? Je li to energija, bilo dobra ili loša, koju prilažemo uz stvari poput hrane, glazbe i mjesta?

Gary: Prosudba je nešto što prilažete drugim prosudbama. To nije nešto što imate kao svjesnost. Ako ste s nekim plesali i uživali, a kasnije ste ponovno čuli tu staru pjesmu i sjećanje na ples se vratilo, to nije prosudba, razlikovanje ili diskriminacija. To je svjesnost. To je prisjećanje koje vam daje pristup svemu što je u svijetu moguće. Nažalost, prisjećamo se uspomena umjesto svjesnosti. Stoga, koju svjesnost ste imali tijekom te pjesme koju niste priznali, a zbog koje se toga prisjećate, pamtite i to vam je dostupno? Morate to početi tražiti.

Pitanje: Zašto je jednostavnije prestati prosuđivati druge i toliko teže prestati prosuđivati sebe? Kako bih sjajna bila bez prosudbe koja se proteže i blokira me u mjestu?

Gary: To je razlog zašto morate upotrijebiti ovaj ključ.

Jedna od stvari koju morate uvidjeti kada se prosuđujete je: je li ovo moje? Recimo da imate plavu kosu i plave oči, i stojite pored nekoga tko također ima plavu kosu i plave oči. Iznenada počnete misliti: "Moja kosa danas grozno izgleda!"

Što se događa? Osoba koja stoji pored vas misli da joj kosa danas grozno izgleda. Uvijek pretpostavljate da su misli i osjećaji koje proživljavate vaši. Pretpostavljate da svaka prosudba mora biti vaša. Morate postaviti pitanje: "Je li ovo moje?" To je jedini način na koji ćete ovo proći i prevladati.

Pitanje: Izgleda mi da mi većinom prosuđujemo sebe, što nas ograničava. Prošle sam godine napravio zahtjev da to promijenim, štogod za to trebalo. Smiješno je što se dogodi kada napravite zahtjev – počinjete biti svjesni svih onih mjesta gdje birate upravo onu stvar koju pokušavate promijeniti.

Tada upotrijebite alate. Postavljate pitanja poput: "Što bih želio da je tu drugačije?" Zatim POC/POD-ate stvari i donosite drugačije izbore, što vam dopušta da se pojavi nešto drugo. Kako može biti jednostavnije od toga?

Gary: Bez diskriminacije, bez prosuđivanja i bez razlikovanja krećete se ka izboru i udaljavate od zaključka. Prosudba, diskriminacija i razlikovanje su izvori kreiranja zaključaka kako biste dobili nešto ispravno. Ali ako nikada ne biste morali biti u pravu i nikada ne biste morali biti u krivu, koji biste izbor zapravo imali?

Što se manje prosuđujem, to mi život postaje sve lakši i ekspanzivniji. Jedno područje gdje još uvijek imam teškoća je odlazak u vlastitu pogrešnost, iako ne ostajem tamo dugo kao prije.

Gary: Kad počnete primjenjivati i koristiti ove alate, promjene će se postepeno događati. To je sve što možete pitati. Cijeli život su vam pokazivali da ste u krivu. Učili su vas da se prosuđujete i govorili su vam da trebate razlikovati i diskriminirati. Što ako ništa od toga nije istinito? Što ako je sve to laž? Imam proces za kojeg mislim da će pomoći i dat ću ga za nekoliko minuta.

Moj se život širi i moj posao raste. Imam više mira i radosti, djeca su mi vesela, no još je uvijek kao nedovoljno velik i ja ne dosežem dovoljno da napravim promjenu. Što je to? I što je potrebno da to promijenim?

Gary: Morate shvatiti da sve što je potrebno za promjenu svijeta je promijeniti jednu osobu. Svaka osoba koju dodirnete s promjenom koju vi za nju stvorite kreira promjenu za dvoje drugih, što stvara promjenu za dvoje drugih, što stvara promjenu za dvoje drugih – i hoće li ikada biti dovoljno? Ne. Zašto? Zato što svijet nije mjesto za koje znate da može biti. Došli ste ovdje jer ste htjeli promijeniti svijet. Pa što je potrebno? Nastavite prakticirati; nastavite to činiti. I prestanite tražiti ono što još uvijek činite. To je problem s bivanjem mirnom točkom. Kažemo: "Još uvijek sam (štogod bilo)", što znači da idete unatrag do konačne točke u kojoj ne postojite i u kojoj niste beskonačno biće koje jeste.

Pitanje: Koja je razlika između zapažanja i prosudbe? Teško mi je primjenjivati neprosuđivanje, nediskriminaciju i nerazlikovanje, posebno s obitelji i bliskim prijateljima.

Gary: Ako ja to radim, to je zapažanje. Ako to vi činite, to je prosudba. (To je šala.)

Recimo da vam majka kaže da vam je haljina ružna. "To je tako ružna haljina; da barem to ne nosiš." Je li to diskriminacija, razlikovanje ili prosudba?

Onda vi odgovarate: "Moja majka je takva kučka." Je li to diskriminacija, razlikovanje ili prosudba?

Većina ljudi ima gledište da pozitivan komentar nije prosudba, a da negativna primjedba jest prosudba. Misle da kad vam majka kaže da vam je haljina ružna i vi odgovorite "Moja majka je kučka", da je to prosudba.

To može biti zapažanje, čak i ako je negativno. Možda je haljina ružna. Možda je vaša majka baš u tom trenutku kučka. Razlika između prosudbe i zapažanja je primarno u načinu na koji se osjeća energija. Kažete li nešto

Bez prosuđivanja, bez diskriminacije, bez razlikovanja

što je prosudba, pojačavate gustoću. Kada kažete nešto što je svjesnost, gustoća se umanjuje.

Vaša obitelj i prijatelji vjeruju da je njihova životna svrha prosuđivati vas. Vi, naravno, uopće ne biste prihvatili te prosudbe, zar ne? O da, prihvatili biste! Neprestano to činite. I opet morate pitati: "Je li ovo moje? Je li to moje gledište?"

Pitanje: Možete li reći više o brižnosti?

Gary: Brižnost je kada nemate nikakvih prosudbi. Sve dok bilo što prosuđujete, niste brižljivi. Ne možete biti brižni i prosuđivati. Možete samo prosuđivati i ne biti brižni – ili biti brižni i ne prosuđivati. To su jedini izbori koje imate.

Kada pokušate brižnost smjestiti u formu, strukturu ili značaj, ograničavate ju. To je onda brižnost za, umjesto samo biti brižan. Ima li Zemlja formu da brine za ili jednostavno brine cijelo vrijeme? Zemlja nam cijelo vrijeme daruje. Daruje svoju brižnost pticama i pčelama, cvijeću i stablima. Sve nam daje bez ijednoga gledišta. Nema ideju da brižnost znači brinuti za ljude (što je forma). Brine za sve. Nema gledište da se treba brinuti za pojedinca (što je značaj). Jednako brine za svih i sve. Brine za smrt jednako kao što brine za život. Kad bismo na takav način mogli biti brižni, izgubili bismo formu, strukturu i značaj brižnosti. Postali bismo dopuštanje i brižnost što Zemlja jest.

Je li to ono što stoji između nas i beskonačnog prostora? Je li to ono što nas sprječava da ne budemo beskonačna bića koja jesmo? To je prosudba i diskriminacija, zar ne?

Gary: Da, je. Ali tu su i drugi ključevi također. Pokazat ću vam kako funkcioniraju kako ih budemo prolazili. Žao mi je što ih ne mogu obraditi sve odjednom. Potrebno je neko vrijeme da nešto od ovoga sjedne. I onda se ponekad pojavite s pitanjima koja pokažu što nije obrađeno i koja su dodatna pojašnjenja i procesi potrebni.

Koju kreaciju i generiranje prosudbe, diskriminacije i razlikovanja kao apsolutne nužnosti za kreiranje života koristite da zaključate u postojanje pozicijske HEPADe (vidi rječnik za definiciju) koje utemeljujete kao izvor svoje pogrešnosti, ispravnosti vašega gledišta i potrebe da nikada ne gubite? Sve što to jest bezbroj puta, biste li sve to uništili i dekreirali? Right and wrong, good and bad, POD and POC, all 9, shorts, boys and beyonds.

Dobra vijest je mogućnost da odustanete od prosuđivanja. (Šala) Ne, ne ni za milijun godina. Ne biste mogli odustati od prosuđivanja čak ni da vam o tome ovisi život.

Gledajte me!

Pitanje: *Nedavno sam, u dva dana nakon što je netko radio na meni, dobila dva kilograma. Ta je osoba ponovno radila na meni dva tjedna kasnije, i ja sam dobila još četiri kilograma. Isprva sam pomislila da se sa mnom nešto događa, no ta mi je osoba u prošlosti davala komentare da sam premršava. Može li to biti primjer kako netko nameće svoje gledište u tretmanu? I ako je to slučaj, kako to preokrenuti?*

Gary: To je njezina prosudba da ste premršavi – a vi pokušavate prosuditi, diskriminirati i razlikovati je li ona u pravu ili krivu. Jeste li premršavi? Trebate otići u pitanje. Trebate pitati: "Tijelo, kako želiš izgledati?"

To je primjer prosudbe usmjerene na vas. Ako namećete prosudbe na svoje tijelo, povećat ćete količinu mršavosti ili debljine koju imate, ovisno o vašoj prosudbi, jer prosudba kreira gustoću. Što tijelo osjeća? Gustoću. Kada tijelo osjeća gustoću, postaje još gušće jer pretpostavlja da to želite. Ako ste voljni biti potpuno svjesni i potpuno brižni bez diskriminacije, prosudbe i razlikovanja, možete kreirati drugačiju mogućnost za sebe i za svoje tijelo.

Pitanje: *Izgleda da biram, no postoji gustoća pri izborima koje donosim. Kada pitam "Hoće li ovo biti vrijedno?" ili "Hoće li ovo doprinijeti mome životu?" dobijem odgovor da, no izgleda kao da nešto nije sasvim u redu. Provlači li se kroz izbor diskriminacija – odnosno da li biramo pa onda odlazimo natrag u diskriminaciju?*

Gary: Da, jer tome su vas učili. Ljudi vas pitaju: "Kako možeš to izabrati?" Kada sam bio dijete i birao nešto s čime se moji roditelji nisu slagali, pitali bi me: "Kako si došao do tog zaključka?" ili "Zašto si to izabrao? To nije bio dobar izbor." Kada se to dogodi, počnete sumnjati u sve izbore koje donosite. Ovaj proces bi vam mogao pomoći.

Što ste definirali kao diskriminaciju, prosudbu i razlikovanje što zapravo nije? Sve što to jest bezbroj puta, biste li sve to uništili i dekreirali? Right and wrong, good and bad, POD and POC, all 9, shorts, boys and beyonds.

Pitanje: *Kao da je cijelo moje biće prosudba, razlikovanje i diskriminacija. S time sam odrasla. Sve što sam bila, bilo je prosudba, razlikovanje i diskriminacija.*

Gary: To je sve što je potvrđivano kao vi, a što vi zapravo niste. To je ono što je potvrđivala vaša obitelj.

Dain: Osvijestio sam da ljudi cijelo vrijeme dinamično donose zaključke i to uopće ne prepoznaju. Temelji li se to na ovom gledištu prosudbe, razlikovanja i diskriminacije kao da smo to mi?

Bez prosuđivanja, bez diskriminacije, bez razlikovanja

Gary: Mi djelujemo kao da je prosudba zapravo način na koji definiramo sebe. Definirate se prema svojim prosudbama, svome razlikovanju i svojoj diskriminaciji. Ljudi cijelo vrijeme govore: "Imam istančan okus. Volim šampanjac iako imam pivski budžet." To nije istančan okus; to je prosudba definirana kao: "Ova druga stvar bi bila bolja od onoga što ja biram." To je prosuđivanje sebe. Tako se stvari međusobno isprepleću i drže nas podalje od mjesta na kojem zapravo imamo istinski izbor.

Učili su nas da imamo samo jedan izbor – ili da postoji samo jedan dobar izbor. Ili da imate samo dva izbora i morate izabrati između ovoga i ovoga. Beskonačan izbor je sposobnost da izaberete sve. Pitanje koje biste trebali postavljati je: "U redu, izabrat ću sve ovo, kako ću to učiniti?"

Kada imate izbor i vidite pet drugačijih mogućnosti, možete izabrati imati svih pet mogućnosti. Samo trebate odrediti – ne prosuditi – koju biste prvu željeli izabrati.

Tako bismo trebali raditi sa svime u životu. Sve što trebate je poredati stvari onako kako ih želite unositi u svoj život. Samo to trebate nastaviti prakticirati.

Pitanje: Sjećam se kako sam se gubila jer sam mislila da moram izabrati samo jedno.

Gary: Gubite se kada diskriminirate. Kažete: "Moram ovo izabrati", što od vas zahtijeva da prekinete svoju svjesnost, što će onda kreirati osjećaj izgubljenosti. Kada prekinete bilo koju svjesnost, gubite sposobnost nastavljanja gibanja ili odlaženja bilo kamo.

Što ste odlučili da nije prosudba, diskriminacija ili razlikovanje, a zapravo jest? Osim svega što su vam roditelji govorili. Sve što to jest bezbroj puta, biste li sve to uništili i dekreirali? Right and wrong, good and bad, POD and POC, all 9, shorts, boys and beyonds.

Prosudbe su mi uvijek dolazile iz gledišta: "Činim ovo samo zato što te volim i želim ti pomoći."

Gary: Ne, ljudi prosuđuju jer žele prosuđivati, a ne zato što nekome žele pomoći. Prosudba je samo prosudba. Dain i ja smo nedavno bili u Boerneu u Teksasu. Doručkovali smo u našem hotelu niže klase. Tamo je bila jedna vrlo niska i vrlo teška žena sa svojom isto tako vrlo niskom i vrlo teškom kćeri. Bile su sa mršavom djevojčicom, ženinom nećakinjom. Žena je rekla djevojčici: "Moraš više jesti jer si premršava. Zar ne želiš odrasti i biti lijepa kao što smo mi?" Djevojčica je razrogačila oči i nije rekla niti riječ. Siguran sam da je u svome svijetu rekla: "Ne, ne želim biti kao vi. Molim vas, nemojte me tjerati na to!"

Ženin komentar bio je diskriminacija, prosudba i razlikovanje. Djevojčica je imala svjesnost: "Ne, ne želim biti takva."

Govorili su vam da je nešto prosudba što nije, i govorili su vam da nešto nije prosudba što jest, a vi ste stvorili nevjerojatnu zbrku u svome svijetu oko toga da li prosuđujete il ne. Pretpostavljate da ako kažete nešto negativno, da definitivno prosuđujete – a ako kažete nešto pozitivno, da definitivno ne prosuđujete. No nije nužno tako.

Što ste odlučili da *nije* prosudba, diskriminacija ili razlikovanje, a zapravo *jest*? Sve što to jest bezbroj puta, biste li sve to uništili i dekreirali? Right and wrong, good and bad, POD and POC, all 9, shorts, boys and beyonds.

Što ste odlučili da prosudba, diskriminacija ili razlikovanje *jest*, a zapravo *nije*? Sve što to jest bezbroj puta, biste li sve to uništili i dekreirali? Right and wrong, good and bad, POD and POC, all 9, shorts, boys and beyonds.

Ako imate bilo koji oblik prosudbe koji vam neprestano dolazi, stavite ova dva procesa da se neprestano vrte cijelu noć i cijeli dan, oko deset do petnaest dana. Vidjet ćete što će se s time promijeniti.

Što ste definirali da *nije* prosuđivanje, diskriminacija ili razlikovanje, a zapravo *jest*? Sve što to jest bezbroj puta, biste li sve to uništili i dekreirali? Right and wrong, good and bad, POD and POC, all 9, shorts, boys and beyonds.

Što ste odlučili da prosudba, diskriminacija ili razlikovanje *jest*, a zapravo *nije*? Sve što to jest bezbroj puta, biste li sve to uništili i dekreirali? Right and wrong, good and bad, POD and POC, all 9, shorts, boys and beyonds.

Dain: Možeš li nešto više reći o tome kada si svjestan nečega negativnog i kako to ne mora nužno biti prosudba – i kako pozitivna prosudba o nečemu nije nužno svjesnost?

Gary: Jednom je moj prijatelj odlučio da je njegova zaručnica najdivnija žena na svijetu. To je prosudba koja zvuči pozitivno, zar ne? Zbog prosudbe "Ona je najdivnija žena na svijetu" cijelo se vrijeme osjećao kao govno jer svaki put kada bi ona učinila nešto zločesto ili neobzirno, on to nije mogao vidjeti – zbog svoje prosudbe i zaključka do kojega je došao – da je ona najdivnija žena na svijetu.

Pravimo razliku, diskriminiramo i prosuđujemo da je nešto lijepo ispravno, a ako nije lijepo, da je krivo. Oboje su prosudbe.

Što ste definirali da *nije* prosudba, diskriminacija ili razlikovanje, a zapravo *jest*? Sve što to jest bezbroj puta, biste li sve to uništili

Bez prosuđivanja, bez diskriminacije, bez razlikovanja

i dekreirali? Right and wrong, good and bad, POD and POC, all 9, shorts, boys and beyonds.

Što ste definirali da prosudba, diskriminacija ili razlikovanje *jest*, a zapravo *nije*? Sve što to jest bezbroj puta, biste li sve to uništili i dekreirali? Right and wrong, good and bad, POD and POC, all 9, shorts, boys and beyonds.

Pitanje: Shvatio sam da sam pogrešno primijenio i pogrešno razumio biranje kao donošenje zaključka. Kada ste govorili o kupovanju slatkiša, da sam ja rekao "Dobro, uzet ću Snickers", kreirao bih zatvorenu energiju o tome jer to je moj zaključak: sada želim Snickers. Drugi dio toga je da se vječno prosuđujem oko svakog svog izbora.

Gary: Učili su nas da moramo izabrati kao da je izbor samo jedan. To nam daje uvjerenje da je izbor ograničena realnost, umjesto beskonačna realnost. Biramo kao da je zaključak izbor. Zaključak nikada nije izbor – i izbor nikada ne zahtijeva zaključak. Izbor samo otvara vrata drugim mogućnostima i drugim izborima.

To nas vraća u deset-sekundne inkremente izbora. U ovih deset sekundi željeli biste Snickers. Nakon toga je: "U redu, odgrizao sam komad toga. Ne želim ga više." Onda možete prijeći da drugo. "Sada želim Tri mušketira."

To uklanja stigmu s promjene mog mišljenja. U djetinjstvu su mi usadili uvjerenje da je promjena mišljenja neka vrsta strašnog zločina.

Gary: Kada je moja kći imala dvije godine, rekao sam joj: "Grace, odluči se."

Rekla mi je: "Tatice, djevojčino je pravo promijeniti mišljenje."

Kada je maturirala, kupila je četiri maturalne haljine. Posljednja je bila ona koju je nosila, no na deset sekundi svaka od njih bila je lijepa i baš ona koju želi obući.

I to možete s lakoćom činiti? Možete to bez kreiranja zbrke ili drame?

Gary: Pa, to kreira zbrku i dramu samo drugima.

Da, to sam pitao. Za ljude oko vas, to je "O moj Bože!"

Gary: Pa, što oni rade kada idu u dramu i zbrku? Oni diskriminiraju, razlikuju i prosuđuju.

Tako je.

Gary: Mogli bi primijetiti "Ona je samo luda u ovom području", i to ne bi bila prosudba. To bi bilo zapažanje. Oni kažu: "Pravo da promijeniš mišljenje je, po mom razlikovanju, diskriminaciji i prosudbi, ludo."

Znači radi se o tome da se ne upuštate u mentalnu igru ping-ponga s drugim ljudima?

Gary: To ne donosi ništa dobroga. Ako netko bilo što kaže Grace vezano za njezine izbore, ona kaže: "Pa, ja sam djevojka. Mijenjam mišljenje. Sviđa mi se biti djevojka."

Hvala.

Pitanje: Prije par dana razgovarao sam s nekim tko je pobrkao prosudbu i svjesnost. Svaki put kada je imala svjesnost, pretvorila je to u prosudbu. Cijenila bih ako biste govorili o toj razlici.

To je osoba koja je uložila truda da radi u Access Consciousnessu i koristi alate, no izgleda da je svaki ključ koristila protiv sebe. Na primjer, ako nije bila sretna s mjestom življenja – umjesto da to bude svjesnost – rekla je: "Pa, može li beskonačno biće živjeti bilo gdje?"

Možete li također govoriti o razlici između upotrebe ključeva za ekspanziju i upotrebe protiv sebe?

Gary: Većina ljudi ove ključeve koristi protiv drugih – a ne protiv sebe. Zvuči kao da osoba o kojoj govorite koristi "Bi li beskonačno biće uistinu to izabralo?" kao mač, a ne kao pitanje.

"Beskonačno biće bi trebalo biti sposobno bilo gdje živjeti" je zaključak. Zaključak da biste trebali biti sposobni živjeti bilo gdje ili svuda uopće nije izbor.

Što je drugačiji pristup? Pitajte: "Što bih stvarno želio izabrati?" I držite se podalje od kategorije gustoće. Trebate prepoznati osjeća li se laganim ili teškim kada nešto govorite.

Dobro.

Gary: Da, ove alate možete koristiti kao oružje protiv sebe ili protiv drugih – ili ih možete koristiti na način na koji bi se trebali primjenjivati, a to je da vam daju totalni izbor i totalnu slobodu. To je ono što tražite.

Što je ono bilo Vaše prvo pitanje?

Pitao sam o razlici između prosudbe i svjesnosti. Kako znate kada je nešto svjesnost? Nisam to uspio objasniti na način koji funkcionira.

Gary: Svjesnost je nešto što kreira lakoću u vašem svijetu – a prosudba je ono što pokušavate činiti kako biste nešto učvrstili u postojanje.

Na primjer, mogu imati svjesnost da volim konje i da bih volio uzgajati Kostarikansku pasminu. Da to činim kao zaključak ili prosudbu, bilo bi: "Ja to moram učiniti."

Trenutno sam u dilemi oko toga što učiniti jer se stvari ne razvijaju na način na koji bih želio. Imam svjesnost o svim stvarima koje se trebaju promijeniti kako bi to funkcioniralo, a i voljan sam sve pogledati i pitati: "U redu, hoću li nastaviti ili prestati? Što da ovdje radim?"

Pitanje vas uvijek ostavi s osjećajem izbora. Prema tome, mogu doći do jednog zaključka u deset sekundi i doći do drugog zaključka u drugih deset sekundi – ili mogu biti svjestan i reći: "Dostupan mi je ovaj izbor, ovaj izbor i ovaj izbor."

Ako ste zbunjeni oko izbora, znači da nemate dovoljnu količinu podataka da donesete "odluku". U ovom slučaju, za mene, to je odluka koja će utjecati na mene i na puno drugih ljudi, pa na nju moram gledati s drugačijeg mjesta.

Kako na to trebam drugačije gledati? Trebam to dovesti u pitanje, trebam biti u pitanju i živjeti kao pitanje, te ne razlikovati, diskriminirati ili prosuđivati.

Možete pokrenuti ovo kao proces:

Koju svjesnost ste definirali kao zaključak što zapravo nije, i koji zaključak ste definirali kao svjesnost što zapravo nije? Sve što to jest bezbroj puta, biste li sve to uništili i dekreirali? Right and wrong, good and bad, POD and POC, all 9, shorts, boys and beyonds.

To je odličan proces, Gary. To možete primijeniti na bilo što.

Gary: Da, na bilo što.

Mogli biste pokrenuti: Što ste definirali kao beskonačno biće što zapravo nije, i što ste definirali da nije beskonačno biće, a zapravo jest?

Gary: Točno.

Hvala.

Gary: To se pojavilo kada sam radio s nekim tko je imao problem s bogatstvom. Upitao sam ju: "Što si definirala kao bogatstvo?"

Rekla je: "Plaćanje svojih računa."

Upitao sam: "O, to je bogatstvo?"

Rekla je: "To je ludo, zar ne?"

Rekao sam: "Da, jer ako uistinu želiš biti bogata, moraš imati više računa."

Pitanje: Pokušavao sam pronaći znakove koji će mi reći kada sam počeo prosuđivati, i nekoliko stvari mi se pojavilo. To je kada kažem ono što osjećam ili mislim, i čujem riječi koje mi izlaze iz glave ili iz usta.

Gary: Da, to su dva ogromna znaka.

Pa sam počeo zamjenjivati: "Percipiram da mi dolazi ova informacija" i otuda sam počeo koristiti Deset ključeva i postavljati pitanja poput "Bi li beskonačno biće uistinu ovo izabralo?" ili "Je li to nešto što trebam?" Je li to dobra tehnika ili se samo zavaravam?

Gary: To je dobra tehnika. To je početak. Kada dođemo do naših sljedećih susreta, dat ću vam neke druge alate koje možete koristiti kako biste si ovo olakšali.

Znači da su "Ja osjećam" i "Ja mislim" znakovi da smo otišli u prosuđivanje. Postoje li još neke riječi koje bi pokazivale da odlazimo u prosuđivanje?

Gary: Svaki puta kada čujem da netko kaže "Osjećam da _____", primjećujem energiju koju isporučuju. Kada netko bilo što isporučuje sa silom, to je prosudba, diskriminacija i razlikovanje.

Neki ljudi imaju ideju da je objektivnost način kako ne prosuđivati. Misle da su objektivni ako stoje izvan nečega, gledaju to i dolaze do zaključka, ili odluke, ili prosudbe. Misle da biti objektivan dokazuje da je njihov izbor točan.

Ne radi se o objektivnosti. Ne želite biti objektivni. Ne želite stajati izvan nečega i to promatrati. Želite gledati na stvari sa svjesnošću. Želite opažati, a ne biti objektivni.

Biti objektivan od vas zahtijeva da postanete nešto drugo, stojite izvan toga i dolazite do zaključka.

Kada opažate, to je samo zanimljivo gledište. To znači: "Oho, to je zanimljiv izbor" ili "O, drago mi je da to nisam izabrao" ili bilo koja drugo gledište do koje dođete.

Dakle, kada se spremate donijeti zaključak, koristite svoje tijelo kako biste vidjeli da li vas vaša odluka čini lakšim?

Gary: Nećete nužno koristiti svoje tijelo. Kada pitate "Koji se izbor osjeća laganije?" pokušavate koristiti prosudbu kako biste došli do zaključka. Bolje je pitati: "Što bih od ovoga stvarno htio izabrati?"

Dvije se stvari pojavljuju kada koristite to pitanje. Počinjete izlaziti iz ja i ulaziti u mi, jer ono što biste stvarno voljeli izabrati je nešto što proširuje vas i svih oko vas. Ne znate kako biti dovoljno sebičan iako su vas za to optuživali, iako ste pokušavali postati sebični, iako ste se pokušavali staviti na prvo mjesto u poretku stvari.

Kada ste drugačiji prostor, onda sve što činite, a što ste uvijek činili, ispadne drugačije. To je nekako fora. Vi imate koristi, drugi ljudi imaju koristi i svijet ima koristi. To se zove pobjeda-pobjeda-pobjeda.

Što ste definirali da *nije* prosudba, *nije* diskriminacija i *nije* razlikovanje, a zapravo *jest*? Sve što to jest bezbroj puta, biste li sve to uništili i dekreirali? Right and wrong, good and bad, POD and POC, all 9, shorts, boys and beyonds.

Što ste definirali kao prosudbu, diskriminaciju ili razlikovanje, što zapravo *nije*? Sve što to jest bezbroj puta, biste li sve to uništili i dekreirali? Right and wrong, good and bad, POD and POC, all 9, shorts, boys and beyonds.

Što ste definirali kao *ne*prosudbu, *ne*diskriminaciju ili *ne*razlikovanje, što zapravo *jest*? Sve što to jest bezbroj puta, biste li sve to uništili i dekreirali? Right and wrong, good and bad, POD and POC, all 9, shorts, boys and beyonds.

Kako ovo radimo, postaje sve teže i teže.

Misli li itko od vas da je svrha života imati prosudbu, diskriminaciju i razlikovanje kako biste ga pravilno shvatili? Sve što to jest bezbroj puta, biste li sve to uništili i dekreirali? Right and wrong, good and bad, POD and POC, all 9, shorts, boys and beyonds.

Pltanje: Shvatio sam da je svaki identitet i neidentitet koji imam temeljen na nekoj vrsti prosudbe, diskriminacije ili razlikovanja. To sam ja koristio kako bih imao identitet.

Gary: To nije stvarno Vaš identitet; to je vaša individuacija, način na koji se činite pojedincem. Identitet je bivanje, individuacija je način na koji se držite odvojenim od drugih i na koji se držite odvojenim od sebe, prosuđujući se.

Hvala. To je sjajno.

Gary: Svaka forma individuacije zahtjeva prosudbu, što može biti razlog zašto se ovo pojavilo.

Što ste definirali kao *ne*prosudbu, *ne*diskriminaciju ili *ne*razlikovanje, što zapravo *jest*? Sve što to jest bezbroj puta, biste li sve to uništili i dekreirali? Right and wrong, good and bad, POD and POC, all 9, shorts, boys and beyonds.

Što ste definirali kao prosudbu, diskriminaciju ili razlikovanje, što zapravo *nije*? Sve što to jest bezbroj puta, biste li sve to uništili i dekreirali? Right and wrong, good and bad, POD and POC, all 9, shorts, boys and beyonds.

Pitanje: Je li individuacija način na koji se držim odvojenim od drugih – prosuđujući sebe i njih?

Gary: Da. Prosuđivanje koristimo kao način da se odvajamo od drugih, no to činimo i kao način da se odvajamo od beskonačne moći i snage koja jesmo. Kada konačno počnete shvaćati: "Čekaj malo! Dovoljno sam moćan da srušim bika u najbržem trku", onda se morate pitati: "Kako sam dovraga tako patetičan u drugim segmentima svog života?"

Imate moć dozivanja kiše, ali vi kažete: "Ne mogu ništa raditi. Jadan sam." Ne, niste. Samo ne koristite alate i ne koristite svoju moć. Morate doći do toga da ste sve to voljni imati. Ovih Deset ključeva temelj su svega što vam daje tu slobodu. Neće biti trenutno, ali će se dogoditi. Trebat će vam šest mjeseci do godinu dana neprestanog korištenja, i onda ćete se iznenada naći u potpuno drugačijem univerzumu u kojem se ostvaruje sve što tražite. Ali morate koristiti ove alate. Morate ih primjenjivati. Čitanje o njima u priručnicima za Temeljni tečaj i Razinu 1 ne znači primjenjivati ih.

Pitanje: Upravo sam osvijestio kako su me učili da ne budem gubitnik. Uvijek su mi govorili da moram imati dobru prosudbu.

Gary: Da, ne biti gubitnik veže se uz sedmi ključ koji kaže "Bez nadmetanja". U nadmetanju se uvijek radi o tome tko pobjeđuje, a tko gubi. Nadmećete se s drugima da vidite tko je od vas bolji od onoga drugoga.

Pravimo diskriminaciju, razlikovanje ili prosudbu, zatim donosimo zaključak o tome kako bismo to učinili ispravnim ili krivim. Pomičemo se direktno od izbora u prosudbu, razlikovanje i diskriminaciju, i otud automatski krećemo u nadmetanje. Nadmetanje je puno veća stvar nego što mislite.

Povlači li to sve jedno drugo?

Gary: Da, sve smo to dovukli u ovu realnost. Moja je majka običavala reći: "Možeš odabrati ili ovo, ili ovo."

Upitao bih: "Zašto ne mogu imati oboje?"

Odgovorila bi: "Možeš imati samo jedno ili drugo, ne možeš imati oboje."

Rekao bih: "Ali ja želim oboje."

Ona bi rekla: "Ponašaš se kao derište. Prestani s time odmah. Možeš izabrati ovo ili ono – ili nećeš dobiti ništa."

Rekao bih: "U redu, dobro. Uzet ću ono." No kada sam bio prisiljen birati i prosuđivati koju stvar želim, tada sam pokušavao birati prema majčinim prosudbama. Njezino gledište bila je: "Derište si ako pokušavaš izabrati bilo što osim dvije ponuđene opcije."

To je otprilike ono što nam je bilo dano dok smo rasli, a onda, naravno, imamo životni test višestrukog izbora. Nude vam se četiri stvari u testu višestrukog izbora. Morate razlikovati i diskriminirati koja dva su definitivno kriva, kako biste mogli pogoditi koji je od preostala dva ispravan.

Bez prosuđivanja, bez diskriminacije, bez razlikovanja

A imate i vremensko ograničenje.

Gary: Da, imate i vremensko ograničenje pa vam se žuri donijeti zaključak. Pokušavate odlučiti i odrediti koja su dva najgora odgovora kako biste mogli izabrati između dva najbolja odgovora. Tako smo podešavani i poučavani od najranije dobi.

Jesu li vas na taj način podešavali i podučavali? Sve što ste na taj način naučili što vam zapravo nije odgovaralo, sve što ste pokušavali natjerati sebe da budete, imate, kreirate i generirate, i svuda gdje ste se iskrivili, pričvrstili, savili, osakatili i ugurali u tu kutiju nečije tuđe realnosti, biste li uništili i dekreirali sve to? Right and wrong, good and bad, POD and POC, all 9, shorts, boys and beyonds.

Pitanje: Pitam se kako to funkcionira sa sviješću koja sve uključuje i ništa ne prosuđuje – uključujući prosudbu?

Gary: Morate biti voljni vidjeti kada netko prosuđuje, inače ćete biti pod utjecajem tuđe prosudbe.

Ako možete uvidjeti "Oh, to je prosudba", onda nema prosuđivanja prosudbe. Postoji samo svjesnost o prosudbi. Možete izabrati što god želite. Većina ljudi koristi svoje prosudbe kako bi vas (pokušala) nagovorili(ti) da su oni u pravu, a vi u krivu.

Nedavno sam srela muškarca koji mi je neprestano govorio kako je vrlo otvorenog uma. Iz mojega zanimljivoga gledišta biti s njime bilo je kao biti s nekim tko se nalazi u vrlo malo kutiji. Uopće nije bio otvoren. Mislila sam: "Pa, to je relativno. Njegovo je gledište da je otvorenog uma, no obzirom na moju svjesnost, on izgleda vrlo usiljeno."

Upravo sam shvatila da sam ga prosuđivala. Pitam se kako sam s njim mogla biti drugačija.

Gary: Ovdje se ne radi o prosudbi, već da vidite ono što vidite. On je rekao da je otvorenog uma. U redu, dobro. Je li to istina? Je li to stvarno? Ili je to njegova prosudba onoga što misli da bi trebao biti?

Ovo posljednje.

Gary: Da, morate shvatiti da tako ljudi funkcioniraju. "Ako želim impresionirati ovu osobu, onda se moram prikazati otvorenog uma, pa ću joj stoga reći da sam otvorenog uma, iako sam potpuno zatvorenog uma."

Točno.

Gary: Morate gledati u ono što jest – a to postižete ne diskriminirajući, ne razlikujući i ne prosuđujući. To postižete koristeći svjesnost. Kada je rekao da je otvorenog uma, to vas nije činilo lakšom, zar ne?

Točno, bilo je teško.

Gary: Prema tome, bila je laž. I trebate si samo reći: "To nije istina." "To nije istina" nije prosudba; to je svjesnost.

Kako sam onda mogla biti ekspanzivnija u toj situaciji? Kako sam mogla biti beskonačnija da sebi budem radosnija, bez obzira na to imam li utjecaja na njega?

Gary: Morate početi slušati svoju glavu. Kada ste počeli sa mnom razgovarati o tome, rekli ste: "On je napravio to i to i to, a ja sam napravila to i to i to." Lupate se po glavi dok pokušavate nešto odgonetnuti. Odgonetanje je drugi oblik diskriminiranja, razlikovanja i prosuđivanja koji ste naučili.

Da. To je divan uvod u drugi dio moga pitanja. Kada ste govorili o shvaćanju na ispravan način, energija koja mi se pojavila bila je: "To je tako stresno. Kao življenje s Damoklovim mačem iznad svoje glave, jer ako ne shvatim na ispravan način, mač će pasti. Shvatit ću to krivo i onda..."

Gary: Stanite, stanite, stanite! Upravo ste to ponovno napravili.

(Smijeh) Kako da siđem s ove pokretne trake?

Gary: To je problem, vi ste na pokretnoj traci. To je pokretna traka pokušaja odgonetanja. Pokušavate odgonetnuti zašto nešto jest i što nešto jest i kako da iz toga izađete, na temelju onoga što to jest, a što nije, što ste već odlučili da mora biti jer to već činite.

Veliki broj nas razvio je svoje "umove" na taj način. Pokušavamo odgonetnuti : "Što bih dovraga stvarno trebao izabrati?" umjesto da pitamo: "Što bih stvarno želio izabrati?" Umjesto da budemo u pitanju, mi pokušavamo odgonetnuti.

Sva mjesta gdje odgonetanje jest prosudba, diskriminacija i razlikovanje koje koristite da ispravno shvatite, biste li uništili i dekreirali sve to? Right and wrong, good and bad, POD and POC, all 9, shorts, boys and beyonds.

Da.

Gary: Na sreću, vi ste jedini koji to čini.

(Smijeh) Hvala, to je vrlo radostan proces.

Pitanje: Moja kolegica me posljednjih mjesec dana prosuđuje. Mogla sam to osjetiti, a nisam znala kako na to reagirati. Pokušala sam to ignorirati, no to se nagomilalo toliko da sam zbog nje skoro danas dobila otkaz. Ne znam kako se nositi s time kada me netko prosuđuje. Postanem tako osjetljiva da to mogu i sada osjetiti.

Gary: U redu, činite to i sad. U svojoj glavi to neprestano pokušavate odgonetnuti. To ne funkcionira. Jeste li se pitali: "Je li ova osoba ZMG ili čegrtuša?"

Dain: To su ljudi koji zapravo uživaju u ubrizgavanju što je više moguće bijede u tuđe živote. Oni su čegrtuše. Pojam govori sam za sebe. Čegrtuša je zapravo ponosna na svoj zveket i potencijalno smrtonosnu svirepost. Čegrtušu nije potrebno prosuđivati – ali želite ju identificirati kao ono što ona jest. Ako vidite čegrtušu na cesti, možete li se diviti njezinoj ljepoti? Da. Biste li ju uzeli kući? Vjerojatno ne.

ZMG je akronim za "zli mali gad". ZMG-ovi imaju iste zle namjere kao čegrtuše. Razlika između njih je ta što će vas čegrtuša ugristi samo ako joj se približite na dva metra, dok su ZMG-ovi toliko predani svojim opakim namjerama da će vas istraživati kako bi vidjeli koju štetu mogu stvoriti u vašem životu.

Dolazim do toga da vidim da je ona ZMG, ali što da s time radim?

Gary: Stanite, stanite, stanite, ponovno to radite. Ponovno se vraćate priči kako bi vam odgovarala, pa da možete nešto opravdati i odgonetnuti što da činite.

Ne, trebate postaviti pitanje: "Je li ova osoba ZMG ili čegrtuša?" O, ona je ZMG. Stoga, kad ona napravi nešto neugodno, priđite joj i recite "Ti si takav ZMG" i odšećite. Nikada joj nemojte reći što to znači. Priznajte nekoga da je ZMG...

Ali što da radim ako...

Gary: Draga! Ne slušate! Ponovno govorite u svojoj glavi! Vratili ste se natrag u svoju glavu kako biste ovo odgonetnuli, umjesto da postavite pitanje.

Neprestano pokušavate odgonetnuti stvari u svojoj glavi. Pitate: "Što će se dogoditi ako to učinim?" prije nego se dogodi.

Bolje pitanje bi bilo: "Kako će to izgledati?" Izgledat će ovako: reći ćete "Ti si takav ZMG", a ona će reći "Hvala". Onda će reći: "Čekaj malo! Što je to značilo?" Ako ste pametni, do tada ćete već odšetati.

Kada priznate da je netko ZMG, osoba obično prestane biti ZMG. No kada pokušavate riješiti njihovu ZMG-ost, nikada neće odustati.

U redu. Ali ne mogu odšetati od tih ljudi. To nije...

Gary: Uistinu, ne možete zapravo odšetati ni od koga, no možete napustiti prostorije. Ne možete stvarno odšetati, ali možete kontrolirati situaciju. Priznavanje onoga što jest je način da nešto kontrolirate.

U redu.

Gary: Pokušajte. Ako mislite da serem, morat ćete mi platiti jedan dolar kada otkrijete da to ne radim.

U redu.

Gary: Još dvadeset i pet minuta? Dosadno mi je. Već želim nastaviti dalje. Je li to zapažanje, prosudba, diskriminacija ili razlikovanje?

To je svjesnost.

Gary: (Smijeh) Pa, naravno, kad se radi o meni, uvijek je svjesnost. Ne, zapravo, to je prosudba, razlikovanje i diskriminacija.

Što ste definirali kao prosudbu, diskriminaciju i razlikovanje što zapravo *nije*? Sve što to jest bezbroj puta, biste li sve to uništili i dekreirali? Right and wrong, good and bad, POD and POC, all 9, shorts, boys and beyonds.

Ranije sam pričao o načinu odlaska u pravu ili krivo gledište, pobjedničko ili gubitničko gledište. Kada to radite, mičete se od prosudbe, diskriminacije i razlikovanja u nadmetanje. Ako ne priznate u što ste se pomaknuli, nastavit ćete se igrati s istom prosudbom opet i iznova, kao da ćete dobiti drugačiji rezultat.

Što ste definirali kao *ne*prosudbu, *ne*diskriminaciju ili *ne*razlikovanje, što zapravo *jest*? Sve što to jest bezbroj puta, biste li sve to uništili i dekreirali? Right and wrong, good and bad, POD and POC, all 9, shorts, boys and beyonds.

Pitanje: Hvala Vam, prije svega na jasnoći ovog razgovora. Bio je sjajan. Volio bih pitati o nadmetanju. Možete li govoriti o nadmetanju sa samim sobom?

Gary: Kada u svome svijetu pokušavate nešto učiniti pravim ili krivim, pokušavate otkriti hoćete li pobijediti ili izgubiti. Nadmećemo se sa samim sobom i prosuđujemo se jer pokušavamo sve ispravno napraviti kako bismo pobijedili. To je nadmetanje koje prakticiramo sa samim sobom. A to je također i nadmetanje koje prakticiramo sa drugima.

Kada prepoznate da možete imati potpuni, beskonačni izbor, možete li zapravo izgubiti? Ili samo možete napraviti drugačiji izbor, ako vam prvi izbor ne odgovara?

Pobjeđivanje i gubljenje su elementi koji kreiraju nadmetanje. O tome se u nadmetanju radi. Činimo to na toliko raznih načina. Nedavno sam u razgovoru s nekim rekao: "Moraš prestati biti tako kompetitivna."

Odgovorila je: "Ne percipiram da sam kompetitivna."

Rekao sam: "To je nadmetanje, draga, jer se oko izjave 'Ja ne percipiram' ne može raspravljati, što znači da ti pobjeđuješ, a ja gubim u ovoj diskusiji."

Radi se o voljnosti da prepoznamo beskonačnost univerzuma.

Gary: Da, nema pobjeđivanja i gubljenja. Postoji samo izbor. Diskriminacija, prosudba i razlikovanje prethode nadmetanju. Idu ruku-pod-ruku.

Što ste definirali kao prosudbu, diskriminaciju i razlikovanje što zapravo *nije*? Sve što to jest bezbroj puta, biste li sve to uništili i dekreirali? Right and wrong, good and bad, POD and POC, all 9, shorts, boys and beyonds.

Što ste definirali kao *ne*prosudbu, *ne*diskriminaciju ili *ne*razlikovanje, što zapravo *jest*? Sve što to jest bezbroj puta, biste li sve to uništili i dekreirali? Right and wrong, good and bad, POD and POC, all 9, shorts, boys and beyonds.

PItanje: Kada ste govorili o slatkišu, rekli ste: "Izaberite ono što volite." Kako da identificiram – ili kako da imam svjesnost o tome – što bi mi se sviđalo, bez razlikovanja, prosudbe i zaključka? Ili bez vezivanja za rezultat?

Gary: Otiđite u trgovinu slatkišima i pitajte: "Što bi mi se od ovoga svidjelo?" I onda sve to kupite. Otiđite kući, postavite sve slatkiše na stol i pitajte ih da vam kažu kada žele biti pojedeni.

Mmm...

Gary: Ako biste to činili sa svojim ljubavnicima, bili biste u puno boljoj formi.

(Smijeh) Čitate mi misli. Već idem tamo, to je sjajno.

Pitanje: Pokušavam nešto odgonetnuti vezano za izbor. Govorite o kupovanju svih slatkiša i dopuštanju da vam kažu kada žele biti pojedeni. Zbunjuje me vrijeme. Blokiram se u pokušaju diskriminacije ili razlikovanja vremena koje bi mi dopustilo izbor.

Gary: Pa, je li vrijeme stvarno? Ili je to konstrukt?

To je konstrukt.

Gary: Kada odem u trgovinu i kupim sve slatkiše, pospremim ih u ladicu. Ponekad ih uopće ne pojedem.

Ponekad ih uopće ne pojedete?

Gary: Sad, zašto ih ne pojedem? Jednom kad sam odlučio, ne moram ih pojesti. Učili su nas da jednom kada izaberemo, onda s tim izborom moramo živjeti. To nije istinito. Ne moramo!

Učili su nas da jednom kad smo nešto izabrali, to moramo nastaviti birati. Ne, to je ovako: "Želim li ovo jesti? Ili ne želim ovo jesti?" Morate početi prepoznavati da imate izbora. Kada sam bio u braku, donio bih kući kutiju slatkiša – a moja bivša supruga bi sve to pojela do kraja.

Mogao sam donijeti kući kutiju slatkiša, pojesti jedan komad i narednih tri do pet dana ne uzeti nijedan. Onda bih ponovno pojeo jedan i čekao narednih dva ili tri dana. Nisam morao pojesti sve odjednom. Gledište moje bivše supruge bila je da ih trebaš odmah sve pojesti jer si ih izabrao kupiti.

Tako su nas učili da stvaramo odnose: izabrao sam biti s ovom osobom, stoga ju moram pojesti.

Rezoniram s time, no ne znam kako se od toga otkačiti.

Gary: Otkačite se vježbajući. Zato kupite slatkiš i vježbajte ovo. To dolazi malo po malo. Probajmo ovdje s vama još jedan proces:

Koje kreiranje i generiranje prosudbe, diskriminacije i razlikovanja kao apsolutne nužnosti za kreaciju života koristite da zaključate u postojanje pozicijske HEPADe koje utemeljujete kao izvor svoje pogrešnosti, ispravnosti vašega gledišta i potrebe da nikada ne gubite? Sve što to jest bezbroj puta, biste li sve to uništili i dekreirali? Right and wrong, good and bad, POD and POC, all 9, shorts, boys and beyonds.

Ovaj je dobar.

Pitanje: Kad sam bio mali, mama bi mi govorila: "Daj se odluči!" U tome je bila konačnost. Gotovo kao da je zaključalo moje biće ili mozak ili moj um kako bi, jednom kad izaberem, to bilo to. Nikada nisam mogao promijeniti mišljenje. Bilo je: "Odluči se i to ne mijenjaj."

Gary: Da, tako nas ovdje uče. Nisu vam rekli da možemo promijeniti mišljenje svakih deset sekundi, kao da bismo time otišli u krivom smjeru, u katastrofu.

Za vrijeme nesreće 9/11 nekim su ljudima u tornjevima rekli da idu prema gore. Polovica njih odgovorila je: "To je glupo. Trebao bih ići prema dolje", no zbog toga što im je usađeno da se odluče i toga drže, oni su se toga držali – i umrli.

Želite li se držati svojega gledišta, a što je garantirana smrt? Sve što to jest bezbroj puta, biste li sve to uništili i dekreirali? Right and wrong, good and bad, POD and POC, all 9, shorts, boys and beyonds.

Želio bih promijeniti vaše mišljenje, u redu? Je li u redu ako vam promijenim mišljenje?

Da, molim vas.

Gary: U redu, želio bih da nešto ovdje uvidite. Je li vaša majka bila idiot?

Da.

Gary: Je li vaša majka bila manje svjesna od vas?

Da.

Gary: Zbog čega biste slušali idiota koji je manje svjestan od vas? Ja mogu odgovoriti umjesto vas. Biste li željeli da ja odgovorim umjesto vas?

Da.

Gary: Slušali ste ju jer ste ju voljeli, i mislili ste ako samostalno promatrate stvari, da je to prosudba.

Točno.

Gary: A kako biste ju voljeli, niste mogli prosuđivati jer u vašem svijetu prosudba i ljubav ne mogu koegzistirati.

Zaključali ste se, draga. Isplačite se jer puno je mjesta gdje ste se zaključali kada ste svoju svjesnost pokušavali učiniti manje vrijednom od prosudbe da ako nekoga volite, ne možete imati tu svjesnost.

Hvala Vam za to. Osjećam kao da mi je biće u drugačijem prostoru.

Gary: Juhu! To tražimo.

Pitanje: Ovo se savršeno uklapa. Imam svjesnost koju onda prosuđujem i onda odlazim. To je svjesnost, prosudba i odlazak. Možete li nešto više reći o tome zašto odlazimo?

Gary: Vi zapravo prestajete biti – ne odlazite. Kada ste nečega svjesni, govorite sebi "Ja prosuđujem" jer to su vam cijeloga života govorili. Ne prosuđujete; zapravo ste svjesni, no kada prosuđujete sebe, osjećate kao da nemate izbora.

Je li istina da nemate izbora? Ili ste toliko svjesni da prepoznavajući izbore koji su vam dostupni morate pokušati diskriminirati i razlikovati koji je najbolji izbor, kako ne biste izgubili?

Da, to je to.

Gary: Radije biste prestali biti nego da izgubite?

Sve što to jest bezbroj puta, biste li sve to uništili i dekreirali? Right and wrong, good and bad, POD and POC, all 9, shorts, boys and beyonds.

Pitanje: Želim pitati o zaobilaženju uma i funkcioniranju iz srca. Je li to ono u čemu nam ovi procesi pomažu – da funkcioniramo iz srca ili onoga što uistinu jesmo?

Gary: Da Vas nešto pitam. Je li srce ograničenje?

Može biti, da.

Gary: Stoga ne želite funkcionirati iz srca. Želite funkcionirati iz potpune svjesnosti i potpunog bivanja.

Mora nam biti jasno značenje riječi koje koristimo.

Gary: Da, sve ono oko čega stvarate formu, strukturu i značaj, definirate i ograničavate se sa značenjem riječi. Kažete: "Mora dolaziti iz srca", i onda morate definirati srce na temelju svojega gledišta, gledišta drugih ljudi i onoga što su vas učili kao gledišta ili svjesnosti o beskonačnom srcu.

Ja sam mislila na svjesnost beskonačnog bića koje jesmo, srce toga.

Gary: Ali to je beskonačno biće; to nije srce.
Hvala.

Gary: Ljudi koriste srce da definiraju gdje moraju osjećati te stvari u svome tijelu. To nije to. Radi se o tome da imate potpunu svjesnost o nečemu kroz cjelovitost svoga tijela. To je puno veća mogućnost.

Puno veća! A što je sa zaobilaženjem uma?

Gary: Um je konstrukt kreiran da definira ograničenja onoga što već znate, te da vas drži u stalnoj vezi s ograničenjima onoga što već znate. Ne trebate pokušavati zaobilaziti um. Jednostavno shvatite da je um također ograničenje.

I trebamo li birati to ograničenje ili možemo imati nešto veće?

Uvijek nešto veće.

Gary: Govorili smo o tome kako je majka rekla svojoj kćeri da se mora odlučiti i toga se držati. Tako ju je pokušavala kontrolirati, umjesto da joj dopusti da bude beskonačno biće koje ona jest. Kada ljudi to rade, oni umanjuju biće i obeshrabruju ga da ima beskonačni prostor potpune svjesnosti, potpunog percipiranja, potpunog znanja i potpunog bivanja, plus srce, dušu, um i cjelinu onoga što jesu.

Ako zakoračite u beskonačno percipiranje, znanje, bivanje i primanje, onda će prosudba, diskriminacija i razlikovanje nestati poput ljuski ribe koja se čisti. Lijepa slika, zar ne?

Dain: Hvala na preuzimanju večeras, Gary. Oprostite zbog glasa. Hvala svima.

Gary: Svejedno te volimo, dr. Dain. Ti si sjajan.

Dobro ljudi, ovo je bilo izvrsno. Nadam se da će vam dinamično pomoći. Sljedeći ključ je o nadmetanju. On je sljedeći koji ćemo obraditi. Hvala svima. Puno vas volim! Ugodan dan!

~~

Sedmi ključ ka potpunoj slobodi

Bez nadmetanja

Gary: Bok svima. Večeras ćemo govoriti o sedmome ključu: Bez nadmetanja.

Elementi nadmetanja su pravo i krivo, pobijediti i izgubiti. Ako činite "trebam biti u pravu" ili "trebam ne biti u krivu", onda se nadmećete.

Dain: Svaki put kada trebate biti u pravu ili trebate pobijediti ili trebate ne izgubiti – nadmećete se. Svaki put kada želite biti u pravu ili pokušavate biti u pravu, pokušavate pobijediti i ne izgubiti – i to je nadmetanje.

Gary: Ne izgubiti je ljudima ponekad važnije od pobjede.

Svaki put kada morate nešto učiniti krivim ili pravim, nadmećete se. Kažete li: "Percipiram da se on sa mnom nadmeće" to znači da se vi nadmećete.

Bez nadmetanja je potpuno drugačije. To znači biti u pitanju. Kao: "Što se ovdje zbiva? Kako da ovo riješim?"

Prošloga tjedna nazvala me Access Consciousness voditeljica koja je vodila radionicu zajedno s drugom osobom. Voditeljica se osjećala kao da nije dovoljno uključena u zajedničko vođenje tečaja, pa je nešto s tim u vezi učinila krivo. Uzrujala se oko onoga što se dogodilo. Nakon toga otišla je na ručak s jednim od sudionika tečaja i sudionik je pomagao njoj oko uzrujanosti. Uzrujavanje je oblik nadmetanja. Drugog je voditelja pokušavala prikazati lošim i krivim, a sebe je pokušavala učiniti ispravnom. Mislite da praveći sebe ispravnom, a drugu osobu krivom, nećete gubiti.

Dain: To je primjer što se događa u svim našim životima. Svaki put kada pokušavate nekoga pridobiti na svoju stranu protiv nekoga drugoga, iz bilo kojeg razloga, bilo da je to netko s kim radite ili ste u odnosu – nadmećete se.

Osjećate se potpuno opravdano u onome što radite. Čini se nužnim ili prikladnim. Ali zapravo, kada to radite, ubijate svoje kreativne sposobnosti. Ubijate ono što biste mogli primati u svijetu i na kraju završite kreirajući gomilu sranja u svome univerzumu.

Gary: A u isto vrijeme ubijate svoj posao i svoju budućnost. Nadmetanje je način na koji ljudi ubijaju svoj posao. Kada ste u poslu, cijelo vrijeme morate biti najbolji što možete biti i nuditi najbolje što možete nuditi. Ali to nećete nuditi ako trebate biti u pravu ili ne biti u krivu ili ako trebate pobijediti ili ne izgubiti.

Dain: Trebate shvatiti da vaše gledište kreira vašu realnost. Realnost ne kreira vaše gledište.

Kada nekoga ogovarate ili tjerate drugu osobu da vam se prikloni i složi oko nečije pogrešnosti i vaše ispravnosti, koje je vaše gledište? Je li vaše gledište da ste vrijedni ili ne? Da imate doprinos koji možete primiti ili da ne možete? Zauzimate gledište da niste vrijedni. Uništavate si život na temelju toga gledišta jer vaše gledište kreira vašu realnost.

Kao što je Gary rekao, protuotrov nadmetanju je postavljanje pitanja. Svaki put kada zaključujete, nadmećete se.

Gary: Dain, razgovarajmo malo o tome kako ti i ja zajednički vodimo. U početku kada sam počinjao zajednički voditi s tobom, naginjao sam preuzimanju kontrole. Što je to kreiralo u tvom univerzumu?

Dain: Pa, kreiralo je mjesto gdje sam se osjećao kao da se smanjujem. Osjećao sam se kao da me ljudi gledaju i pitaju se: "Što ovaj idiot radi na pozornici s Garyjem?"

Gary: Čekaj samo trenutak. "Osjećao sam se kao bla, bla, bla" je početak nadmetanja. Odlaziš u pravo ili krivo ili pokušavaš ne izgubiti.

Dain: To je briljantno. Biranje odlaska u "Osjećam se tako" je početak nadmetanja. To je točka gdje možete ukinuti nadmetanje u začetku. Ako napravite još jedan korak tim putem, nećete završiti tamo gdje želite biti jer sve što vidite je zaključak do kojega ste već došli: "Osjećam se ovako" i "Osjećam se onako". Pokušat ćete učiniti ispravnim način na koji se osjećate.

Trebate otići u trenutak kada ste prvi put rekli "osjećam se kao _____" i shvatiti da je to mjesto gdje ste se zaključali u ograničeno gledište. To je mjesto gdje ste započeli proces nadmetanja.

Gary: Pa Dain, svaki put kada si se tako "osjećao", jesi li išao k nekome drugome ili k meni?

Dain: Išao sam k tebi i rekao: "Ovo mi se pojavljuje." Kad me bilo što čini teškim ili manjim, nešto se treba poništiti s alatima Access

Consciousnessa. Točka. Znam da prihvaćam tuđa gledišta ili se vraćam na staro mjesto ili se nadmećem ili što god bilo.

Otišao bih k tebi i rekao bih: "U redu, ovo mi se događa. Što možemo napraviti s tim? To me ne čini lakšim – a lakoća je mjesto s kojeg želim djelovati."

Gary: Uvijek si dolazio k meni jer smo zajedno vodili. Nisi odlazio nikome drugome. Kada ste voditelj, vaš je posao da budete prisutni i postavljate pitanja i ništa više. Kada to činite, možete se nositi sa svime.

Pitanje: Kada osvijestim da se neko sa mnom nadmeće, često se umanjujem kako druga osoba ne bi osjećala potrebu za nadmetanjem. To očito ne funkcionira. Što mogu činiti kada je netko sa mnom kompetitivan? Treba li to samo osvijestiti i reći "zanimljivo gledište"?

Gary: To da je netko s vama kompetitivan nije svjesnost. To je prosudba. Morate promotriti situaciju i pitati: "Što radim ili što jesam da ovo kreiram? Čega sam svjestan čega ne želim biti potpuno svjestan?"

Mogli biste prakticirati zanimljivo gledište, no trebate priznati da druga osoba osjeća potrebu da bude u pravu ili da ne bude u krivu – ili potrebu da pobijedi ili da ne izgubi. Morate to pogledati i pitati: "Što ja kreiram ili generiram što doprinosi da osoba ovo osjeća?"

To bih ja radio s Dainom. On bi rekao: "Pa, osjećam se kao bla, bla, bla" a ja bih pitao: "Kako to mogu promijeniti? Što je to što radim što moram promijeniti?"

Pitajte:
- Kako to mogu promijeniti?
- Što je to što od mene trebaš?

Nađite što druga osoba od vas treba. Ako kaže: "Trebam više pričati kada zajedno vodimo" možete joj prepustiti podij i dopustiti joj da više govori.

Dain: Kada bi mi se to pojavilo, a pojavilo se puno puta na različite načine tijekom godina zajedničkog vođenja, osjećaj bi se smanjio nakon razgovora s Garyjem – osim kada zapravo nisam imao osjećaj svoje vrijednosti. Mislio bih: "Zašto sam ovdje gore s ovim tipom koji ima toliko briljantnih stvari za reći?"

Ipak, Gary je govorio: "Čovječe, ne bih te imao pored sebe da ne doprinosiš. " Što sam postajao voljniji vidjeti doprinos koji sam bio bivajući svoj – a ne pokušavajući imati verziju Garyjevoga gledišta – počeo sam prepoznavati da mogu kreirati veći doprinos. To nije bilo moguće dok sam funkcionirao iz pozicije nadmetanja, iz koje sam naučio da moram funkcionirati u ovoj realnosti.

Gary: Pa sad, ovo je zbilja briljantno. Idete li u nadmetanje, ne možete biti doprinos koji biste mogli biti. Kada se s nekime nadmećete, morate se prilagoditi njegovom univerzumu, pa ne možete biti svoji. Morate prihvatiti tuđu realnost kako biste se nadmetali.

Dain: Kada ne prepoznajete da ste doprinos, odlazite na stranu nadmetanja.

Gary: I tu stvarate stvarno nadmetanje sa sobom. Kada sebe vidite kao manjega, stvarate nadmetanje sa sobom i sa drugima. Nadmetanje znači da nikada ne vidite doprinos koji jeste.

Pitanje: Primjećujem da svaki put kada s nekime razgovaram u prisustvu svoje kćeri, ona nas prekida i zahtijeva pažnju. Je li to primjer nadmetanja? Koji je vaš prijedlog kako da to riješim? Moja kći ima četiri godine.

Gary: Svaki četverogodišnjak u univerzumu se želi uključiti u razgovor. Kada djecu isključite iz razgovora, oni osjećaju da se moraju uključiti. Svaki put kada razgovarate s odraslom osobom, umjesto da ignorirate svoje dijete, uključite ga u dio razgovora. Djeca su svjesna i prisutna, pa zašto da ih ne uključite? Mogli biste pitati: "Pa što ti misliš o tome?" Nakon što to napravite tri ili četiri puta u nekom razgovoru, dosadit će im i otići će. Razgovor odraslih gotovo im trenutno postane dosadan.

Dain: Njihov doprinos je priznat, rekli su što su htjeli i to je ono što traže.

Pitam se koliko je ljudi blokirano u nekoj ranijoj dobi kada je riječ o ovom nadmetanju; na primjer kada pokušavaju naučiti stvari koje drugi ljudi rade, a zapravo ih ne razumiju. Blokiraju se i pokušavaju to odgonetnuti – i izgleda da ne mogu preći preko toga.

Gary: Pa jedna od poteškoća je to što mislite da ste isključeni. To je kad kažete "Osjećam se loše" ili "osjećam se izostavljeno". To je jedan od okidača za sve ove kompetitivne stvari koje se događaju.

Nadmetanje pretpostavlja da nitko drugi ne vidi vaš doprinos, što je razlog zašto mala djeca žele biti uključena u razgovor. Nije važno razumiju li temu o kojoj govorite. Oni žele dati doprinos.

Što ako biste ih samo pitali: "Što možeš ovome dodati kako bi to ljudima bilo jasno?" Devedeset posto ljudi će reći: "Bu-bu-bu... sladak sam." U redu, dobro. To je dobro, biti sladak je također doprinos.

Dain: To je nekoliko godina bio moj najveći doprinos. Kada vjerujete da niste doprinos, to namećete nekome drugome. Kažete: "Ne vidiš me kao doprinos."

Ako se vidite kao doprinos, većina drugih ljudi ne može a da vas također ne vidi kao doprinos. Ipak, ako sebe ne vide kao doprinos, mogu vas vidjeti kao konkurenciju.

Kad ste u situaciji u kojoj mislite da netko ne vidi doprinos koji jeste, to je zato što vi imate takvo gledište o sebi. Ako znate da ste doprinos, drugi ljudi mogu imati bilo koje gledište koje žele i ono na vas neće utjecati.

Gary: Točno!

Pitanje: Ako vidite da je netko veliki doprinos, ali to ne primjećuje, što tada činiti?

Gary: Ignorirajte to jer ne možete nekome dati ono što on nije voljan primiti. Sve što možete je reći: "Znaš što? Ti si nevjerojatan doprinos mome životu. Hvala ti što si u mome životu." Tretirajte ga kao da ste muškarac koji se divi ženi. Recite: "To što znam da si ovdje sve čini boljim."

Može li davanje i primanje postojati kada se radi o nadmetanju?

Gary: Da, kada se netko s vama nadmeće, dar je priznati njegov osjećaj manje vrijednosti, a primanje je priznati činjenicu da ne mora biti manje vrijedan. To je njegov izbor. Ako to želi, to je njegov izbor.

Osim u prirodi, gdje postoji davanje i primanje?

Dain: Pojavljuje se kod životinja. Pojavljuje se kod beba. Jeste li ikada bili s bebom gdje ste ju samo dodirivali i priznavali ju kao biće – a ona je primala vaše priznanje? Izgleda kao da to otvara njezin svijet, kao i vaš. To je primjer davanja i primanja.

Na tečaj Budi svoj u Stockholmu došla je dama koja je rodila tek mjesec dana ranije. Dijete nije htjelo spavati samo. Ona je cijelo vrijeme morala biti s njim. Uzeo sam ga u ruke i držao njegovu glavu među svojim dlanovima. Samo sam mu rekao bok i priznao sve što sam percipirao u njemu kao biću.

Sljedećega dana majka je došla na tečaj i rekla: "Prošla noć je bila prva noć da sam ga mogla ostaviti samog i bio je sasvim dobro."

Shvatio sam da je davanje i primanje priznavanje bića koje je tamo. To je ono što u nadmetanju nedostaje.

Drugim riječima, bebe ne prakticiraju takvu vrstu nadmetanja. Oni u nekome prirodno priznaju biće, a mi moramo priznati njih kao biće – ne kao vrijedan proizvod na temelju onoga što rade, govore, misle, koliko su lijepi ili bilo čega drugoga. Moramo ih priznati samo zbog činjenice da jesu. Nedostatak tog priznanja je jedna od stvari koja nas vodi u nadmetanje. Pokušavamo dokazati da imamo vrijednost za koju ne vjerujemo da ju zapravo imamo. Nismo voljni priznati svoju vrijednost kao biće jer nikada nismo bili priznati zbog samog bivanja.

Gary: Govoriš li da ako zapravo priznaš ljude kao nevjerojatne osobe koje one jesu, da bi to moglo biti dovoljno da ih zaustavi u nadmetanju kao da je nešto krivo, ili neispravno, ili da moraju pobijediti, ili da će izgubiti?

Dain: Da.

Gary: To je jako dobar primjer. Molim vas, prepoznajte da to morate činiti i s velikim ljudima jer veliki ljudi vole biti priznati jednako kao i mali sićušni ljudi.

Dain: Da.

Gary: Stvar je u tome da je lakše priznati malu osobu jer ona od vas ništa ne zahtijeva. Mislite da će, ako priznate velike ljude, oni od vas nešto zahtijevati, no to nije nužno istina.

Pitanje: Primjećujem da zahvalnost potpuno nedostaje kada se nadmećem. Je li to točno ili je to nešto drugo? Možete li govoriti o tome?

Gary: Da, to je točno. Zahvalnost ne može postojati pri nadmetanju jer nadmetanje se uvijek vrti oko pobjede, gubitka, pravog ili krivog. Nikada se ne radi o onome za što ste zahvalni kod te osobe.

Kad smo Dain i ja imali poteškoća s nadmetanjem, ja bih rekao: "Oho, šališ se. Osjećaš se manje vrijednim? Tako sam zahvalan da te imam ovdje pored sebe jer ti imaš briljantan način gledanja na stvari, ponešto drugačiji od mojeg, i to dopušta ljudima da vide ono što im ja ne mogu dati."

Divno je kada ste sposobni imati zahvalnost za ono što netko doprinosi. Otiđite u zahvalnost i gledajte kako nadmetanje nestaje.

Kada ste nekome zahvalni, recite: "Ti si nevjerojatan. Tako sam zahvalan da si tu jer je zbog toga život lakši i bolji."

Dain: Kada to činite i kada jeste ta zahvalnost, to obično osipa ljudsku potrebu za nadmetanjem. Kao što si rekao, nadmetanje eliminira zahvalnost. I često ste vi onaj koji se na neki način osjeća manje vrijednim – jer ako se nikada ne biste osjećali manje vrijednim, biste li se ikada nadmetali?

Kada vam je netko zahvalan za ono što jeste i kako jeste i kako se pojavljujete, onda i vi možete početi biti zahvalni sebi. To će samo po sebi često početi osipati nadmetanje – jer kada se nadmećete, prihvaćate laž da nemate vrijednost.

Gary: To je upravo ono što si učinio s bebom, Dain.

Dain: Tako je.

Pitanje: Postoji poseban scenarij koji me zbunjuje. Dobro bi mi došla druga perspektiva. Ja sam Access Consciousness voditelj i objavljujem svoje tečajeve na web stranici Access Consciousnessa. Dobivam puno upita za telefonske brojeve drugih voditelja koji se ne oglašavaju na stranici. S jedne strane, ne smeta me upućivati ljude na tečajeve drugih voditelja, no to se toliko puta dogodilo i nešto mi baš nije u redu kod prosljeđivanja posla drugim voditeljima koji se ne oglašavaju. Energija je čudna. Je li to nadmetanje?

Gary: Prije svega, stavljanje informacije u eter nije oglašavanje. Oglašavanje je kada se pojavite u stvarnom svijetu i izložite sebe drugačijoj mogućnosti. Kada se nadmećete, utemeljujete ono što je već bilo postavljeno i osiguravate da se to nikada ne mijenja. Ne izlazite u svijet.

Morate biti voljni nadmetati se u ovoj ludoj realnosti, što znači da morate biti voljni izgubiti i morate biti voljni pobijediti. Morate biti voljni biti u krivu i morate biti voljni ne biti u pravu ako stvarno nešto želite generirati i kreirati.

Nadmećete se u scenariju kojeg opisujete jer mislite da gubite. Mislite da nešto dajete. Kada ja nešto dajem, znam da pobjeđujem jer se ne moram nositi s tim idiotima. Netko drugi će se s njima nositi.

Ako netko od vas traži informaciju o nekome drugome i ne vidi vašu vrijednost, želite li stvarno imati posla s njim? On nikada neće vidjeti vašu vrijednost. Nešto ih privlači kod druge osobe.

U početku ljudi obično idu ka osobi koja se slaže s njihovim gledištem. Zapravo je dar kada odu kod nekog drugog jer ih vi vjerojatno ne želite. Kada ljudi žele ići kod nekog drugog, ja sam više nego sretan da idu. Neki su ljudi nedavno otišli Dainu. Nisu došli k meni, a ja sam mu rekao: "Hvala Bogu da si ih ti dobio."

On je rekao: "Mogu li ih predati nekom drugom?"

Odgovorio sam: "Da, hoćeš li preporuku?" Dao im je preporuku i otišli su nekom drugom. Bili su sretni i Dain je bio sretniji.

Pitanje: Bez nadmetanja može imati puno značenja. Vidio sam mnoge voditelje Access Consciousnessa kako ne sudjeluju u događajima drugih ljudi jer se s njima ne žele nadmetati. Promatrao sam i kako se voditelji u nekim područjima osjećaju ugroženim od strane drugog voditelja i ulaze s njime u konflikt. Neki od njih zauzimaju stav: "Ovo je moj teritorij i ti bi se trebao uskladiti sa mnom. Ako sam ja u nekom području, onda se nitko ne bi trebao sa mnom nadmetati."

Gary: Ako ćete to raditi, onda biste trebali spustiti hlače i pišati po svakom uglu jer je to jedini način označavanja svojeg teritorija. Tako rade psi. Ako ne pišate po svakom uglu, ne nadmećete se – jer stvarno nadmetanje je pišanje posvuda.

Dain: Za vas koji ste voditelji i koji se nadmećete, mislim da biste zapravo trebali početi urinirati po ljudima koji vam dolaze, pa ćete vidjeti koji će učinak to imati. Vidite sviđa li im se nadmetanje koje radite.

Kažete da bismo trebali pomoći svakome tko se nadmeće i biti mu doprinos. U redu, no gdje sam ja u računici te aktivnosti? Kako da zaradim za život po takvom načinu razmišljanja?

Gary: Možete ljude pitati: "Ako te promoviram, bi li mi dao postotak od ljudi koje ti ja dovedem?" Svaka glupa glava zna da ako ti netko doprinese, da mu trebaš to i platiti! Većina vas pokušava natjerati sve ostale da besplatno rade kako biste vi imali više novca, što je nadmetanje! Kada radite stvari kako biste došli do više novca, a netko drugi manje, to je nadmetanje. Osjećate da vam nešto manjka i jedini način da budete pobjednik je dobivanje novca.

Pitanje: Pitam se bi li ovaj ključ trebao glasiti: što ako biste izašli iz svoje guzice i učinili nešto, umjesto da od nadmetanja pravite razlog koji vam ne dopušta da budete veličanstveni kreator? Trebate pitati: "Koja vrsta doprinosa mogu biti da kroz moje aktivnosti drugi ljudi postanu svjesni?"

Gary: Pa, to je prilično dobro gledište. Meni se osobno sviđa jer ja tako funkcioniram.

Gdje god odlazim u nedostatak svijesti na temelju svoga straha od gubitka...

Gary: To nije strah. Nemate strah. Volim vas, no ako budete ponovno govorili o strahu od gubitka, udarit ću Vas direktno u lice jer nemate strah. To je laž. Pređite preko toga.

Dain: Ako to radite, naći ćemo nekoga tko se nadmeće kako bi urinirao po Vama. Nastavi, Gary.

Koju poruku šaljem cijeloj zajednici odustajanjem od podrške drugim voditeljima ili ako se naljutim, postanem zajedljiv ili neugodan prema nekome tko me ne uključuje?

Gary: Ako ste voditelj Access Consciousnessa i to radite, zapravo poručujete da je Access Consciousness laž. A ako mislite da je Access Consciousness laž, onda vjerojatno ne biste trebali biti voditelj. Trebali biste pronaći nešto drugo za zarađivanje novca jer ste odlučili da je Access Consciousness vaš sistem za zarađivanje novca. To je sistem koji ćete koristiti i zloupotrebljavati, a ne čemu ćete doprinositi kako biste svima kreirali nešto veće.

Dain: Briljantno.

Gary: Morate doći do toga da se ne radi o nadmetanju. Radi se o tome da svi doprinosimo svijesti – onda svijest može doprinijeti nama. Kada se nadmećete, isključujete doprinos cjelokupne molekularne strukture koji Zemlja za vas želi biti.

Ja se ne nadmećem; umjesto toga doprinosim mnogim svojim kolegama govoreći ljudima o njihovim i svojim tečajevima, naravno. Ljudi koje pozovem na svoje tečajeve često izaberu tečajeve drugih Access Consciousness voditelja. U posljednje vrijeme imao sam tečajeve s nekoliko ili nijednim sudionikom. To mi više ne odgovara. Što mogu drugačije činiti?

Gary: Morate shvatiti da se tu ne radi o nadmetanju. Trebate pitati: "Koju generativnu energiju nadmetanja ja ne koristim?"

Evo još jednog aspekta nadmetanja koji se odvija u svijetu – a i u Access Consciousnessu. Povremeno možete imati svjesnost da se netko nadmeće ili onemogućuje. Vidjet ćete kako mu ljudi dolaze i to u vašem svijetu stvara osjećaj poput nadmetanja. Morate shvatiti da ljudi trebaju raditi točno ono što trebaju raditi. Privuče ih osoba, bio to voditelj, agent za nekretnine ili stomatolog, iz nekog razloga. Postoji razlog zašto tamo žele ići. I dobit će točno ono po što idu.

Dain: Nedavno sam bio u konferencijskom centru Angsbacka u Švedskoj kako bih radio Access Consciousness. Bilo je tamo svakakvih ljudi koji su prakticirali sve moguće duhovne modalitete i jako su se nadmetali sa mnom i s Access Consciousnessom. Moje gledište bilo je: "Pa, to je zabavno."

Gary: Ono što ti radiš potpuno je drugačije od onoga što rade drugi ljudi. Ako nekoga privučete i on treba ono što nudite, treba to i dobiti. Zašto ne bi radili moje, zašto ne vaše, zašto ne bi izabrali oboje ili nijedno, kako im drago? Ako se nadmećete, u osnovi govorite da svijest ne postoji. Ljudi znaju što im treba.

Ponekad ljudi znaju kako doći do onoga što žele – a to što žele ne ovisi o vama. To s vama nema nikakve veze. Radit će druge stvari s drugim ljudima, kako im drago, jer im to odgovara. Umjesto prozivanja drugog voditelja kao lošega za njih, prepoznajte da postoji razlog zašto su stali ispred drugog voditelja. Vaš posao nije spasiti svijet; vaš je posao osnažiti ljude da biraju na isti način kao što osnažujete sebe da birate. I onda pitajte: "Koji doprinos ja mogu biti?"

Recimo sada nešto o generativnom nadmetanju. Jedna je dama došla na Access Consciousness tečaj u Kostariki. Naljutila se na Daina jer on za nju nije napravio nešto što je ona mislila da treba – kao da zbog nje odustane od svih drugih žena.

Dain je planirao otići na Floridu napraviti Access Consciousness tečaj, a ta žena je našla voditeljicu koja je mrzila Daina i organizirala joj tečaj na Floridi tjedan dana prije Dainovog tečaja.

Dain je rekao: "Ako ta voditeljica održi tečaj tjedan dana prije mene, nitko neće doći na moj tečaj!"

Rekao sam: "To je nadmetanje kako bi se osjećao da ćeš izgubiti. Znaš što? Moraš biti voljan nad-kreirati ju."

Voditeljica je išla na Floridu jer je mrzila Daina. Nije išla zbog Access Consciousnessa ili da kreira više svijesti za ljude. Išla je jer je htjela "dobiti" Daina. Kakva je to pogodba?

Upitao me: "Kako da nad-kreiram tu ženu?"

Rekao sam: "Nad-kreirati ju znači kreirati veću pozivnicu ka većoj mogućnosti. Ona je ljuta. Ide tamo zato što vjeruje da ti nešto može uzeti. Ljudi će osjetiti tu energiju. Kada se protiv nekoga natječete, obično završite tako da oštetite sebe.

Budi veća pozivnica od nje. Kada nekoga nad-kreirate, ne nadmećete se. Ne natječete se direktno protiv osobe. Pitajte: "Što će me istaknuti? Što će mene i ono što nudim učiniti nečim većim?"

Kada funkcionirate iz nadmetanja, veličina vaših tečajeva se počinje smanjivati – a kada pokušate funkcionirati bez nadmetanja, veličina vaših tečajeva se isto smanjuje jer ste još uvijek blokirani u nadmetanju; samo prakticirate anti-nadmetanje. Pokušavate dokazati da ste ispravniji od druge osobe jer se ne nadmećete.

I Dain je nad-kreirao voditeljicu. Otišao je na Floridu i imao je oko petnaest ili devetnaest ljudi na tečaju. Ispalo je da je druga voditeljica imala devet ljudi na svome tečaju.

Dain: Morate percipirati nadmetanje – i svejedno činiti ono što činite. Drugim riječima, percipirajte nadmetanje koje drugi biraju i budite doprinos koji jeste. I bez obzira što ljudima nudite, kada to radite, postanite pozivnica koju su cijeloga života tražili. To je zato što bez obzira u kakvoj ste interakciji s njima, energija koju kreirate dopustit će im da znaju da je u svakom području njihovog života moguća drugačija mogućnost. Kada to jeste, to se i kod njih mijenja.

Gary: Kada se netko nadmeće, ide protiv vas. Kada idete u generativno nadmetanje, nad-kreirate osobu. Umjesto da se idete u ljutnju, bijes, srdžbu i mržnju zbog toga što oni imaju nešto što vi mislite da vam nedostaje, pogledajte u njihovo nadmetanje i pitajte: "Kako da upotrijebim ovu situaciju kao izvor energije da budem doprinos?"

Dain: Kada sam s ekipom iz Access Consciousnessa bio u Angsbacki, vježbali smo koristeći alate. U centru je bilo puno drugih grupa i velika količina prosudbi bila je usmjerena prema meni i Access Consciousnessu. U jednom trenutku demonstrirao sam Energetsku sintezu bivanja i jedan od procesa kojeg smo radili napravio je dosta buke.

Neki ljudi na drugim tečajevima uzrujali su se što smo toliko bučni. U hodniku je bila velika oglasna ploča gdje su bili izvješeni svi tečajevi i netko je skinuo moj oglas kako drugi ne bi znali da nudim tečaj.

Ljudi su mi prilazili i pitali me: "Je li Vaš tečaj otkazan?"

Rekao sam: "Ne."

Oni su rekli: "O, stvarno? Pa dobro, obavijestit ću svih da se održava."

Tako je moj tečaj bio pun. I zanimljivo, bila je još jedna grupa koja je stvarala veliku količinu buke. Bučili su koliko god su mogli. Rekao sam na svome tečaju: "Možete primijetiti da vas ova buka ometa. Nemojte joj dopustiti da vas ometa. Samo dopustite da doprinese vašem tijelu i da ga još više probudi. Ne pokušavajte ju ugasiti, ne pokušavajte se s njom nadmetati, samo budite tu i dopustite si da budete svjesni i da od nje primate. Dopustite si da doprinese vama i vašem tijelu." Ljudi su to učinili i svi su postali prisutniji i budniji. I to je zaustavilo odvajanje koju su drugi ljudi pokušavali kreirati. Potpuno ga je eliminiralo.

Gary: To što si upravo opisao su kvantni zapleti (vidi rječnik za definiciju) svih energija koje ste voljni primiti i načina na koji vam ona doprinosi. Baš si to divno objasnio.

Kvantni zapleti su, u biti, vaša veza s kreativnim, generativnim elementima univerzuma. Kvantni zapleti su ono što vam omogućuje da primate komunikaciju od drugih ljudi. Ako kvantnih zapleta ne bi bilo, ne biste imali psihičku svjesnost, intuiciju ili sposobnost da čujete tuđe misli.

Neku sam večer u restoranu jeo paštetu. To nije bilo kao kad s Dainom jedem paštetu. Kada s Dainom jedem paštetu, on ju toliko voli da energija koja on jest i energija koju on dobije jedući učini paštetu toliko ukusnom da gotovo imate orgazam.

Kvantni zapleti to čine. Primijetio sam da kada večeram s ljudima koji stvarno uživaju u hrani i doživljavaju sve njezine senzacije, njihov užitak postaje doprinos svemu što se u prostoriji zbiva i svima koji tamo večeraju. U tim prilikama hrana je uvijek izvrsna – svima.

Mogu ići u isti restoran s nekim drugim tko nema tu senzornu radost, i njihova hrana nikada nije baš prava. Nikada ništa nije baš onako kako bi željeli da bude, ništa nije tako dobro kao što bi željeli da bude, i uvijek govore da su drugi restorani bolji. Pod tim okolnostima, hrana nikada nema odličan okus.

Ali kada večeram s nekim tko ima osjećaj za dobru hranu i oni primaju sve njezine energije, to stvara doprinos mojim okusnim pupoljcima. Na taj način rade kvantni zapleti. Tako su sve energije međusobno povezane jedna s drugom. Nije važno koja je energija. Ako imate energiju ljutnje ili uzrujanosti, to svijetu doprinosi više ljutnje i uzrujanosti. Ako imate energiju radosti i uživanja, to svijetu doprinosi više radosti i uživanja.

Želite koristiti kvantne zaplete kako biste doprinijeli onome što stvarate. Pa krenimo:

Koju generativnu sposobnost za učvršćivanje elementala (vidi rječnik za definiciju) u realnost na zahtjev kvantnih zapleta ispunjenih kao uvijek nad-kreiranje svih nadmetanja odbijate kreirati i utemeljiti? Sve što to jest bezbroj puta, biste li sve to uništili i dekreirali? Right and wrong, good and bad, POD and POC, all 9, shorts, boys and beyonds.

Nadam se da ćete se uz pomoć ovoga prestati nadmetati sa samim sobom, umanjujući sebe kako biste se nadmetali s drugima, jer doslovno trebate izabrati umanjiti sebe kako biste imali nešto oko čega ćete se nadmetati.

Pitanje: Govorite li da je sve kao jabuke i naranče i grejpfrut i lubenica, ali ako ćete se nadmetati, svih morate vidjeti kao jabuku?

Gary: Ako ćete se nadmetati, morate ne vidjeti što ljudi jesu, i morate ne vidjeti što je moguće. Ne možete vidjeti što je moguće i ne možete vidjeti što jest, sve dok imate imalo nadmetanja u svome univerzumu. Idete u ispravnost ili pogrešnost ili u pobjeđivanje ili u gubljenje – i kako vam nešto nedostaje i kako vam neće nedostajati ako pobijedite.

Pitao sam to jer je nadmetanje uvijek povezano s uspoređivanjem, a ne možete usporediti dvije neusporedive stvari.

Gary: Neusporedive stvari ne mogu se usporediti, točno. Je li Australac poput Amerikanca? Ne. Je li Talijan poput ikoga? Ne.

Pitanje: Ne mogu se ničega dosjetiti u ovoj realnosti što od nas ne traži nadmetanje.

Gary: Tako je, sve u ovoj realnosti od vas traži nadmetanje. No ako ste voljni nad-kreirati ovu realnost, onda ova realnost ne može biti mjesto gdje vam bilo što nedostaje.

To je konstantno stanje generiranja.

Gary: Da, i konstantno stanje mogućnosti, umjesto konstantnog stanja oskudice. Trenutno se svi nadmećete da budete na čelu kolone oskudice. Kažete: "Ja sam lider u crvenoj koloni bez novca. Ja sam lider u crvenoj koloni emocija." Ono što trebate biti jest netko tko svih nad-kreira.

Ne možete uspoređivati jabuke s narančama, to je istina, no što ako ste jabuka i mislite da je biti naranča bolje nego biti jabuka?

Gary: Ako mislite da je jedno bolje od drugoga, onda se vidite u takmičarskoj ulozi. Umjesto toga trebate biti kao lik iz crtića Popaj i reći: "Ja jesam to što jesam i to je sve što jesam."

Dain: Kada birate protiv sebe, kada govorite "Ja sam naranča, ali jabuku vidim kao vrijednu", birate protiv sebe. To je oblik nadmetanja. Ako se želite nadmetati, uvijek birate protiv sebe.

Gary: Svaki put kada se nadmećete, birate protiv sebe. Ne možete se s nikim nadmetati, osim sa samim sobom, i nadmetanje je uvijek protiv vas, a ne za vas.

Pitanje: Recimo da nitko drugi nije upleten u situaciju. Želite nešto raditi i mislite da je pravo ili krivo ili dobitak ili gubitak – je li to nadmetanje sa samim sobom?

Gary: Da, iako postoji mala varijacija nadmetanja sa sobom.

Vi ste jedina osoba s kojom se zapravo možete nadmetati. U svakome od nas postoji mjesto gdje znamo da želimo biti bolji od onoga što smo bili jučer. To nije manifestacija nadmetanja – ali ako se zlostavljate, to postaje nešto poput nadmetanja. Kada degradirate sebe, nadmećete se sa sobom u odnosu na ljude koji nisu niti prisutni.

Dain: Vi ste jedina osoba s kojom se zapravo nadmećete i jedina osoba kojoj možete parirati. Želja da danas budete veći od onoga što ste bili jučer kreirat će generativnu mogućnost. No to nije stvarno nadmetanje; to je svjesnost.

Gary: Pa, to je nadmetanje, no to je nadmetanje bez prosudbe ili zaključka. U tome je generativna energija. To je generativno nadmetanje; morate uvidjeti razliku između toga i onoga kada nešto radite kako biste bili u pravu ili kako ne biste bili u krivu ili kako biste pobijedili ili kako ne biste izgubili. To su elementi nadmetanja u negativnom obliku.

Ovdje pitajte: "Kako da ovu potrebu da budem doprinos upotrijebim kako bih sve iskoristio i svemu doprinio, pa da to postane prednost za mene i za svih?" To je malo drugačije gledište.

Kad se bavim sportom, ponekad protivniku dopustim da pobijedi kako bi imao novu mogućnost pobjeđivanja jer meni pobjeđivanje i gubljenje nisu važni.

Gary: Ako se uistinu ne nadmećete, nije vam važno da li pobjeđujete ili gubite. Ne radi se o pobjeđivanju ili gubljenju. Radi se o doprinosu koji možete biti i zato dopuštate ljudima da pobjede. Znate da im je to važnije nego vama.

Kad sam bio dijete često bih bio drugi u igri slovkanja jer sam poznavao dječaka koji je osjećao da mora pobijediti. Znao sam da bi bio slomljen ako ne pobijedi. Meni to nije bilo važno, pa bih bio drugi. Uvijek sam bio drugi najbolji, iako sam mogao slovkati sve riječi. Znao sam koje riječi drugi dječak nije znao, no nisam bio voljan dopustiti da bude slomljen ako ne pobijedi. Mogli biste reći da sam se ponašao pomalo superiorno, no s devet godina dobro je imati malo superiornosti.

Kada se bavim sportom ili bilo čime što zahtijeva pobjednika i gubitnika, kako da primijenim ovaj ključ? Svi su u ovoj realnosti tako kompetitivni. Kako se igrati s ljudima bez nadmetanja?

Gary: Kada se bavite sportom, to je igra. To nije življenje. Možete igrati bilo koju igru kako biste pobijedili i izgubili, sve dok znate da je to igra. Problem je što ju činite dijelom života i življenja.

Ako sa mnom igrate šah, ja ću pobijediti ili ćete vi umrijeti. To su dva izbora koja dobijete. Ja stvarno volim pobjeđivati. Kada igram bridž također volim pobjeđivati, pa ću učiniti sve što mogu kako bih osigurao pobjedu. Jesam li kompetitivan u tim područjima? Da. Ali znam da je to igra. Znam da nije život.

U igri je uvijek generativno pobjeđivati ili gubiti jer to izaziva drugu osobu da bude veća nego što trenutno je. Nema ničeg lošeg u izazivanju osobe da bude veća nego što je. Problem je kada se nadmećete u životu i življenju. To nije mjesto za nadmetanje.

Je li nadmetanje polarizirano gledište ove realnosti?

Gary: Da, i to je razlog zašto sam rekao da tu postoji generativni element. Postoji generativno nadmetanje i postoji destruktivno nadmetanje. Svaki put kada tražite pobjedu, negubljenje, ili da budete u pravu, ili da ne budete u krivu, tražite destruktivni dio nadmetanja jer osoba koja pod tim okolnostima uvijek mora biti uništena ste vi.

Pitanje: Zamislite samo kao bi planet izgledao ako bi sve škole širom svijeta govorile o ovim ključevima! Imam nekoliko pitanja o nenadmetanju. Teško se igram s kompetitivnim ljudima. Za mene je to samo igra. Za zabavu. Sve dok se zabavljamo i uživamo u igri, nemam gledište o gubljenju.

Gary: O ne, morate igrati zbog zabave pobjeđivanja! To nije problem, u redu? Samo se šalim kada govorim o pobjeđivanju, ali pokušajte. Mogli biste sljedećeg puta pobijediti.

U mlađim sam danima vježbala klasični balet oko petnaest godina, pa znam kako izgleda nadmetanje. Ako je nadmetanje prisutno danas, u mom svakodnevnom životu, to mi postane teško. Često jednostavno odustanem i udaljim se od toga. Pitam se jesam li ovdje postala otirač za noge.

Gary: Da, jeste.

Kad je nadmetanje usmjereno prema meni, često s osobom postanem izuzetno ljubazna u nadi da će prijateljski stav to poništiti. To obično ne funkcionira.

Gary: To nikada ne funkcionira!

Kada se to dogodi, osjećam kako mi se barijere podignu i energija postane čudna. Ponekad osjetim kao da bi me osoba željela ubiti ili obrnuto. Što je još moguće? Kako se Vi i Dain nosite s tim?

Gary: Mi se poubijamo!

Dain: Dat ću vam primjer s prošlotjednog tečaja. Tamo je bio jedan tip koji je podignuo ruku i izgledao je kao da postavlja pitanje. Rekao je: "Govorite nam svakakve stvari koje mi već znamo. Zašto smo ovdje?"

Pomislio sam: "Stvarno? To je zanimljivo" jer sam rekao svakakve stvari koje ljudi nisu znali.

Rekao sam mu: "Naravno da već sve znate, no jeste li ih čuli na ovakav način? I kako vam izgleda život? Da li vam se ono što znate zapravo pojavljuje u životu? Ili se pojavljuje nešto drugo kao da zapravo ne znate to što već znate?"

Odgovorio je: "U redu."

Kasnije sam mu rekao: "Govorite o tome da ste otvoreni, a Vi ste tu sjedili i cijelo me vrijeme prosuđivali. To je u redu. Ne prosuđujem to jer već imam Vaš novac. Možete me prosuđivati koliko želite i nikada se ne morate promijeniti ako to ne želite."

Znao sam da je pokušavao napraviti problem oko novca. Nadmetao se sa mnom kao da je znao više od mene. Meni je to bilo u redu. Moj stav je bio "Možeš znati više od mene. Nije me briga." No, on je tamo smetao drugima da budu svjesni onoga što bi mogli imati. Priznao sam to što je radio kako bi i on to mogao sagledati, te izabrati hoće li se toga držati ili ići dalje. To je stvorilo slobodu svima na tečaju jer su mogli percipirati tu energiju.

Dakle, umjesto da prihvatim njegovo nadmetanje, te da se opirem i reagiram pokušavajući dokazati "Hej, ja sam tako super. Svi bi me trebali slušati", rekao sam: "Znate što? Vi puno toga znate. I kako vam odgovara to što birate? Jeste li svjesni onoga što birate?"

On to možda nikada neće shvatiti, no svi ostali na tečaju jesu. Uvidjeli su gdje su i sami takvo što radili, pa su rekli: "O, znaš što? Ne želim prosuđivati ni tebe, ni sebe, niti bilo koga drugoga. Nastavimo sada dalje." A to se i dogodilo.

Dakle, super ljubaznost vrlo često ne djeluje kada je riječ o nadmetanju.

Gary: Nikada ne djeluje.

Dain: Ali ako je super ljubaznost jedini alat koji vam je ikada bio dan, kako znate da ne djeluje? Stvar je u tome da nam nitko nikada nije pokazao drugačiji način bivanja, a to je razlog zašto ovdje razgovaramo o Deset ključeva. Kada se netko s vama počne nadmetati, a vi možete biti potpuno prisutni, možete priznati što se događa u vašem vlastitom univerzumu.

Razgovor s drugom osobom o tome često nema učinka, no u svome univerzumu možete priznati da nadmetanje postoji. Možete reći: "Samo ću ovdje biti s ovime i vidjeti gdje to vodi." To može kreirati drugačiji rezultat.

Pitanje: Svjesna sam da postoje energetski oblici nadmetanja koje ljudi možda ni ne smatraju nadmetanjem. Ne mogu vam ni reći što je to. To je samo energetski osjet da postoje suptilni načini na koje se nadmetanje odvija, a koji se ne identificiraju kao nadmetanje.

Ja izbjegavam nadmetanje. Nastojim se povući kada mislim da ću izgubiti u nadmetanju.

Gary: Ništa ne možete izbjeći. Trebate biti prisutni sa svime.

Povlačenje je kompetitivno. Misliti da ćete izgubiti u nadmetanju je kompetitivnost. Ne htjeti izgubiti je kompetitivno. Svrha nadmetanja je da se netko povuče kako bi izgubio, a vi pobijedili.

Pitanje: Ne mislim da sam generalno kompetitivan, no imao sam iskustva s nadmetanjem koje bi se iznenada pojavilo i tada bih pokušavao uzvratiti. Naravno, opiranje i reagiranje to samo čini većim.

Također, što je potrebno kako bismo imali sposobnosti i darove koje privlače ljude?

Gary: Vi imate te darove – no ne birate ih jer se još uvijek brinete jeste li u pravu ili u krivu, ili da li pobjeđujete ili gubite.

Nadmećemo se svaki put kada tražimo pobjedu. Isto je i kada želite ne izgubiti, kada želite biti u pravu i kada želite ne biti u krivu.

Pitanje: Gary, govorili ste o razgovoru s voditeljicom. Rekli ste joj da je bila kompetitivna. Ona je rekla da nije. Rekli ste da je to samo po sebi nadmetanje. Je li nadmetanje uvijek kada netko mora dokazati da je u pravu? Je li nadmetanje uvijek kada netko mora imati zadnju riječ?

Gary: Da. Nazvao sam ju i rekao: "Moraš prestati s tim nadmetanjem." Rekla je: "Ja ne percipiram da se nadmećem."

Odgovorio sam: "Upravo je to nadmetanje. Upravo si osigurala da nemam kud – i to te čini pobjednikom." To je nadmetanje. Ona je morala imati zadnju riječ. To znači uvijek osigurati da ste pobjednik tako što nikada nikome ne dajete nikakvo pitanje iz kojega mogu govoriti. Ako nema pitanja, to je nadmetanje.

Pitanje: Ranije ste govorili o "ljubaznom" kao jedinoj opciji koju neki ljudi biraju kada osjete nadmetanje. Ja naginjem suprotnom. Kažem: "Ne želim imati posla s tobom" i samo odem. Znam da to isto nije generativno.

Gary: Da, pokušavate raditi "nenadmetanje" kao da je to bolje. To isto znači biti superiorniji, što je prosudba, što je odvajanje, što ne doprinosi. Ako nekoga stvarno želite "dobiti", umjesto da kažete "J___ se, odlazim", pokušajte pitati "Kako mogu doprinijeti tvome tečaju da imaš više ljudi?" ili "Kako mogu doprinijeti onome što radiš da dobiješ više?"

Ako se netko nadmeće, misli da nema dovoljno. Ljudi misle da nečega u svome životu nemaju dovoljno – nemaju dovoljno novca, nemaju dovoljno priznanja ili nečeg drugog. Nadmeću se kako bi imali više onoga što misle da im nedostaje. Ako ponudite svoj doprinos u nečemu što misle da im nedostaje, to će otpustiti nadmetanje brže od bilo čega drugoga što možete učiniti.

Hvala.

Dain: Briljantno.

Pitanje: Možete li to ponoviti?

Gary: Ti reci, Dain.

Dain: Ljudi misle da se trebaju nadmetati kako bi dobili doprinos ili kako bi dobili ono što žele. Kada svoj doprinos ponudite nekome tko se nadmeće, to odmah sprži sve njegove strujne krugove, uništi sve njegove paradigme i izvuče ga iz nadmetanja.

Ipak, budite svjesni da se neki ljudi nadmeću samo zbog nadmetanja. No čak i tada, kada im ponudite svoj doprinos, to sprži sve njihove strujne krugove i eliminira njihovo nadmetanje s vama. Ne mogu ga više održavati. Upravo ste ga zaobišli i ušli na stražnja vrata koja nisu ni znali da imaju.

Gary: I doprinoseći njima, kreirali ste i generativno nadmetanje, što znači da onda oni moraju doprinijeti vama. Moraju prestati biti tako oskudni kakvim se prave, što je i razlog zašto su se nadmetali. Kada im doprinesete, to je pozivnica da i oni počnu doprinositi, umjesto da se nadmeću.

Dain: Briljantno. To je sjajno pitanje: Koji doprinos mogu biti kako bi oni počeli doprinositi ili kako bih ja počeo doprinositi, umjesto nadmetanja? Ili doprinosite ili se nadmećete. Izbor je vaš.

Pitanje: Čuo sam da ste spomenuli par različitih stvari. Jedna je "Što činim da kreiram nadmetanje u ovoj osobi?" To bi mogao biti faktor. Druga stvar bila je da bi se druga osoba mogla osjećati oskudno ili manje vrijedno i zbog toga se nadmetati. Može li biti oboje? Je li uzrok samo jedan ili su uvijek oba?

Gary: Pokušavamo vam osvijestiti što je sve nadmetanje. Pokušavamo vam osvijestiti i načine na koji to možete promijeniti – i navesti vas da postavljate pitanja. Sve što ste sada rekli bilo je pitanje. Jednom kada odete u pitanje, više se ne možete nadmetati. Nadmetati se možete samo iz zaključka i osjećaja.

Znači, prisutni ste i priznate da postoji nadmetanje. Zanima vas da li to vi kreirate ili se nešto događa u njihovom svijetu što to kreira, te ponudite svoj doprinos, što uklanja nadmetanje.

Gary: Da, pitajte: "Kako mogu ovome doprinijeti?" Kada postavite to pitanje, počinjete mijenjati energiju.

Dain: A ako ostanete u pitanju, nadmetanje neće postojati u vašem svijetu. Drugim riječima, sve dok ste u pitanju, nadmetanje za vas neće postojati.

U redu. Znači, ako ostanem u pitanju, nadmetanje ne može postojati u mome svijetu, čak i ako se netko drugi nadmeće?

Gary: To je točno, nema ga ako ga ne izaberete.

Ah... odlično.

Pitanje: Da li većina seksa funkcionira iz nadmetanja?

Gary: Apsolutno, jer ljudi misle da ako dobiju ovu djevojku ili ovog dečka, više neće biti gubitnici.

Seks je vrlo kompetitivno područje jer ljudi misle da su u oskudici. Misle da se moraju nadmetati za pobjednike ili za gubitnike. Jednom sam razgovarao s prijateljicom koja je rekla: "Joj, više nikada se neću seksati!"

Rekao sam joj: "Pa, evo tu je ovaj dečko, ovaj dečko, ovaj dečko i ovaj dečko. Svi bi se voljeli seksati s tobom."
Rekla je: "Oni su gubitnici."
Rekao sam: "Što?"
Rekla je: "Oni su gubitnici."
Ako je osoba pobjednik i s njom imate seks, to i vas čini pobjednikom. Postajete pobjednik ako vas pobjednik izabere. Ulazite u kompetitivne situacije vezane uz seks onda kada tražite tko je pobjednik, tko je gubitnik, a tko se ne računa.

Ide li vam to uopće u prilog ili je to samo opravdanje ili reakcija na ideju da nešto s vama nije u redu što ne možete riješiti? Znate li što? To je također nadmetanje.

Pitanje: Je li ovisnost pokušaj izbjegavanja nadmetanja?
Gary: Da.
Oho, hvala.

Pitanje: Upravo sam pogledao film X-men. Nakon četrdeset minuta gledanja tako sam silno želio otići da sam se morao držati za naslon kako bih ostao. Shvatio sam da sam uvijek pokušavao slijediti pravila i činiti sve ispravno kako ne bih oslobodio ono što sam smatrao svojim bezakonjem i nemilosrdnošću. Iz istih sam razloga izbjegavao očito nadmetanje. Kada sam to osvijestio, napravio sam zahtjev da potvrdim, posvojim i priznam bezakonje i nemilosrdnost, te da mi budu dostupni za biranje. Zanimljivo, nakon što sam to učinio, postao sam svjestan blagosti kojoj nikada prije nisam pristupio. Biste li to komentirali molim?

Gary: Pretpostavljali ste gledište o tome kako niste nemilosrdni i bezakoniti. Ljudi, morate shvatiti da ste bezakoniti. Bezakoniti ste jer niste voljni živjeti po zakonima ove realnosti i zato se tako teško nosite s nadmetanjem. Zato se pri nadmetanju morate činiti pogrešnim. U svakom slučaju nadmetanje nema nikakve veze s izborom, svjesnošću ili veličanstvenošću.

Dain: A kada ne priznajete sve što jeste, samome sebi namećete gledište. Ako ne možete priznati neki dio sebe, ne možete imati cijeloga sebe, što uključuje i blagost koja je zapravo za vas stvarna i istinita. Trebali biste biti sposobni imati sve aspekte sebe i koristiti i biti sve što je primjereno u određeno vrijeme.

Gary: Ta blagost je ono što ubija nadmetanje u vama i drugima.
Dain: Aha.

Pitanje: Neki dan sam imala zanimljivo iskustvo potpunog primanja. Vozila sam se na razmjenu Barsa. Imala sam infekciju sinusa. Bila sam razdražljiva i zločesta i htjela sam potući sve prometne glupane na cesti. Žena čije sam barove pokretala deset mjeseci i koja je nakupila toliko naboja u svome životu došla je u grupu. Pitala me kako sam, a ja sam odgovorila: "Dobro – i prilično sam zločesta."

Rekla je: "Samo naprijed! Kreni naprijed i budi zločesta koliko želiš." I iznenada je sva moja razdražljivost i ljutnja nestala. Kako može biti bolje od toga?

Ljudi su mi i prije govorili takve stvari, no s energijom priklanjanja i slaganja. Suosjećanje bi nas samo oboje zaključalo u to. Ovo je bilo potpuno drugačije; ona se nije priklanjala i slagala, nije se opirala i reagirala; bila je u potpunom dopuštanju. Jednostavno sam osjetila kako sav intenzitet i gustoća nestaje.

Gary: Tako priznavanje onoga što jest mijenja ono što vas blokira – uključujući nadmetanje. Radi se o priznavanju onoga što jest – a ne nadmetati se kako biste pronašli gdje ste u pravu ili gdje ste u krivu, ili gdje pobjeđujete ili gdje ne gubite.

Pitanje: Kako slušam ovaj razgovor, osjećam se teže i teže. Je li to pogrešno identificiranje i pogrešna primjena nadmetanja kao nečeg nužnog za opstanak?

Gary: Da. Opstanak najjačih je ideja da je nadmetanje jedini način na koji se sve događa. Ipak, to nije istina. U životinjskom svijetu ne radi se o opstanku najjačih; to je opstanak temeljen na činjenici da su neke životinje inherentno veće od drugih. Prije dosta godina proučavali su vukove i pokazalo se da kada vukovi love – a to je vjerojatno svojstveno svim predatorima – oni biraju bolesne životinje u krdu jer bolesni imaju posebnu auru.

Jeste li ikada bili s nekim koga ste željeli zgaziti do smrti? To je zato što je ta osoba imala posebnu auru koja je ukazivala da nije dovoljno jaka da bude vrijedan proizvod u svijetu. Kada se nadmećete, od sebe stvarate bolesni element, što je razlog zašto ljudi počinju odlaziti od vas. Zato ne dolaze na vaše tečajeve.

Pokušavanje nenadmetanja nije isto kao doprinošenje. Nenadmetanje je nepokušavanje pobjeđivanja kako ne biste postali gubitnik.

Pitanje: Upravo gledam u ocean. Kao da ocean od nas traži da budemo veliki kao on. To je ono što mi tražimo jedni od drugih kada se ne nadmećemo.

Gary: Da, to je kao da ste ocean. Pitate sve da doprinosi i voljni ste doprinijeti svemu, pa to i jeste – i ne nadmećete se.

Dain: Želio bih reći nešto više o laži da je nadmetanje nužno za opstanak. U nadmetanju je opstanak sve što dobijete; ne dobijete napredak. Napredovanje i cvjetanje nisu mogućnosti ako se nadmećete jer potpuno isključujete ocean koji vas poziva da budete veliki kao što jeste. Kažete: "Ne mogu biti dio toga. Moram ovo činiti sam." Odreknete se napretka.

Ideja da je nadmetanje nužno za opstanak izgleda da je kod mene potpuno zaključana. Kao da je svaki aspekt moga bića to shvatio. Izgleda zakočeno. I suptilno je.

Gary: Postoji li vjerojatnost da je zakočenost činjenica da ste prihvatili laž kako je opstanak ono što ovdje trebate raditi?

Da. Opstanak je ono što sam pokušavala činiti kako bih izlazila na kraj.

Gary: Ako svoj život živite iz "izlaženja na kraj", onda uvijek morate kreirati teškoću s kojom ćete se nositi kako biste izašli na kraj s onime što se događa.

Da, potpuno razumijem! Nisam to prije vidjela. Nisam to prepoznala prije ovog razgovora. Iznenada sve vidim višestruko. Kao: "O moj Bože, to činim na svaki način, oblik i formu!" Ovo je briljantno. Hvala Vam.

Gary: Da, vidim da je to mjesto gdje odlazite u nadmetanje. Ako vjerujete u opstanak, onda odlazite u nadmetanje kako biste dokazali da možete opstati. To morate činiti sa svakom osobom s kojom dođete u kontakt.

Koju generativnu sposobnost za učvršćivanje elementala u realnost na zahtjev kvantnih zapleta ispunjenih kao uvijek nadkreiranje svih nadmetanja odbijate kreirati i utemeljiti? Sve što to jest bezbroj puta, biste li sve to uništili i dekreirali? Right and wrong, good and bad, POD and POC, all 9, shorts, boys and beyonds.

Pitanje: Možemo li nakratko govoriti o novcu? Kada odlazim s ljudima na večeru ili dijelim taksi ili bilo što radim što uključuje novac, uvijek ja plaćam račun. Primam njihove osjećaje i često ne znam što je moje, a što tuđe. Pa kad je njima neugodno zbog novca i kada biraju najjeftinijju stvar na meniju, ili kada broje svoj novac jer si ne mogu priuštiti lijepi obrok, ili kada baš i ne žele platiti za taksi, ja jednostavno to platim.

Gary: Tu imate izbor. Jedna od stvari koju sam ja radio je pravilo: ako ti pozoveš mene, ti plaćaš. Ako ja tebe pozovem, ja plaćam. A kada su ljudi odvratni, ja plaćam jer ih to živcira. Ako se ponašaju inferiorno, ja se uvijek držim zapovjednički i superiorno jer je to način na koji koristim njihova kompetitivna ograničenja kao način da zabijam svoj nos u njih. To je nadkreiranje njihove ograničene realnosti.

Puno puta ionako želim platiti jer volim plaćati, a onda odem u opstanak. Ako nastavim plaćati i biti velikodušna, moj će se novac umanjiti, a to je opstanak, zar ne?

Gary: Da, to je opstanak – ideja da zapravo ikada možete biti bez novca. Nikada nećete biti bez novca; to nije dio vaše realnosti.

Draga. Volim Vas, pakleno ste slatki, ali besparica neće biti dio Vaše realnosti. To je projekcija koja vam se cijelo vrijeme isporučuje. To je projicirana buduća realnost koja nikada ne može postojati.

Koliko ljudi na vas projicira da biste mogli ostati bez novca, da biste mogli biti bez novca ili da nećete imati novca ako ga nastavite trošiti na način koji trošite? To su na vas projicirali dok ste bili dijete. Je li vas to u nečemu zaustavilo? Ne. Niste onda prihvatili to sranje, a ni sada to nećete prihvatiti jer je to nadmetanje koje ljudi rade kako bi dokazali da nisu gubitnici!

Sve što to jest bezbroj puta, biste li sve to uništili i dekreirali? Right and wrong, good and bad, POD and POC, all 9, shorts, boys and beyonds.

Voljela bih to promijeniti, a ne mijenja se. Što trebam raditi?

Gary: Pa, laž je da ste sitničavi. Vidite tuđu sitničavost i pretpostavljate da morate imati nešto slično jer to možete percipirati.

Kada ljudi imaju nelagodu s novcem, a ja im dajem novac, to im uvijek pomuti um i promijeni njihovu paradigmu.

To je to. Ne mogu dalje ovako plaćati za druge ljude.

Gary: Tko to kaže?

Oh, Gary!

Dain: U redu, činite to. Uzmite količinu novca koju trenutno imate na banci i pogledajte koliko biste večera trebali platiti prije nego što ostanete bez novca.

(Smijeh)

Dain: Koliko stotina tisuća večera, koliko god je za vas puno, podijelite to sada sa brojem dana u godini, koliko godina večera biste mogli kupiti bez da ostanete bez novca?

Gary: Vi koji imate nešto novca trebate to uzeti u obzir. Nikada nećete ostati bez novca jer to nije vaš izbor. Ne biste to učinili.

Jedan od najvećih darova koje sam ikada dobio bio je posao u United Wayu. Trebao sam razgovarati sa svim dobrotvornim udrugama koje su ljudima donirale hranu i stvari. Onda sam trebao razgovarati s ljudima koji su to primali.

U razgovoru s beskućnicima otkrio sam da su mislili da sam lud što imam toliko novca jer je to značilo da moram plaćati stanarinu i da moram raditi!

Promotrio sam to i pomislio: "Ne želim živjeti na ulici." Jedina razlika između vas i nekoga tko nema novca je što si vi nikada nećete dopustiti da nemate novca – jer to nije u vašoj realnosti. "Mogla bih ostati bez novca." Ne, nećete!

Ljudska nelagoda oko plaćanja računa gotovo mi je nepodnošljiva. Trebam li samo sjediti s tom nelagodom?

Gary: Da, trebate samo sjediti s tom nelagodom i onda njima stvoriti više nelagode. Kad me ljudi pozovu van uz pretpostavku da ja plaćam, ja samo sjedim na svojim rukama i ništa ne radim. Sjedim tamo i sjedim i puštam da se oni snađu. A oni misle: "O moj Bože, o moj Bože, on neće platiti, on neće platiti, on neće platiti" i kada konačno počnu posezati za računom, kažem: "O, ja ću." Morate naučiti mučiti ljude. Vi ćete radije platiti račun nego ljudima dopustiti da imaju svoju nelagodu. Ja ih volim pustiti u njihovoj nelagodi.

Znao sam damu kojoj su svi plaćali. Nikada se nizašto nije ponudila za plaćanje. Ja bih ju pustio da čeka. Sjedio bih sve dok joj ne bi bilo neugodno, pa bi rekla: "Uh, uh, uh." Znala je da mora otići i negdje stići, a nije mogla iskoristiti nekog drugog, kada me nije mogla natjerati da joj dopustim da me iskoristi. Samo bih sjedio i gledao u nju, smiješeći se kao da govorim: "Pa, kada ćeš doprinijeti?"

Znao sam da neće, ali mislio sam da bih je usput mogao mučiti. Ako će ona mučiti mene tjeravši me da platim, onda ću i ja nju zauzvrat mučiti. To nije uzvraćanje istom mjerom, ljudi. To je prepoznavanje da će osoba osvijestiti ono što bira jedino na način da upotrijebite to što ona bira, kao nešto s čime ćete joj doprinijeti, pa će ona prepoznati svoj izbor.

Stvorite im dovoljno nelagode i ona bi mogla to prestati činiti. A opet, možda i neće. Ne radi se o tome da ih pokušavate na nešto natjerati. Radi se o činjenici da morate uživati u tome što im stvarate nelagodu. Pokrenimo ovaj proces još jednom:

> Koju generativnu sposobnost za učvršćivanje elementala u realnost na zahtjev kvantnih zapleta ispunjenih kao uvijek nad-kreiranje svih nadmetanja odbijate kreirati i utemeljiti? Sve što to jest bezbroj puta, biste li sve to uništili i dekreirali? Right and wrong, good and bad, POD and POC, all 9, shorts, boys and beyonds.

Pitanje: Gary, je li to primjer onoga što smo jučer pričali o radosnom prevladavanju tuđih ograničenja?

Gary: Da, to je radosno prevladavanje tuđih ograničenja. Sjedite s nekim tko planira da vi platite, a vi radosno prevladavate njegova ograničenja. Njegovo gledište je da vas može natjerati da platite. Vi ga natjerate da posumnja u to da ćete platiti. Kada ga sumnja dovede do histerije, platite. Nadvladajte njegovo ograničenje do točke kada će reći: "O moj Bože, možda ću morati platiti! Ne mogu to više raditi!" Sve što želim je da mi to prestanu raditi jer to nije ljubazno.

Biti radostan s time znači da nad-kreirate, zar ne?

Gary: Da.

Vidim. Ja bih prihvatila svu tu nelagodu i utjelovila ju. No biti radostan je nad-kreiranje.

Gary: Biti radostan znači nad-kreirati njihova ograničenja i nad-kreirati njihovo nadmetanje. Njihovo nadmetanje pod tim okolnostima je: "Mogu li nad-kreirati ovu osobu i čekati dovoljno dugo da on plati?" Tako oni pobjeđuju, a vi gubite. To je ono što pokušavaju činiti. Morate si razjasniti kako sve ovo funkcionira ili ćete biti pod utjecajem ljudi koji su dovoljno lukavi da vaš novac koriste protiv vas.

Dain: Koju generativnu sposobnost za učvršćivanje elementala u realnost na zahtjev kvantnih zapleta ispunjenih kao uvijek nad-kreiranje svih nadmetanja odbijate kreirati i utemeljiti? Sve što to jest bezbroj puta, biste li sve to uništili i dekreirali? Right and wrong, good and bad, POD and POC, all 9, shorts, boys and beyonds.

Gary: Lijepo! Ovaj razgovor nekolicinu vas dovodi u nelagodu, što me čini sretnim. Ja nad-kreiram vaša ograničenja.

Dain: Radosno.

Koju generativnu sposobnost za učvršćivanje elementala u realnost na zahtjev kvantnih zapleta ispunjenih kao uvijek nad-kreiranje svih nadmetanja odbijate kreirati i utemeljiti? Sve što to jest bezbroj puta, biste li sve to uništili i dekreirali? Right and wrong, good and bad, POD and POC, all 9, shorts, boys and beyonds.

Gary: Nadam se da ste dobili pokoji uvid o ovoj temi.

Bio je ovo fenomenalan razgovor, dečki, jednostavno fenomenalan. Stvarno dobar, hvala vam.

Gary: Uživajte, svih vas volim!

Dain: Hvala svima.

~~~

OSMI KLJUČ KA POTPUNOJ SLOBODI
Bez ikakvih droga

Gary: Bok svima. Večeras ćemo govoriti o osmome ključu: Bez ikakvih droga. Droga je bilo što što vas lišava ili umanjuje vašu svjesnost na bilo koji način ili oblik. Bilo što što vas čini manje svjesnim je droga.

Ljudi mi govore: "Ti ne voliš droge."

Ja im kažem: "Nije me briga drogiraš li se. To je tvoj život. Čini ono što želiš."

Poteškoća kod drogiranja je što time otvarate vrata drugim entitetima da preuzmu i koriste vaše tijelo. Svaki put kada gubite kontrolu nad svojim tijelom, omogućujete drugim entitetima da uđu i koriste vaše tijelo. To je primarni razlog da se ne drogirate.

Pitanje: Je li ljubav droga?

Gary: Pa, da li ljubav podiže svijest? Ili ako želite imati ljubav, morate kreirati fantaziju koja podiže svijest? U tom je slučaju ljubav droga.

Dain: U ovoj realnosti ljubav funkcionira kao droga jer se kod ljubavi ne radi o kreiranju više svjesnosti. Obično se temelji na fantaziji, što vodi daljnjim fantazijama, s idejom da će s vremenom voditi ka savršenstvu fantazije, no to ne kreira svjesnost o tome što je zapravo moguće.

Gary: Točno.

Pitanje: Koriste li ljudi hranu, alkohol, ekstremno vježbanje ili seks kao drogu? Zlostavljaju li oni svoja tijela i lišavaju li se svoje svjesnosti?

Gary: Sve što vas lišava vaše svjesnosti je droga. Morate biti voljni biti svega svjesni. Mnogi ljudi ne jedu iz pozicije svijesti. Ne gledaju što želi njihovo tijelo; rade samo ono što su oni odlučili. Najveća droga na svijetu je nesvijest.

Što je s pušenjem cigareta? Jesu li cigarete droga?

Gary: Pa, mijenjaju li vašu svijest? Lišavaju li vas vaše svjesnosti? Ili ograničavaju vrstu svjesnosti koju ste voljni imati? Ovisi za što ih koristite. Ako pušenje cigareta na vas ima mali ili nikakav učinak, to je nevažno.

Dain: Postoje ljudi koji će zapaliti cigaretu i to na njih naizgled ne utječe. Zapale jednu s vremena na vrijeme i to nije važna stvar. A postoje i oni koji su ovisni o cigaretama. Svaki put kada će nešto osvijestiti, uzmu cigaretu da zaustave tu svjesnost.

Pa to onda ne znači: "Popušio sam cigaretu, znači da kršim ovaj ključ" ili "Popio sam pivo, znači da kršim ovaj ključ." Radi se o svjesnosti koje se lišavate, koju izbjegavate ili od koje bježite.

Gary: Možete konzumirati alkohol i još uvijek biti svjesni. Ali ako ga koristite kako biste umanjili ono čega ste svjesni, to nije dobro. Kada sam započeo s Access Consciousnessom imao sam gledište da ljudi ne bi trebali pušiti cigarete jer su cigarete loše po zdravlje. Kakvo je to pitanje? Oprostite, neki su ljudi sasvim dobro uz pušenje. Ovdje je važno pitati: "Za što ja to koristim?"

Pitanje: Moram pitati koliko je velikih umjetničkih djela, literature i glazbe stvoreno dok su umjetnici bili pod utjecajem neke droge? Razumijem da ih je u nekim slučajevima droga uništila – ali jesu li ta umjetnička djela mogla biti stvorena bez droge?

Gary: To baš i nije pravo pitanje. Zanimljivije je pitanje bi li bili veći da se nisu drogirali?

Dain: Gledate to iz gledišta: "Jesu li te stvari mogle biti stvorene da se umjetnik nije drogirao? Što ako pitate: "Je li njihova umjetnost mogla biti veća da se nisu drogirali? Bi li nas oni pozvali ka još većoj mogućnosti?" Ljepota umjetnosti je da nas otvara ka drugačijoj mogućnosti; to stvara pitanje u našem univerzumu i poziva nas da doživimo drugačiju energiju.

Nakon što sam diplomirao na koledžu, imao sam sustanara koji je studirao fotografiju na Brooks Institute. Svaki bi dan započinjao puneći bong i pušeći zdjelu marihuane. To bi činio i popodne. Očito je bio sjajan fotograf, no primijetio sam da dok je bio intenzivno napušen, mogao sam mu mahati rukama ispred lica i reći: "Hej, jesi li tu?"

A on bi rekao: "Čovječe, komponiram svoj sljedeći snimak."

Pitam se bi li njegova razina briljantnosti bila veća da je bio prisutniji.

Meni se sviđalo pušiti travu jer se činilo da je to jedino vrijeme kada se zapravo dobro osjećam, a ipak bih se kasnije uvijek osjećao lošije. To je velikim dijelom zato što kada odustanete od kontrole svoga tijela na drogama, otvarate vrata entitetima koji mogu ući. Trebalo mi je puno vremena da se riješim tih stvari.

Otkrio sam i da je moj osobni osjećaj za kreativnost dinamično rastao kako sam napustio droge. Pa se pitam koje su druge mogućnosti ti umjetnici mogli kreirati da su izabrali biti prisutniji. Bilo bi zanimljivo vidjeti što je još moglo biti moguće.

Pitanje: Prošlog smo tjedna govorili o nenadmetanju i netko je pitao je li ovisnost izbjegavanje nadmetanja. Gary, vi ste rekli da jest. Možete li to povezati s onime što sad govorimo?

Gary: Droge jesu način izbjegavanja nadmetanja. Koristite droge kako biste se lišili svjesnosti, pa ako je netko vrlo kompetitivan i lišava se svoje svjesnosti, čega postaje svjestan?

Ljudi obično koriste droge i alkohol jer se ne mogu nositi sa svom svjesnošću koju imaju. To je primarni razlog za opijanje i korištenje bilo kakvih droga. Ne znate što činiti sa svom svjesnošću koju imate, pa ju umanjujete i prekidate s drogama.

Pitanje: Ako su umjetnici na drogama, da li oni kreiraju umjetničko djelo – ili to čini neki entitet? Uzmimo za primjer Van Gogha. Možda on nije slikao. Možda ga je preuzeo entitet?

Gary: To je moguće, no prije svega mislim da umjetnici koriste droge jer im je vid mutan od hvatanja tuđih misli i osjećaja. Vidoviti su i hvataju sve to, a to im mijenja percepciju na način koji ne mogu odgonetnuti ili s kojim se ne mogu nositi. Koriste droge kako bi prekinuli svjesnost o tuđim mislima i osjećajima.

Dain: Ne shvaćaju da hvataju tuđe misli, osjećaje i gledišta – a ne dobivaju ni svjesnost o svojoj vlastitoj moći. Izgleda da ljudi koji se drogiraju i postanu ovisni pokušavaju izbjeći svjesnost o kreativnoj generativnoj energiji koja bi im omogućila da stvaraju sve što u svome životu žele. A izgleda da žele izbjeći svjesnost o svojoj moći i snazi. Čini se da osjećaju da ju moraju prekinuti pod svaku cijenu.

Gary: Kažemo "bez droga" jer želimo da zakoračite u višu razinu svjesnosti i sposobnosti.

Dain: Droge vas vuku unatrag ka razini gustoće. Intenzivna vibracija prostora koja možete biti zapravo je vrednija od gustoće kojoj gravitirate s drogama.

Gary: Druga stvar je što većina vas misli da je nadmetanje loše, pa pokušavate izbjeći nadmetanje dok ste istovremeno kompetitivni. Kako biste izbjegli nadmetanje s drugima, pokušavate se svesti na zajednički nazivnik. Drugim riječima, pokušavate biti toliko nesvjesni i nedostupni kao i svi oko vas.

Netko mi je govorio: "Pa, pretpostavljam da ne mogu biti u Access Consciousnessu."

Pitao bih: "Zašto?"

Rekao bi: "Pa, znaš li što radim kako bih zaradio svoj novac?"

"Ne."

Rekao bi: "Uzgajam travu."

Ja bih odgovorio: "Uzgajaš travu. Pa što?"

Pitao bi: "Kako to misliš, pa što?"

Pitao bih: "Prodaješ li ju maloj djeci?"

"Ne."

"Kome ju onda prodaješ? Ljudima koji trguju drogom?"

"Pa da."

"Ako bi radio alkohol, to mi ne bi bio problem. Ako bi izrađivao ružne stolice, o tome ne bih imao gledište. To je samo ono što radiš."

Rekao bi: "Ali, ali, ali, ne znači li to da se posvećujem nesvjesnome?"

Rekao bih: "Ne, kreiraš novac kroz nesvjesno. Tako se većina novca u ovoj realnosti i kreira – iz nesvijesti."

Pitanje: Karl Marx je s razlogom rekao da je religija opijat za mase jer mijenja vašu svjesnost.

Gary: Ne mijenja vašu svjesnost, već ju eliminira.

Da, pa to bi bila promjena.

Gary: Bila bi promjena - ali ne nabolje. Da.

Kada ovisnost postavite nasuprot apstinenciji, po religijskoj perspektivi oni su na suprotnim stranama spektra.

Gary: Da. To podržava da mase rade točno ono što rade na pokretnoj traci gluposti.

Može li se isto odnositi i na politiku?

Gary: Pa, nemojmo ići putem. To je droga svoje vrste.

Samo pitam.

Gary: Naravno da se odnosi. Koliko gluposti moraju imati kako bi postali političari? I koliko gluposti imaju kao bi vjerovali da mi mislimo da ih tamo želimo imati?

Možete li to primijeniti na televiziju i brojne druge medije?

Gary: To možete primijeniti na sve što se zove ova realnost. Razlog zašto kažemo "bez droga" je taj što želimo da pronađete svoju realnost, a ne da prihvaćate ovu.

Pitanje: Tako sam zahvalna što o ovome možemo razgovarati na potpuno drugačiji način. Toliko dugo sam slušala iste zaključke i odgovore o drogama, a znala sam da postoji drugačija mogućnost. Moje pitanje veže se uz lijekove koji su nam propisani kako bi kontrolirali naša tijela, na primjer tablete za kontracepciju. Kada sam ih počela uzimati bila sam vrlo ljuta što ih moram koristiti da izbjegnem trudnoću. Vjerojatno sam bila svjesna da postoji druga mogućnost izbora sa tijelom, no nisam znala što bi to moglo biti.

Gary: Prije svega, ako idete liječniku i doktor vam prepiše lijekove, hoćete li vjerovati njegovom gledište ili svojem? Možete pogledati njegovo gledište i reći "On ima odgovor" i predati mu kontrolu nad svojim tijelom. Je li to ono što želite? Govorimo o kontroli nad svojim tijelima.

Dugo sam se godina oslanjala na tablete i tek sam nedavno odlučila da ih prestanem piti jer sam osvijestila da mi se tijelo mijenja nakon prakticiranja Access Consciousnessa. Nije reagiralo na isti način kao prije. Nedugo zatim kreirala sam trudnoću. Prošla sam kroz prekid trudnoće i sve to, što nije bila totalna drama koju sam pokušavala stvoriti. Iz tog iskustva primila sam svjesnost o tome kako sam činjenicu da sam žena i da imam ženske dijelove tijela činila tako značajnom, osobito zato što osjećam da nemam kontrolu ili pravo glasa o tome kako moje tijelo funkcionira ili kada funkcionira.

Gary: Biti muškarac ili biti žena može biti droga jer vam to dopušta da prekinete svoju svjesnost o svemu ostalom. Kada djelujete iz beskonačnog bivanja, beskonačnog tijela, imate totalno drugačiji izbor o tome kako funkcionirate s vašim tijelom.

Shvaćam da je uzimanje tableta, barem za mene, bio način da izbjegnem svjesnost i izbor koji bih mogla imati sa svojim tijelom. Sada pitam što je još moguće jer se uvijek osjećam blokirano značajem onoga što moje tijelo i moj um kreiraju bez lijekova za kontrolu. Što je stvarno moguće s našim tijelima? Možemo li stvarno izabrati imati nešto posve drugačije? I kako bi to izgledalo?

Gary: Mogli biste početi raditi ovaj proces:

Koje projicirane buduće realnosti koje nikada ne mogu biti koristim kako bih s lakoćom eliminirao svjesnost svoga tijela? Sve što to jest, biste li to uništili i dekreirali bezbroj puta? Right and wrong, good and bad, POD and POC, all 9, shorts, boys and beyonds.

Pitanje: Gary i Dain, ovo je bila nevjerojatna serija. Ushićena sam i zadivljena. Imam pitanje o svojoj kćeri. Imamo zanimljiv, nevjerojatan, moćan, divan, uvrnut, bizaran, ludi odnos. Uključuje droge i pravni sustav je već prisutan. Ovo su moji aduti i oni funkcioniraju kad ih ne napuštam – dopuštanje, beznačajnost, ostajanje prisutnim, svjesnost naspram onoga što ja za nju želim, te ne vezivanje za rezultat. Otvorila sam prošloga tjedna priručnik Temeljnog tečaja i još jedan: bez otpora. Moj se svijet još uvijek otvara pod udarom ovih riječi: opiranje drogama naspram nedrogiranja, opiranje zatvoru, opiranje bilo čemu.

Sve te stvari djeluju, pa ipak se još uvijek osjećam kao igračka na potezanje ili yo-yo. Neprestano ulazim u nevolje sa svojom željom da ona izabere nešto drugo. Što je to što me neprestano vuče unatrag?

Gary: Ono što vas neprestano vuče unatrag su projicirane buduće realnosti o bivanju majkom koje nikada ne mogu biti. Radite sve ove procese o bivanju majkom, o bivanju njezinom majkom, te o nebivanju majkom i nebivanju njezinom majkom.

Radite i projicirane buduće realnosti da će ona umrijeti i projicirane buduće realnosti da će otići u zatvor.

Pitanje: Ja sam očito ovisna o nesvjesnom. Kako rješavamo dio o ovisnosti?

Gary: Pa, dio o ovisnosti je činjenica da je ovisnost ono što koristite kako biste se pokušali sakriti od svoje svjesnosti. Mogli biste pitati:

Koliko svoje svjesnosti pokušavam eliminirati s drogama koje biram? Sve što to jest, biste li to uništili i dekreirali bezbroj puta? Right and wrong, good and bad, POD and POC, all 9, shorts, boys and beyonds.

Ako govorite o tuđoj ovisnosti, znajte da ne možete riješiti tuđu ovisnost. Možete ju samo potaknuti. Mogli biste reći: "Shvaćam da bi radije umro nego bio prisutan, pa ako postoji nešto što mogu napraviti kako bih ti pomogao, molim te reci mi." To se zove klin.

Pitanje: Kad sam bio mlađi puno sam pio, a onda sam vremenom odlučio prestati. Mislio sam: "Sjajno, sada ću biti svjestan." Onda bih otišao na zabavu i ako bi netko pušio travu, ja bih se napušio ili ako bi netko pio, ja bih se napio. Je li to sposobnost? Kako da to učinim drugačijim ili da s time imam više izbora?

Gary: Morate priznati što čini vaše tijelo. Ako ste tip osobe koja vadi droge iz tijela drugih ljudi, bit ćete svjesni droga koje oni koriste. Mogli biste pokušati učiniti to stvarnim ili učiniti to svojim jer ste toga svjesni.

Pitajte: "Uzima li ova osoba droge? Drogira li se ova osoba?"

Opisali ste odlazak na zabavu i sve što vam se događa. Nadmećete se da budete poput drugih. Zato se ljudi pokušavaju okupiti u grupe. Nikada ne žele biti potpuno sami. Grupno mišljenje je nadmetanje, doneseno kao timski rad, za destrukciju vrste. Za to uglavnom služe droge i alkohol.

Bez ikakvih droga

U ovoj realnosti ljudi od nesvjesnosti rade timski sport. Svi se nadmeću da vide tko je najpijaniji, najgluplji i najmanje svjestan. Ljudi se nadmeću kako bi bili, činili, imali, kreirali ili generirali nesvijest.

Kužim. Izraz koji uvijek koristim uz tim je: "Ne zaboravi: u timu nema 'ja.'"

Gary: Točno. To se događa kada postanete dio tima.

Da, odustanete od svoje individualnosti...

Gary: Da, ljudi žele biti dio tima. Zato traže zajednicu i stvari za koje misle da će im zajednica dati. Traže kome pripadaju i sve to jer se nadmeću kako bi postali dio tima. Većina ljudi voljna je pristupiti timu nesvjesnosti.

Pitanje: Odrasla sam s ljudima čije je gledište bilo da su droge svjesne i da uzimanje droga znači imati više svijesti i biti svjesniji. Postoji i gledište američkih Indijanaca; primjerice tradicionalna ceremonija peyote dio je njihove religije i radi se o bivanju svjesnim.

Gary: Čekajte samo malo. Ideja je bila da uzimate droge i mijenjate svoju svijest, a onda postanete svjesni drugih realnosti. Radilo se o svjesnosti o drugim realnostima, a ne o svijesti.

Da, to je točno objašnjenja, hvala vam.

Gary: Uzimanje droga nikada nije bilo zbog svijesti, čak ni u 1960-im. Bilo je zbog izmijenjenih stanja svijesti koje su vam trebale dati svjesnost o drugim realnostima. Odrastao sam u šezdesetim godinama; uzimao sam droge; bio sam dobar u tome; bio sam bolji nego što ćete vi ikada biti. Gledište je bilo da tamo ne možete doći ni na koji drugi način. To je laž.

Dain: To je najveća laž u svemu ovome i to je ona koja vas blokira – ideja da ne možete dobiti taj učinak (ili nešto veće), ako ne koristite droge. Ne znam za vas, ali ja sam imao puno veća iskustva s Access Consciousnessom nego sa drogama, čak i onim psihodeličnim.

Nedavno smo napravili Energetsku sintezu zajedništva telefonskim putem koja je bila više poput psihodeličnog tripa mogućnosti nego sve što sam ikada iskusio. I jedini mamurluk koji od toga dobijete je veća svjesnost. Ideja da ne postoji drugi način da se bavite svojom svjesnošću ili da postanete svjesni drugih realnosti i drugih mogućnosti osim kroz korištenje droga je ogromna laž koja se ljudima nametala.

Druga stvar je to što kada se drogirate, aktivirate svoj senzorni korteks, što pojačava vaše talente i sposobnosti. Sve što percipirate pojačava se i zaključava u vaš senzorni korteks. Tako svako ograničenje koje mislite da ćete prevladati dok ste drogirani, samo sakrivate u duboki kutak svoga uma kojem ne možete pristupiti ako niste drogirani.

Gary: Tim stvarima ne možete pristupiti ni dok ste drogirani. U osnovi ih pohranjujete u senzornom korteksu. Onda se one aktiviraju na temelju nekog okidača nad kojim nemate kontrolu.

Nikada to nisam čuo na ovakav način, i konačno sam shvatio. Hvala vam.

Gary: Trenutno živimo u kulturi droge. Uvijek postoji droga od koje biste se trebali bolje osjećati, bolje izgledati ili lakše imati seks. Dain i ja smo radili sa ženom koja je u mladosti odlazila na rave partyje. Koristila je svakakve droge. Droga koju je koristila bila je potpuno zaključana u njezinom tijelu da uopće nije mogla osjetiti svoje tijelo. Radili smo ponešto na aspektu senzornog korteksa vezanog uz njezino drogiranje i kasnije, kada sam joj dodirnuo ruku, ona je gotovo iskočila iz automobila jer je bila tako osjetljiva. Njezino je tijelo bilo neosjetljivo zbog droga koje je koristila.

Jeste li koristili droge da desenzibilizirate svoje tijelo, da desenzibilizirate svoju svjesnost i da desenzibilizirate svoju svjesnost o ludilu ove realnosti? Sve što to jest, biste li to uništili i dekreirali bezbroj puta? Right and wrong, good and bad, POD and POC, all 9, shorts, boys and beyonds.

Mnogi ljudi koji se drogiraju to čine jer se zbog toga osjećaju kao odmetnici, obzirom da je droga protuzakonita. Drogiranjem se protive normama. Da droga nije protuzakonita, ne bi imali potrebu za drogiranjem. Drogiranje ne bi imalo romantiku, polet i vitalnost odmetništva, okušavanja sreće i življenja na rubu. Ljudi vole igrati Ruski rulet sa svojim životom.

Netko mi je poslao karikaturu koja kaže: "Naš način života ugrožava tamna sila. Moramo braniti naš način života." Što je ta tamna sila koja ugrožava naš način života? To je naš način života!

Način života kojeg biramo određuje kakvu vrstu svjesnosti možemo imati. Kakvu vrstu svjesnosti biste htjeli imati? Kakvu vrstu svjesnosti birate ne imati, a mogli biste ju imati?

Jeste li ikada odlučili da ste divlje dijete svih vaših prijatelja? Mnogi su ljudi to učinili. Jeste li bili najčudniji, najluđi i najšašaviji, dok ste se istovremeno nadmetali da budete normalni? To vam ne odgovara, pa ipak i dalje mislite da će vam nekako odgovarati. To je u ovoj realnosti droga izbora – pokušati biti normalni, dok pokušavate biti odmetnik, dok pokušavate ne biti normalni, dok niste normalni. To je Mobiusova traka ludila.

Pitanje: Želim pitati nešto o situaciji sa drugačijom vrstom droge. Radila sam s puno depresivnih ljudi i nakon što sam s njima počela primjenjivati alate Access Consciousnessa, shvatila sam da je veliki dio njihove depresije uvjetovan neuklapanjem. Odrekli su se tolikog dijela sebe da nisu mogli biti ono što jesu. Nisu mogli pristupiti svojoj moći, pa su završili na antidepresivima koji su ih izravnali i učinili zombijima. To je trebalo biti "bolje". Ludo je to što radimo. Sve više onoga što zovemo duševne bolesti samo je znak da ljudi znaju da nešto ne štima s ovom realnosti, no ne znaju što s time činiti. Možete li govoriti o antidepresivima i lijekovima protiv anksioznosti?

Gary: Ti lijekovi su način na koji se nosite s činjenicom da ne možete podnijeti ono čega ste svjesni. Predlažem da pročitate Vrli novi svijet Aldousa Huxleya. Ljudi su koristili supstancu zvanu soma, što je zapravo bio antidepresiv. Zbog nje su svi bili sretni sa stvarima točno onakvima kakve one jesu. Isto to se i ovdje postiže drogama, bilo da su to legalni lijekovi, ulične droge ili bilo koja druga vrsta droge. Cilj je da dođete do toga da vas nije briga što se oko vas događa. A nije vas briga ni za ono što se vama događa. To je svrha 99% svih droga. Reći će da je droga za razne stvari, ali to nije istinito. To je način da postanete zadovoljni s ludilom koje se oko vas događa, kao da ćete se tako uklopiti i nećete imati problem s onim što se zbiva.

Nedavno smo radili neke napredne tjelesne procese i nakon što je na meni pokrenut proces protiv starenja, imao sam osjećaj zadovoljstva koji me podsjećao na dane kad sam se drogirao kako bih prekinuo svoju svjesnost i imao osjećaj zadovoljstva. Prije dosta godina pušio sam travu svakog jutra kako bih imao osjećaj zadovoljstva sa svojim životom, iako uopće nisam bio zadovoljan. Nakon tog procesa imao sam zadovoljstvo bez droge. Jednostavno sam bio zadovoljan sa svojim životom.

Dain: Imao sam vrlo slično iskustvo s naprednim tjelesnim procesom. To je zadovoljstvo koje me nadilazi. Kao da je zadovoljstvo u prostoru oko mene, pa kad sam s ljudima, oni izlaze iz boli i patnje koju misle da trebaju doživljavati. Prožima ih osjećaj mira.

Dain, ono što ste rekli o ljudima koji ne znaju kako izraziti svoju moć i svoje sposobnosti bilo je briljantno. Oni koriste antidepresive, a to ih još više udaljava od njihove moći. Kao da nemaju svjesnosti o svojoj moći ili o sposobnosti da izraze svoju različitost. Depresija je nemoć da to budu i da to čine. Dolazi zajedno s nemogućnošću izražavanja te sposobnosti i moći u životu i življenju. To vidim kao ogroman i primaran razlog zašto ljudi postaju depresivni. Uspjeh koji imam upotrebljavajući alate Access Consciousnessa s tim ljudima je nevjerojatan.

Gary: Imam ovdje proces koji vam može malo pomoći, ako to želite.

Koje generiranje i kreiranje tajnih agendi, postojanja, fantazija i projiciranih budućih realnosti koje nikada ne mogu biti kao savršenstvo drogom izazvanog corpusa callosuma sustava za arhiviranje u senzornom korteksu koristite da zaključate u postojanje pozicijske HEPADe koje utemeljujete kako biste birali droge i nesvijest kao bolje od potpune svjesnosti? Sve što to jest bezbroj puta, biste li to uništili i dekreirali? Right and wrong, good and bad, POD and POC, all 9, shorts, boys and beyonds.

Pitanje: Što je corpus callosum?

Dain: To je divna stvar koja spaja obje polutke vašega mozga. Hvala.

Dain: Koje generiranje i kreiranje tajnih agendi, postojanja, fantazija i projiciranih budućih realnosti koje nikada ne mogu biti kao savršenstvo drogom izazvanog corpusa callosuma sustava za arhiviranje u senzornom korteksu koristite da zaključate u postojanje pozicijske HEPADe koje utemeljujete kako biste birali droge i nesvijest kao bolje od potpune svjesnosti? Sve što to jest bezbroj puta, biste li to uništili i dekreirali? Right and wrong, good and bad, POD and POC, all 9, shorts, boys and beyonds.

Pitanje: Izgleda da ljudi koriste droge kako bi prekinuli svoje osjećaje krivnje ili srama ili odgovornosti.

Dain: Zanimljivo je da 98% njihovih misli i osjećaja ne pripada njima. 99% ljudi koristi 98% svojih droga kako bi se oslobodila 98.000% osjećaja koji zapravo nisu njihovi.

U Access Consciousnessu ljudima dajemo način da budu svjesni i da priznaju ono što zapravo jest, što ih čini lakšim. Često je to ono što su mislili da će dobiti od droge. Umjesto toga, nakon drogiranja su se uvijek osjećali teže. Mi im dajemo obrazac za njihovu svjesnost i za njihove sposobnosti koji će nastaviti kreirati lakoću, što mislim da su prvenstveno i tražili.

Da, to je istinito za svaku ovisnost.

Gary: Ako sve što percipiramo za vrijeme konzumiranja droga i alkohola odlazi u senzorni korteks, tome ne možete nikako pristupiti s lakoćom. To može samo izazvati vanjski podražaj koji je dio izvornog uvjetovanja. Recimo da uzmete drogu pa slušate glazbu. Svaki put kada tu glazbu čujete, to stimulira onaj isti odgovor koji ste dobili s drogama, no nad time nemate kontrolu.

Ako se netko s kime radim osjeća krivim, ja mu govorim o krivnji kao implantatu ometanja koje društvo i kultura koriste kako bi nas pokušali kontrolirati. Mnogi misle da je krivnja stvarna. Misle da je njihova i kada o tome pričamo, to izgleda kreira više svjesnosti u njihovom univerzumu. Vide da piju zbog implantata ometanja, pa onda koristimo alate Access Consciousnessa kako bismo te implantate uništili.

Gary: Upravo zato piju – krivnja i sram kreirani su činjenicom da znaju da to ne bi smjeli raditi. Znaju da to žele raditi i znaju da ne znaju zašto to čine, pa kada postanu svjesni, imaju više izbora. Kažu: "U redu, mogu imati potpunu svjesnost ili mogu prekinuti svoju svjesnost. Što bih ovdje htio?" Otvara se drugačija mogućnost. Pokrenimo ponovno proces.

Koje generiranje i kreiranje tajnih agendi, postojanja, fantazija i projiciranih budućih realnosti koje nikada ne mogu biti kao savršenstvo drogom izazvanog corpusa callosuma sustava za arhiviranje u senzornom korteksu koristite da zaključate u postojanje pozicijske HEPADe koje utemeljujete kako biste birali droge i nesvijest kao bolje od potpune svjesnosti? Sve što to jest bezbroj puta, biste li to uništili i dekreirali? Right and wrong, good and bad, POD and POC, all 9, shorts, boys and beyonds.

Pitanje: Otključava li ovaj proces sve ono što smo zaključali u senzorni korteks?

Gary: Nadam se. Nemam pojma. Dok smo razgovarali, osjećao sam ovu energiju – pa sam ju pretočio u proces. Nadam se da će sve to početi otključavati i dati vam više svjesnosti i više izbora.

Pitanje: Kada sam bila tinejdžerica, godinama sam bila anoreksična. Znam da sam bila svjesna ludila koje su moji roditelji održavali, većinom među sobom, a ja sam se osjećala nemoćnom da išta učinim. Nisam ništa mogla doprinijeti, a znala sam da je kontrola moj veliki problem.

Gary: Hej, hej, hej, draga. Broj jedan, slušajte molim. Kada kažete "moj problem je bio" ili "moj problem je" zaključavate laž.

To nije vaš problem. Problem vam je dan. On nikada nije vaš. Cijela ideja oko "mog problema" je lakrdija koju je psihološka zajednica uvela kod ljudi. To je ideja da ono što vam je dano kao gledište pripada vama. To nije vaše. Nikad. To je jako važno, molim da to shvatite.

Da, vidim to. Ako to učinim svojim, nikad se toga neću moći osloboditi.

Gary: Točno, nikada to nećete moći promijeniti i nikada se toga nećete osloboditi – jer djelujete iz laži.

Mijenjala sam svoju svijest, ili ono čega sam bila svjesna, izgladnjivanjem, lišavanjem sna i pretjeranim vježbanjem. To bi me potpuno onesposobilo da budem prisutna s onim što se događalo.

Gary: To ste zaključavali u svoje tijelo s adrenalinskom pumpom koju ste koristili – a i mnogi drugi ljudi koriste adrenalinsku pumpu kao drogu.

Hoće li se proces koji radite odnositi i na to?

Gary: Vjerujem da hoće. Ako ste imali bilo kakav problem s drogom ili s drogiranjem ili ste kao dijete podvrgnuti drogiranju i alkoholiziranju, mogli biste staviti ovaj proces u petlju i neprestano ga pokretati, sve dok u svome svijetu iznenada ne pronađete promjenu. Pokrenimo ga opet, dr. Dain.

Dain: Koje generiranje i kreiranje tajnih agendi, postojanja, fantazija i projiciranih budućih realnosti koje nikada ne mogu biti kao savršenstvo drogom izazvanog corpusa callosuma sustava za arhiviranje u senzornom korteksu koristite da zaključate u postojanje pozicijske HEPADe koje utemeljujete kako biste birali droge i nesvijest kao bolje od potpune svjesnosti? Sve što to jest bezbroj puta, biste li to uništili i dekreirali? Right and wrong, good and bad, POD and POC, all 9, shorts, boys and beyonds.

Pitanje: Kada bih povremeno pušio travu u nekim prigodama, za mene je to bilo preintenzivno, pa sam to izbjegavao. Isto gledište imam i o potpunoj svjesnosti, da bi bilo daleko preintenzivno.

Gary: Pa, potpuna svjesnost bit će intenzivna, ali će također biti i intenzivno prostrana. Droge stvaraju intenzitet gustoće. Potpuna svjesnost dat će vam intenzitet prostora. Intenzitet prostora nije kontraktivan, prisilan ili dojmljiv. On je ekspanzivan. Tiče se mogućnosti i radosti. Stoga da, imat ćete intenzitet svjesnosti.

Uzimanje droga smo pogrešno primijenili i pogrešno identificirali s idejom da postajemo svjesniji. Mislili smo da će droge kreirati svjesnost ili svijest. Rekli su nam da je to svrha droga. Pretpostavili smo da će svijest kreirati isti intenzitet izmijenjenog stanja svjesnosti kojeg imamo pod drogama, a to nije slučaj. Dain, idemo opet pokrenuti proces.

Dain: Koje generiranje i kreiranje tajnih agendi, postojanja, fantazija i projiciranih budućih realnosti koje nikada ne mogu biti kao savršenstvo drogom izazvanog corpusa callosuma sustava za arhiviranje u senzornom korteksu koristite da zaključate u postojanje pozicijske HEPADe koje utemeljujete kako biste birali droge i nesvijest kao bolje od potpune svjesnosti? Sve što to jest bezbroj puta, biste li to uništili i dekreirali? Right and wrong, good and bad, POD and POC, all 9, shorts, boys and beyonds.

Pitanje: Meni dolazi da je biranje droga i nesvijesti biranje zatvorenog sistema i odvajanja. To je potpuno odvajanje, dok je svjesnost više poput Kraljevstva Nas (vidi rječnik za definiciju). Možete li nešto reći o tome?

Gary: Veliki razlog zašto kažemo bez droga je to što se drogirate primarno zato da odvojite sebe od sebe. Odvajate sebe od svoje svjesnosti i sebe od svih drugih. U isto vrijeme pokušavate biti poput svih ostalih. To stvara Kraljevstvo Mene.

Jednom, dok sam se prije mnogo godina drogirao, prijatelj je ostavio kod mene nešto novca. Odlučio sam da trebam njegov novac, pa sam ga uzeo. Mislio sam da je u redu da ga uzmem jer je bio u mojoj kući. Ja sam ga mogao koristiti, pa je stoga bio moj. U normalnim okolnostima to nikada ne bih učinio. Bilo bi to izvan moje realnosti onoga što je moguće.

Nakon toga sam morao prodati neke svoje stvari kako bih kreirao novac i vratio ga dečku. Trebala su mi dva tjedna da dođem do novca – a on je trebao novac kad ga je trebao, i zato mi ga je i dao. Izgubio sam prijatelja, izgubio sam njegovo povjerenje, a izabravši to, izgubio sam i povjerenje u sebe. Takve stvari činimo kada se drogiramo.

Dain: Kad bismo bili sposobni biti kao Kraljevstvo Nas – ako bismo bili u ovoj realnosti s našom svjesnosti o drugima bez da osjećamo da gubimo sebe, droge ne bi bile potrebne ili bitne. Bile bi uistinu nebitne u našim životima. U ovoj realnosti nam nisu ponuđeni alati da to kreiramo, pa izgleda kao da moramo voditi bitku na bilo koji način. Da su nam barem dani alati za življenje i bivanje s nekim osjećajem povezanosti, umjesto da nas proguta i preplavi ludilo ove realnosti, imali bismo potpuno drugačiji set dostupnih izbora.

Gary: Da, nažalost, mislim da se svi mi nadmećemo kako bismo vidjeli možemo li bit glupi poput svih drugih oko nas.

Pitanje: Je li dio ovoga i to da odbijamo biti ili priznati gdje imamo veze jedni s drugima, te sa Zemljom i energijama koje tražimo? Prisjećam se koliko sam puta imala sebe i odustala od toga zbog tuđih gledišta ili laži o tome što bi mi droge dale.

Gary: Da, odustajete od sebe, umjesto da imate svjesnost o onome što je moguće. Odustajete od sebe u korist droga. Zato je jedan od ključeva bez droga.

Ne govorim o odbijanju uzimanja lijeka kojeg trebate zato što vam je tijelo u neravnoteži. Trebate pitati tijelo: "Trebaš li ovo?"

Radio sam s muškarcem koji je uzimao lijekove za krvni tlak; njegov krvni tlak bio je previsok. Njegov liječnik neprestano mu je govorio da mora uzimati više lijekova za krvni tlak – no od njih mu nikada nije bilo bolje. Tek su mu neznatno smanjivali tlak. Konačno sam ga upitao: "Što to kreiraš što proizvodi visoki krvni tlak?"

Ispalo je da kreira uzrujanost koja je podizala njegov krvni tlak i omogućavala mu da uzima lijekove za krvni tlak, što mu je onemogućavalo postizanje erekcije – jer njegova žena nije željela seks. To je bizarno, ali je način na koji kreiramo te situacije.

Pitanje: Možete li govoriti o tome kako na nas utječu kirurške droge?

Gary: Nakon operacije pokrenite MTVSS (vidi rječnik za definiciju) na točkama imunosnoga sustava. Trebali biste pokrenuti i molekularnu demanifestaciju i demolekularnu manifestaciju droga koje ste uzeli. U naš sustav cijelo vrijeme stavljaju previše droga misleći da je to način da osiguraju da nismo svjesni. Misle da zapravo nismo svjesni dok smo na drogama, što je ludost. Mnoge se stvari događaju za vrijeme operacija; trebali biste napraviti i nula posto traume (vidi rječnik za definiciju) i druge tjelesne procese kao biste eliminirali učinke onoga što je napravljeno vašem tijelu dok ste bili drogirani.

Velik dio onoga što nam je pod drogama učinjeno obesnažuje i uništava naše tijelo. Želimo da naše tijelo s nama surađuje. Odgovara li nam da ga obesnažujemo? Ne, ako to radimo, naše će tijelo vremenom odustati od povezanosti s nama.

Donosimo li odluke dok smo nesvjesni pri operaciji? I možemo li im onda kasnije pristupiti?

Gary: Da, zato radimo ovaj proces. Dok smo pod anestezijom, sve informacije o našem iskustvu odlaze u senzorni korteks. Moj je prijatelj jednom otišao na hipnozu kako bi saznao zašto ima tako čudno gledište o svome penisu. Otkrio je da, dok je bio pod anestezijom za vrijeme operacije, netko u prostoriji ismijavao njegov penis. Završio je s iskrivljenim gledištem vezano uz ono što je ta osoba rekla, a to je na njega imalo negativan utjecaj.

Pokrenimo proces još jednom, Dain.

Dain: Koje generiranje i kreiranje tajnih agendi, postojanja, fantazija i projiciranih budućih realnosti koje nikada ne mogu biti kao savršenstvo drogom izazvanog corpusa callosuma sustava za arhiviranje u senzornom korteksu koristite da zaključate u postojanje pozicijske HEPADe koje utemeljujete kako biste birali droge i nesvijest kao bolje od potpune svjesnosti? Sve što to jest bezbroj puta, biste li to uništili i dekreirali? Right and wrong, good and bad, POD and POC, all 9, shorts, boys and beyonds.

Gary: Prijateljice koje su medicinske sestre pričale su mi o šalama koje zbijaju o pacijentima za vrijeme operacija.

Ako netko zbija šale o vašem tijelu dok ste pod anestezijom, to ide u vaš senzorni korteks i onda na to reagirate bez da uopće razumijete na što reagirate ili otkuda gledište dolazi. To je lakrdija pričanja za vrijeme operacije. Ja sam zapravo inzistirao da za vrijeme moje operacije ne bude pričanja, i moj se liječnik složio. Želio sam da tamo bude moj prijatelj kako bih osigurao da nema pričanja, no moj prijatelj na to nije pristao. U jednom sam se trenutku za vrijeme operacije probudio iz anestezije i čuo sam kako govore nešto čudno. Bih li nakon toga vjerovao liječniku? Ni za milijun godina. Zato je važno da nakon operacije radite ovaj proces, kao i procese koje sam spomenuo.

Pitanje: Prošle je godine moj otac imao dvije operacije, jednu na prostati i drugu na koljenu. Oba je puta bio pod anestezijom. Prvi put je trebao ući i izaći iz bolnice u jednome danu, no kad sam došla tamo, bio je u bunilu. Morala sam ostati s njime preko noći – i to nije bio moj otac u tom tijelu.

Sljedeće večeri mogla sam ga odvesti kući i on se vratio. Drugi put imao je operaciju koljena. Nije mogao dobiti opću anesteziju zbog reakcije koju je ranije imao, pa su mu dali epiduralnu, no on je reagirao na isti način. Nije bio ni približno kao moj otac. Morao je provesti šest dana u bolnici, umjesto tri. Nisu ga htjeli otpustiti zbog njegovog stanja uma. Može li se sada nešto učiniti za njega?

Gary: Vaš se otac iz bolnice vratio s drugim bićem u svojem tijelu. No vaš je otac i dalje tamo. Uklonite taj entitet koji se ubacio u njegovo tijelo za vrijeme operacije. U ovakvoj situaciji postoji sedamdeset-postotna šansa da ga možete ukloniti.

Kada netko ode pod nož i umre pod anestezijom, ta se osoba zadržava u operacijskoj sali i čeka da joj se pojavi tijelo. Čim osjete tijelo pod anestezijom, ući će u njega jer ga osjećaju kao svoje.

Da jednostavno uklonim entitete na način koji je uobičajen u Access Consciousnessu? Mogu li to učiniti na daljinu? Je li to moguće? Ja sam u Sjedinjenim Američkim Državama, a on u Ujedinjenom Kraljevstvu.

Gary: Naravno da možete.

U redu. Hvala Vam.

Dain: Koje generiranje i kreiranje tajnih agendi, postojanja, fantazija i projiciranih budućih realnosti koje nikada ne mogu biti kao savršenstvo drogom izazvanog corpusa callosuma sustava za arhiviranje u senzornom korteksu koristite da zaključate u postojanje pozicijske HEPADe koje utemeljujete kako biste birali droge i nesvijest kao bolje od potpune svjesnosti? Sve što to jest bezbroj puta, biste li to uništili i dekreirali? Right and wrong, good and bad, POD and POC, all 9, shorts, boys and beyonds.

Gary: Počinjete li vidjeti zašto droge nisu dobitak u vašem životu?

Pitanje: Dugo sam vremena puno pio. Kad izgubite pamćenje ili ste u nesvijesti, ima li to isti učinak kao i droge pri operaciji?

Gary: Da, sve što doživljavate zaobilazi vaše kognitivne sposobnosti i odlazi direktno u vaš senzorni korteks. Iz tog iskustva izlazite u reaktivnom stanju. Reagirate na mirise ili glazbu ili zvukove, te imate osjećaje o događajima koji nemaju nikakve veze s informacijama kojima možete pristupiti. O tome niste razmišljali jer ste bili pod utjecajem droga.

Nabavite referentne materijale Acccess Consciousnessa i potražite informacije o senzornom korteksu. Pročitajte pa ćete vidjeti gdje se odnose na Vas i upotrijebite te procese.

U redu. Hvala Vam.

Gary: Molim.

Dečki, ovo je bio briljantan razgovor. Hvala vam.

Da, hvala vam Dain i Gary.

Dain: Hvala vama.

Gary: Hvala vam svima što ste sudjelovali u ovom razgovoru. Nadam se da vam pomaže razumjeti ovaj ključ "bez ikakvih droga". Ne tražimo od vas kako biste eliminiralilijekove koje vaše tijelo treba. Tražimo da eliminirate sve ono što prekida vašu svjesnost.

Želimo vam dati svjesnost o tome što vaše tijelo uistinu želi. Želimo da budete voljni biti u većem zajedništvu sa svojim tijelom, u većem zajedništvu sa Zemljom, u većem zajedništvu sa sobom i u većem zajedništvu s Kraljevstvom Nas i s mogućnostima koje to stvara.

~~~

DEVETI KLJUČ KA POTPUNOJ SLOBODI
Ne slušajte, ne pričajte, ni ne prihvaćajte priču

Gary: Bok svima. Večeras ćemo govoriti o devetome ključu: Ne slušajte, ne pričajte, ni ne prihvaćajte priču. Nažalost, Dain večeras ne može biti s nama.

Pa, što je priča? Što čini priču? Koja je svrha priče? Svrha priče je potvrđivanje vašega gledišta. To je način da objasnite i opravdate svoje izbore i da ispravnost svog izbora učinite stvarnom. Većina ljudi ima gledište da će im sve u životu funkcionirati, ako nešto ispravno naprave. No je li to stvarno točno? Hoće li to stvarno funkcionirati?

Pitanje: Da li "priča" uvijek podrazumijeva prošlost ili budućnost – a ne sadašnji trenutak? Može li postojati priča iz "sadašnjeg" trenutka?

Gary: Baš i ne. Ako ste stvarno u životu prisutni, onda nema priče. Jedna od stvari koje radimo s procesima u Access Consciousnessu je da, umjesto prihvaćanja priče i slušanja priče, pitamo: "U redu, što se ovdje stvarno zbiva? Što je ispod ovog?"

Jedini razlog zašto ljudi imaju priču je da opravdaju svoj izbor. Trebaju opravdati zašto biraju to što biraju. Trebaju potvrditi da su u pravu kada biraju ovu uzrujanost ili ovaj problem, što god to bilo. Trebaju nekoga tko će potvrditi i tko će smatrati da su u pravu. Zato imaju priču kako bi potvrdili svoje gledište, opravdali ga i učinili ispravnim. Ništa od toga nije povezano s onime što se stvarno događa. Priče se obično temelje na zaključcima koji nemaju nikakve veze s onim što se stvarno događa.

Pitanje: Kako da pomognem svojoj 35-godišnjoj kćeri koja bi radije umrla nego se nastavila nositi s intenzivnim emocijama i psihičkom boli? Ona sa zahvalnošću vjeruje u sve laži koje ova realnost podržava.

Gary: Ona ne vjeruje u laži sa zahvalnošću – ali vjeruje u laži. Sve što trebate je postaviti pitanje: "Što bi stvarno voljela kreirati, draga? Ako ti je smrt uistinu važnija od življenja, razumijem." To je sve što ikome možete reći.

Pitanje: Trebamo li ukloniti riječ 'zašto' iz našeg rječnika – jer je na pitanje 'zašto' jedini odgovor priča?

Gary: Nije samo to. Zašto je poput križanja na cesti. Ako uvijek skrećete desno, vrtite se ukrug i na kraju završite tamo gdje ste i počeli. To održava priču. Umjesto da osvijestite što se stvarno događa, blokirani ste u priči. Jeste li ikada primijetili da kada netko ima priču, neprestano ju ponavlja kao da će ga to negdje dovesti – no s pričom nikada nikud ne dolazite.

Jeste li ikada čuli: "Napravio sam to-i-to zbog ovoga?" Kada koristite 'zbog', počnete opravdavati.

Pitanje: Je li priča odgovor?

Gary: Da. Priča je odgovor na ispravnost vašega gledišta. To je odgovor koji potvrđuje svaki vaš izbor, to je odgovor na objašnjenje, to je odgovor na odnos koji biste s nekim htjeli imati, i to je odgovor na nešto što se ne događa.

Zašto moramo opravdavati svoje izbore, a ne prepoznati da samo biramo? Moje gledište je kada birate svakih deset sekundi, onda možete eliminirati priču, možete biti prisutni u svakom trenutku svakoga dana i raditi sve što želite.

Devedeset i devet posto ljudi koji pričaju priču ne mogu vidjeti ono što jest. Prilično je jednostavno: ako želite imati jasnoću, ne slušajte, ne pričajte i ne prihvaćajte priču.

Pltanje: Je li gledište priča? Govorite li da je sve samo priča?

Gary: Ne. Gledišta je nešto što koristite kao biste zaključali u postojanje nešto što ste odlučili da jest. Gledišta su u biti zaključani zaključci do kojih ste došli kako biste imali osjećaj da na neki način postojite. Većina ljudi misli da su ukupni zbroj svojih gledišta.

Svrha priče je potvrđivanje vaših gledišta. To objašnjava i opravdava vaše izbore i pokazuje da je vaš izbor pravi.

Gary: Ljudi vjeruju da je ispod svake priče i ispod svakoga gledišta leži stvarni "razlog i opravdanje" zašto je osoba nešto napravila, no razlog i opravdanje nemaju nikakve veze s onime što je osoba zapravo izabrala. Priča je opravdanje vašeg izbora; to nije realnost onoga što birate ili zašto to birate.

Pitanje: Koja je razlika između priče i primjera? Postaje li primjer priča kada mu dodate riječi poput "zato", "ali" ili osjećaje? Biste li molim vas govorili o prihvaćanju priče?

Gary: Primjer je ono što činite kako biste ljudima nešto pokazali ili im dali ideju o tome kako se nešto primjenjuje. Priča je nešto što potvrđuje vaše gledište. Kako se nešto primjenjuje je drugačije od priče.

Riječi koje koristite nisu toliko važne; važnija je vaša namjera želite li nešto objasniti ili opravdati svoje gledište.

Kada priču koristite kao primjer, onda to nije zbog ispravnosti ili pogrešnosti vašega gledišta. Koristite ju kako biste nekome pokazali kako se nešto primjenjuje. To je priča kao primjer. Ne pričajte priču ako ju ne koristite kao primjer. Ne prihvaćajte priču slušajući tuđa gledišta o tome kako oni misle da nešto treba biti ili kako vi trebate s time biti.

Prihvaćanje priče je kada vam netko kaže koja biste gledišta trebali prihvatiti – i vi to učinite. Kada vam ljudi govore što biste trebali doživljavati, što ste doživjeli, kako nešto treba biti ili što biste trebali raditi – i vi to radite – znači da prihvaćate priču.

Pitanje: Što reći ljudima koji vole priču? Postoje ljudi koji svoje živote grade na priči: pisci, new-agerl, pripovjedači, propovjednici, učitelji, povjesničari i praktičari Access Consciousnessa. Postoje ljudi koji stvaraju radionice pričajući svoje priče.

Gary: Mnogo je ljudi koji pričaju priče. Dobro je pričati priče ako to želite raditi. Pokušavam vam dati alate koji će vas izvući iz teškoća u vašem životu. Prihvaćanje priče eliminira vašu sposobnost biranja; prihvaćanje priče eliminira izbor. Kada ljudi pričaju priču, izabrali su. Odlučili su što je izbor i neće promijeniti svoju priču jer ne žele promijeniti svoj izbor. Ljudi pričaju priču kako bi opravdali gledišta koja zauzimaju.

Ljudi mogu pričati priče koliko žele, no vi ih ne morate slušati ako to ne želite.

Jeste li ikada nekoga gledali tko pokušava dokazati svoje gledište? Koriste priču kako bi opravdali i dokazali svoje gledište.

Ja to činim kada vodim tečajeve. Koristim priče kako bih ljudima dao svjesnost o onome što pokušavam reći. Većina ljudi voljnija je slušati priču nego vidjeti što je stvarno.

Pitanje: Je li priča način na koji učimo i pamtimo stvari poput jezika?

Gary: Ne.

Je li priča način na koji nam svima ispiru mozgove u kontekstualnoj realnosti?

Gary: Da.

Je li biranje određenih riječi nepričanje?

Gary: Ne, kada stvarate komunikaciju, to od vas zahtijeva da budete svjesni riječi koje koristite jer riječi koje koristite određuju energije koje se između vas i sugovornika stvaraju.

Pa, kako prestati prihvaćati priču?

Gary: Jednostavno prestanite.

U Access Consciousnessu govorite o snazi riječi i o korištenju točnog formuliranja. Je li netočno formuliranje samo još jedna priča?

Gary: Ne. Priča je uvijek opravdavanje. Priča je razlog i opravdanje vaših izbora. Zato stvarate priču.

Pitanje: Kada kažete "ne slušajte priču", što mislite pod slušanjem? Kroz godine rada kao socijalni radnik i učitelj, učili su me da slušam ljude. No ponekad slušanje osjećam kao da drugima dopuštam da mi silom nameću kontrolu. Izgleda da manipuliraju; brbljanjem dominiraju u razgovoru, umjesto da komuniciraju.

Gary: Da, to je jedan od slučaja kada ne želite slušati priču. Kada se to dogodi, trebali biste reći: "Čekaj malo, može? Treba mi jasnoće. Ne shvaćam svrhu ovoga što mi pričaš." Moraju ponovno odrediti način na koji će opravdati ono što čine, a time priča obično završava ili se mijenja. Oboje je za vas dobro jer više ne morate slušati sranja.

Pitanje: Uvijek sam cijenila slušanje bez propitkivanja. "Oh, ona tak dobro sluša" izgledalo mi je kao pozitivan komentar. Sada to dovodim u pitanje. Istina, da li stvarno ljudi ikada uopće slušaju? Većina ljudi koristi slušanje kao način odlučivanja što mogu reći ili učiniti, a što će ih dovesti do konverzacije koju žele imati.

Gary: Shvaćate li svi to? Moja svekrva je bila savršena u tome. Ona bi s vama razgovarala o bilo čemu i čekala da kažete pravu riječ koja bi joj dopustila da uskoči, preuzme razgovor i odvede ga tamo gdje želi. Sebe smatra izuzetno zanimljivom osobom. No ljudi koji su izuzetno zainteresirani za svoje gledište neminovno uopće ne slušaju; u biti, obično slušaju ključne riječi na koje mogu odgovoriti, što im omogućuje da preuzmu razgovor i da se sve odvije na način na koji oni žele.

Pitanje: Izgleda da ljude više zanima izlaganje svojih gledišta, nego slušanje. Zašto su nas u ovoj realnosti učili da slušamo – kao da je to dobro i plemenito?

Gary: Pa, dobro je i plemenito slušati jer vas ljudi tako mogu iskoristiti, a svi znamo da je to svrha života, zar ne? Da dopustite da vas ljudi iskoriste.

Pitanje: Što ljudi misle kada kažu slušaj? Slušanje može biti treniranje percipiranja energije.

Gary: Ako slušate priču, često ćete primijetiti da ona ne odgovara energiji onoga što se događa. Zašto ne? Zato što osoba koja priča priču potvrđuje, opravdava, objašnjava, racionalizira i vraća se unatrag, kao da će to kreirati nešto drugačije.

Mnogi ljudi koje znam, uključujući ljude koji prakticiraju Access Consciousness, pričaju priču. Kako ne slušati priču? Da li otići ili se isključiti? Da li ih prekinuti, postaviti pitanje, slušati energiju onoga što govore umjesto riječi i ubaciti klin?

Gary: Definitivno slušajte energiju onoga što govore i onda, da, ubacite klin i odšetajte.

Pitanje: Je li klin način davanja drugačije mogućnosti bez da im to kažete?

Gary: Ne, to je način postavljanja pitanja, što od njih zahtijeva da pogledaju s drugačijeg mjesta ili će ih zaboljeti, što god došlo prvo.

Pitanje: Koji doprinos mogu biti sebi i svojim prijateljima kada izgleda da su opsesivno upleteni u svoju priču?

Gary: Moja omiljena rečenica je: "O moj Bože, zaboravio sam! Imam sastanak. Moram ići, vidimo se kasnije."

Pitanje: Kako to da je šest ključeva izloženo u negativnom obliku. Samo sam znatiželjna.

Gary: Zato što će ih tako ljudi čuti. Većina ljudi ne čuje riječi biste li ili učini to. Čuju samo nemoj to činiti. Bilo je lakše izložiti ih u negativnom obliku. I to djeluje. To je stvarni razlog. To djeluje.

Pitanje: Kad sam u ulozi voditelja Access Consciousnessa i netko ne prestaje s pričom, a ja sam već ulovio suštinu ili energiju onoga što govore, što mogu reći što će ih ljubazno ušutkati?

Gary: Možete reći: "Šutite", "Stanite, stanite, stanite" ili "Slušajte. Jeste li čuli što ste rekli?"

Oni će reći: "Što? Što sam rekao?"

Onda morate ponoviti što su rekli.

Reći će: "Pa da, ali to nije ono što sam mislio."

Odgovorite: "Da, ali to je ono što ste rekli i to je ono što ste mislili jer odgovara energiji onoga što govorite, puno više od onoga što mislite da govorite. No hoćemo li to analizirati? Pokušajmo to razdvojiti kako biste dobili više slobode." Tako ćete im govoriti na ljubazan način. Svi ste me čuli da kažem ljudima "Šuti", zar ne? Ili "Hej, hej, hej?" Ponekad to trebate učiniti.

Pitanje: Priča može biti vrlo suptilna, poput "kiše". Što znate o kiši? Puno je priče u samo jednoj riječi.

Gary: To nije priča; to je svjesnost. Svjesnost i priča nisu isto. Ljudi koriste priču kako bi eliminirali svjesnost. Koriste priču kako bi opravdali ono što nije svjesnost, kao da je istinito.

Pitanje: Vidim da se ljudi povezuju kroz priče koje dijele: priče o razvodu, priče o imanju tinejdžera, priče o kupovini prvog automobila. O čemu se tu radi?

Gary: Radi se o ludilu, što je način na koji se kreira većina odnosa. Ljudi kreiraju prosudbe kako bi kreirali povezanost. Ono što traže u dijeljenoj priči je: "Imamo li istu prosudbu? Jesmo li na istoj strani? Prosuđujemo li sve isto?" Ako je tako, znači da su zajedno.

Je li stvarno istinito da smo zajedno ili je to laž koju prihvaćamo i činimo sebi kako bismo osigurali da imamo nekoga "tko je tu za nas"?

Pitanje: Jesu li sve priče u biti postojanja?

Gary: Ne, većina priča su projicirane buduće realnosti.

Ali tiču se prošlosti. Kako su projicirane buduće realnosti?

Gary: Zato što vas pokušavaju natjerati da se priklonite i složite s njihovim gledištem, kao da će to promijeniti i kreirati nešto drugačije u budućnosti.

Oh, u redu. Kako možete ispričati priču iz postojanja?

Gary: Možete ispričati priču iz bivanja, ako to činite zbog kreiranja veće jasnoće. Pričanje priče iz svjesnosti znači da ju pričate za svjesnost; ne pričate priču za zaključak. Devedeset i devet posto ljudi priča priče iz postojanja; to čine kako bi kreirali zaključak u vašem ili njihovom svijetu, te kako bi stvari izgledale na određeni način.

Hvala Vam, to je sjajno.

Pitanje: A više jasnoće znači više svjesnosti?

Gary: Da.

Pitanje: Kada vam netko pruži informaciju koja zvuči stvarno o nekome drugome, koja je svjesnost potrebna kako biste mogli znati da je to informacija – a ne priča?

Gary: Ljudi vam neprestano pričaju o drugima: primjerice, taj-i-taj radi loše stvari. Je li to svjesnost ili je to prosudba? Obično kada ljudi pričaju priče o drugima, to su prosudbe koje vam pokušavaju lagano ubaciti u vaš svijet. Čine da ono što govore izgleda nevažno, ali to zahtijeva da dođete do nekakvog zaključka. Kada vam ljudi daju informacije o drugoj osobi, obično možete energetski osjetiti radi li se o prosudbi ili priopćavaju svjesnost.

Pitanje: Imao sam snažno, ali suprotno iskustvo pri ovotjednom posjetu stomatologu. Kao petogodišnjak, imao sam nasilan, rani problem sa stomatologom. Jako sam ga udario; onda je on mene ošamario, opsovao me i fizički izbacio iz ordinacije. To mi je ostavilo mučninu oko stomatoloških pregleda. Išao sam na uklanjanje starih amalgamskih plombi jer su stare četrdeset godina, i prisiljavao sam se na to prije nego što nastupe veći problemi. Kako smo upravo imali razgovor o nedrogiranju, mučio sam se kako se ne bih prosuđivao što želim te lijekove koje koče i mijenjaju svijest.

Gary: Prije svega, ako vas boli i patite, uzimanje lijekova je prihvatljivo. Ako ih uzimate kratko vrijeme kako biste postigli određeni rezultat, nema problema. Ako ih uzimate na duže vrijeme kako biste dokazali da ne morate biti svjesni ili prisutni, to nije dobro.

Kad me lupio dušikov oksid, tjerao sam se primjećivati inventar u prostoriji kroz iracionalni užas koji sam doživljavao. Doslovno sam hodao kroz svaku stvar koju sam percipirao, od zvuka do mirisa, od boje do usporedbe veličine ruku stomatologa. Kako se nisam mogao prisjetiti svih detalja onoga što mi se kao djetetu dogodilo, uhvatio sam se najznačajnijih stvari: njegovih ruku, mirisa i zvukova, moje veličine u stolici, mog vlastitog emotivnog terora i, najvažnije, događa li se sada išta od onoga iz djetinjstva? Dušični oksid je izgleda smanjivao emotivnost i pomagao mi da se fokusiram na detalje. Kao da je sve pojačavao. To me je zbunjivalo obzirom na naš posljednji razgovor, no nastavio sam se fokusirati na sadašnji trenutak i napraviti zahtjev za promjenom.

Gary: Još jednom, upravo ste spomenuli da ste zahtijevali promjenu i svjesnost. Znači da ste to zahtijevali , a to vam se i događa kada to činite.

Napravio sam tu vježbu tijekom drugih pregleda, no moj um je skakao okolo kao žaba na autoputu bez rezultata. Ovoga sam puta istovremeno došao do svjesnosti da sam bježao od tog iskustva većinu svoga života. Bilo mi je teško govoriti ljudima da me nešto boli ili da sam bolestan i da očekujem dobrotu ili pomoć. Moja je majka bila vrlo bezosjećajna za moje ponašanje kod stomatologa kad sam imao pet godina i godinama me slala kod istog stomatologa. To je velikim dijelom bilo osobno nadmetanje: "Ja to mogu i neću tražiti pomoć. Prokleta ti što nisi znala što mi treba i što mi nisi nikako pomogla." Prepoznavanje toga i nastavljanje dalje, mijenja moj život. Oslobađa me tereta energičnog stajanja u mjestu i primanja šamara ili nagrađivanja mojih loših očekivanja, ne toliko fizički, koliko emotivno. Intuitivno znam što trebam i to si mogu omogućiti. Ljudi mi kažu da u meni osjećaju eksplozivnu energiju.

Gary: To ne iznenađuje kad ste ju neprestano potiskivali. Predlažem da radite neke procese za potiskivanje ljutnje:

Koje generiranje i kreiranje potiskivanja ljutnje kao primarnog izvora eliminacije tuđih realnosti koristite da zaključate u postojanje pozicijske HEPADe koje utemeljujete kao svoju pogrešnost i ispravnost tuđih gledišta? Sve što to jest bezbroj puta, biste li sve to uništili i dekreirali? Right and wrong, good and bad, POD and POC, all 9, shorts, boys and beyonds.

Prepoznajem da sam potpuno zakoračio u sadašnje iskustvo. Gotovo u istome trenutku kada je sadašnji stomatolog rekao: "Boli vas, zar ne? Dat ću vam sada nešto za to. Nikada vas ne bi trebalo boljeti. Uvijek mi recite kada se to dogodi i odmah ćemo to riješiti." Svidio mi se istoga trenutka. Još sam uvijek vrlo emotivan glede toga. Što se ovdje događa? Izgleda da ako ovo potpuno osvijestim, neću više biti emotivan.

Gary: Puna svjesnost ne eliminira emotivnost; puna svjesnost eliminira negativne emocije. Vi ste doživjeli pozitivno otpuštanje.

Tri sata u stomatološkoj stolici bilo je poput petnaest minuta.

Gary: Da. Kada dođete do zahvalnosti i napravite zahtjev, dolazi jasnoća. Tražili ste jasnoću u svome zahtjevu i točno se to dogodilo. Čestitam Vam što ste bili tako intenzivni i sjajni u tome.

Očekivanje povrede ili agresije je definitivno prošlo, barem sa stomatologom. Imam više lakoće i ugodnije mi je tražiti pomoć. I mirniji sam također. Kako droge djeluju u toj situaciji?

Gary: Stoga što ste napravili zahtjev, sve što ste mogli je upotrijebiti ih u svoju korist. Ljudi bi sad mogli reći: "Kada pušim travu, zahtijevam da budem svjestan s time" no to nije ono što činite. Zahtijevali ste da prevladate ograničenje u kojem ste se bili. Kada rekreativno pušite travu, ne zahtijevate ništa; samo rekreativno pušite.

Jesu li mi droge zapravo pomogle odvojiti se od traume i drame priče, dovoljno da situaciju dovedem u jasniji fokus?

Gary: Da, i to je razlog zašto želite eliminirati priču. Želite kreirati jasni fokus kako biste vidjeli što je stvarno tamo, a ne što ste mislili da je tamo. Vaše misli i osjećaji su vaša opravdanja. Imali ste pet godina i morali ste opravdati da je vaša majka bila u pravu ili da nije bila u pravu, i morali ste četrdeset godina sebe činiti pogrešnim. Ta je priča bila opravdanje za mnoge vaše strahove. Ideja o nepričanju priče ili prihvaćanju priče je tu kako biste mogli prijeći preko priče i otpustiti ono što je priča zaključala u vašu realnost.

Sada shvaćam da je ova informacija iz nesvijesti. Puno sam toga držao unutra, izvan svoje svjesnosti. Govorenje sebi da strah nije racionalan ili da se davni događaj ne događa ili da više nije stvaran, nije mi davalo svjesnost. Molim Vas, koji proces mogu upotrijebiti kako bih pronašao ove slijepe točke u djetinjstvu, posebno one koje su povezane s traumom i pričom? Imam iracionalne strahove s autoritetima i zato sam buntovan. Sumnjam da iskustvo sa stomatologom u djetinjstvu nije jedini razlog.

Gary: Mogli biste raditi:

Koju fantaziju, postojanje, tajne agende, projicirane buduće realnosti i projicirane sadašnje realnosti da se uvijek borim protiv autoriteta sam učinio tako stvarnim da ih čak ni pri potpunoj svjesnosti i svijesti ne mogu promijeniti, izabrati ili izliječiti? Sve što to jest bezbroj puta, biste li sve to uništili i dekreirali? Right and wrong, good and bad, POD and POC, all 9, shorts, boys and beyonds.

Pitanje: Nedavno je eksplodirala bomba u Oslu, što je donijelo puno gledišta u grupi Access Consciousnessa na Facebooku čiji sam član. Postoje i mjesta na svijetu gdje se ratuje i gdje se u ratovanju koristi izgladnjivanje i seksualno nasilje. Koja pitanja možemo postaviti kako se ne bi upleli u traumu i dramu oko svega toga? Iz kojeg se razloga ljudi zadržavaju na takvim pričama?

Gary: Loša vijest je uvijek najbolja vijest iz gledišta ljudske realnosti. Imate izbor kako ćete na to odgovoriti. Možete vidjeti što se događa i pitati: "Zašto ovi ljudi to biraju?" Neki ljudi biraju svoju smrt. Zašto? Zato što ako biraju svoju smrt, onda mogu birati kako će se ona dogoditi, kome će nedostajati i sve to. Mislite da ljudi to u svojoj "svjesnosti" nemaju, ali imaju, i ne žele to nužno puno promijeniti.

Pitanje: U svojoj sam obitelji vrlo dobro utreniran u opravdavanju svoja gledišta jer se drugačija gledišta uopće nisu dopuštala. Kažete da možete pričati priču u svrhu jasnoće. Molim Vas, možete li reći nešto više o tome? Vidim kako je to klizav teren, primjerice s mojom sestrom. Vidim da bih mogla koristiti ideju olakšavanja jasnoće kako bih opravdala svoje gledište.

Gary: Razlog pričanja priče je opravdavanje svojega gledišta. To ne vodi ka jasnoći, a ne vodi ni ka mogućnosti. Želite da sve što radite stvara jasnoću kako biste svakoga trenutka svakoga dana imali veću mogućnost, na svaki način na koji jeste i na svaki način na koji možete biti. Ako to nemate, što zapravo stvarate?

Ograničenje.

Gary: Da. Stoga, ako ne želite stvarati ograničenje, morate kreirati iz osjećaja dostupnih mogućnosti.

U dinamici koju opisujem gdje sam osjećala potpuno nedopuštanje, koje sam izbore imala?

Gary: Čekajte malo. U trenutku kada osjetite nedopuštanje, prestanite pričati. Dva su razloga za to. Kada prestanete pričati, druga osoba mora otići u pitanje. Ako ode u pitanje, tko ima kontrolu?

Svjesnost.

Gary: Da. A vi želite imati svjesnost.

Da. Vidim da sam mogla izabrati reći "To je zanimljivo gledište da oni nisu u dopuštanju" ili što god je njihovo gledište bilo – i ne toliko brinuti, i ne biti vezana za njihovo slaganje ili odobravanje.

Gary: Cijela svrha pričanja priče, prihvaćanja priče ili slušanja priče je uplesti ljude u nešto nepromjenljivo ili nerješivo. Zašto bi ljudi to htjeli raditi? Zato što ako vas mogu uplesti u nešto nepromjenljivo ili nerješivo, ili nešto što od vas zahtijeva dugotrajno razmišljanje, onda su eliminirali vašu prisutnost u svom vlastitom životu. To je oblik obesnaživanja. Zato kažem: "Ne pričajte priču, ne prihvaćajte priču i ne slušajte priču." Priča ima samo jednu svrhu – da vas obesnaži. Želite li tako živjeti?

Pitanje: Nedavno mi je klijent rekao: "Tražim jasnoću. Trebam jasnoću. Jasnoća će mi pomoći u biranju." no ona je ostala u priči, što joj je onemogućilo jasnoću, što je onda onemogućilo izbor. Pitam se je li ono što je govorila o jasnoći neki oblik iluzije koji održava blokiranost.

Gary: To je jedna od najvećih teškoća – bavljenje s ljudima koji ne žele biti svjesni, dok govore da žele biti svjesni. Ako vam netko priča priču, mogli biste reći: "Biste li na trenutak stali? Ovdje mi treba jasnoće. Ne shvaćam što govorite." To od njih zahtijeva da pogledaju iz drugačije perspektive, da govore iz drugačije perspektive ili da biraju iz drugačije perspektive, umjesto da nastavljaju s istom pričom.

Ako osoba ponovno počne pričati istu priču, onda kažem: "Čekajte malo. Upravo ste rekli da želite svjesnost."

Odgovorit će: "Da, pa, samo da vam ovo kažem. Stvarno je važno" i onda će opet ispričati priču.

Ja ću reći: "U redu, moja cijena je upravo porasla."

Ona će reći: "Kako to mislite?"

Odgovorit ću: "Ako moram slušati priču, moja cijena raste. Krenuli ste s pričom koja ne odgovara energiji s kojom ste ovdje došli, a rekli ste da je to problem koji morate riješiti. Prema tome, možemo se baviti stvarnom energijom onoga što se događa – ili se možemo baviti vašom pričom. Moja se cijena udvostručuje kada moram slušati priču."

Ne slušajte, ne pričajte, ni ne prihvaćajte priču   185

Pričom ljudi opravdavaju svoje izbore. Bezizbornost je izbor. Ako netko kaže da postoji izbor x, y ili z i ništa drugo, postoji mogućnost da postoji nešto što nisu priznali ili vidjeli.

Pitanje: U svom radu s ovisnicima i alkoholičarima često slušam priču. Pitam ih: "Pričajte mi o svom opijanju" ili "Pričajte mi o svojoj ovisnosti o hrani", a oni krenu u priče – no ja iz njih dobijem puno informacija.

Gary: Mamite odgovor iz njih kako biste dobili informaciju koju trebate da znate kuda ići, i to funkcionira. Ali ako ljudi ne prestaju pričati priču – ako netko kaže: "Majka me ružno tretirala i zato pijem. Ne mogu vjerovati da me tako ružno tretirala. Bila je tako zla prema meni, i tako loša prema meni, i bila je bla, bla, bla" bavite li se s problemom opijanja ili s nekim drugim problemom?

Točno. U redu.

Gary: Jeste li primijetili da kada osoba ne prestaje pričati priču, nikada preko nje ne prijeđe?

Da. Ja im ne dopuštam da ostanu u svojoj priči, ali iz nje dobijem puno informacija.

Gary: To je dobro, ali mnogo je ljudi koji pričaju priču i ta se priča dugo vremena nastavlja. Neprestano joj se vraćaju. Zašto se vraćaju na priču? Zato što su prihvatili laž da je priča ono što se treba promijeniti.

Postoje ljudi koji kažu da ako nisi sretan s pričom, da ju trebaš promijeniti. Ne, ako nisi sretan s pričom, velika je vjerojatnost da priča nije problem. Problem je ono što je prethodilo priči. Morate shvatiti ono što je prethodilo priči ili nećete dobiti rezultat.

Pitanje: Ponekad pričam s ljudima koji izgledaju izgubljeni u nesvjesnoj petlji priče. Što mogu učiniti kako bih za njih kreirala više svjesnosti?

Gary: Kako biste bilo što promijenili, morate ići onome što je prethodilo priči – a ne onome što se u priči dogodilo. Ljudi se vrte u krug i iznova prepričavaju priču jer pokušavaju riješiti ono što misle da priča jest, umjesto da se bave onime što je stvorilo priču. To je ono što se treba promijeniti.

Pitanje: Kada sam prisutna s nekime, poput klijenta, tko neprestano i beskrajno priča priču, postoji li nešto što mogu učiniti kako bih ih usmjerila prema mogućnosti drugačijeg izbora? Ili da samo sjedim i slušam?

Gary: Zašto biste to htjeli raditi?

Točno, to boli.

Gary: Imate tri izbora. Mogli biste sjediti i slušati, mogli biste se okrenuti na peti i odšetati, ili biste mogli reći: "Znate što? Volim činjenicu da cijelo vrijeme pričate tu priču."

Hvala.

Pitanje: Biste li molim Vas rekli nešto više o korištenju tuđih priča u svoju korist, u Kraljevstvu Nas? (vidi rječnik za definiciju)

Gary: Kada netko ima priču, uvijek primjećujem energiju onoga što je istinito. To je obično prva rečenica koju izuste i energetski najjača. Ljudi kažu: "Napravio sam to jer..." ili "Napravio sam to samo..." ili "Napravio sam to, ali..." Prvi element onoga što kažu je problem. Jer ili samo ili ali vode ka priči koja racionalizira, opravdava i objašnjava ono što su napravili. To priču za njih čini stvarnom. Je li ona stvarna? Ili je prva stvar koju su rekli zapravo realnost koju nitko nije voljan imati?

Pitanje: Kada sam zaokupljen svojom pričom i obesnažujem se, mogu se uplesti i upasti u zečju rupu tako daleko i tako brzo...

Gary: Znam, nije li zabavno?

Ne, nije.

Gary: Je! Morate shvatiti da vam je to zabavno, inače to ne biste birali. I kada dođete do kraja svoje priče, ako kažete: "Oho, to je stvarno bilo zabavno!" prestat ćete to toliko raditi.

Mislite li da priznam kako je zabavno, iako je mučno?

Gary: Postalo je mučno tek nakon što ste sebe čuli kako govorite: "O, do smrti se dosađujem!"

Je li to način da iz toga izađemo?

Gary: Da. Recite: "Dosađivao sam se do smrti. Znaš što? Priče su glupost. Što ja radim?"

Pitanje: Je li sve ono što nazivamo mentalnim bolestima, poput anksioznosti, depresije i paranoje, temeljeno na pričama?

Gary: Da.

Oho!

Gary: Prihvaćanje priče je laž koja zahtijeva da se osoba neprestano vodi u nedostatak svjesnosti i nedostatak izbora.

Volim to. Što možemo učiniti kako bismo sve to promijenili?

Gary: To je razlog zašto vam kažemo da ne slušate, ne prihvaćate ili ne pričate priče. Ako vam je jasno što je priča i zašto se ljudi blokiraju u svojoj priči, moći ćete ju prepoznati – i znat ćete da je tamo laž. Kada vidite da netko pokušava živjeti iz laži, stvar koja ih muči iznenada postane očita. Većina ljudi misli da je priča koju pričaju razlog zašto su u problemu. Pričaju vam priču zašto su u problemu, misleći da će vremenom biti bolje. Da li to ikada djeluje?

Ne, uopće.

Gary: Nikad. Pa koje još izbore imate?

Pitanje: Kako da radite s nekime tko je cijeli život proveo sa psihoterapeutom i postao potpuno ovisan o pričama?

Gary: O tome je riječ u psihoterapiji. Neprestano pričate priču sve dok se naboj koji na njoj imate dovoljno ne "isprazni" - i onda prijeđete na drugu, malčice drugačiju priču. Kada je netko s kime radim ovisan o priči, kažem: "Ovdje imate izbor."

On me pita: "Kako to mislite da imam izbor? Nemam izbora."

Kažem: "Da, imate. Uvijek imamo izbor. Vjerujete da je ovo univerzum slobodne volje?"

Ako kaže da, onda ga imate. Ako kaže ne, zašutite i otiđite.

Pitanje: I ja o tome mogu govoriti. Kao psihoterapeut, kada ljudi pričaju priču, kažem: "U redu, ako mi ne bi pričali tu priču, čega biste bili svjesni?"

Gary: Briljantno!

Pitanje: Možete li govoriti o tome što prethodi priči i kako to promijeniti, uz neke primjere?

Gary: Posjetila me dama koja je htjela promijeniti svoj odnos s majkom. Upitao sam ju: "Što želite promijeniti u svojem odnosu s majkom?"

Rekla je: "Pa, moja majka je kučka."

Rekao sam: "Ne zvuči kao da želite promijeniti svoj odnos s majkom. Zvuči kao da želite promijeniti svoju majku ili ju samo želite izgrditi."

Rekla je: "Da, ali vi ju ne razumijete."

Pitao sam: "Kako to mislite da ju ja ne razumijem?"

Rekla je: "Pa, svaki put kad joj nešto kažem, ona kaže 'bla, bla, bla'"

Rekao sam: "U redu, vratimo se opet unatrag. Što stvarno želite od svoje majke?"

Ona je sve opravdala time da se njezina majka treba promijeniti kako bi joj odnos odgovarao. Kada sam ju konačno dovoljno puta upitao: "Što želite od svoje majke?", iznenada je shvatila da želi da se majka za nju brine na određeni način. Odlučila je da neće primiti ništa što ne odgovara onome što njezina majka bira kao poseban način pokazivanja svoje brižnosti. Kada smo do toga došli, za nju se sve počelo mijenjati.

Možemo li pogledati na nešto što ja radim? Ja kreiram neuspjeh. Ulazim u gomilu sranja oko onoga što se ne mijenja. Kažem: "To se ne mijenja i ono se ne mijenja."

Gary: Da, jer pokušavate vjerovati da je priča stvarna.

Pokušao sam promotriti točku kreacije, no to nije bila jedna točka, već mnoge, mnoge točke.

Gary: Što je došlo prije stvaranja priče?

Za mene samo gledanje u to i...

Gary: Morate potražiti što je došlo prije stvaranja priče.

Nema jedne stvari. Mnogo je incidenata koji konstantno...

Gary: Ljudi koriste incidente kako bi akumulirali informacije da iznesu priču ili da ju učine stvarnom. Na taj način opravdavaju ono što se zbiva. Što je došlo prije toga? Tko ste bili prije nego se incident dogodio? U osnovi ,otiđite u vrijeme prije incidenta. Pitajte: "Što se dogodilo prije tog incidenta? I što se dogodilo prije tog incidenta? I što se dogodilo prije tog incidenta?" Zapravo možete raditi unatrag i pronaći vrijeme kada ste prvi put donijeli odluku ili izbor da biste ili ne biste nešto učinili. To je ono što ga otvara.

Trenutno mi je to nedokučivo. Vraća me u vrijeme kad sam se pokušao darovati i bio odbijen. To ide čak i dalje, u maternicu. Gdje da to otpustim?

Gary: Govorite li tu o svojoj osobnoj priči?

Da.

Gary: Je li za vas vaša priča stvarna?

Ha! Da, inače o njoj ne bih govorio.

Gary: Lagali ste mi.

Znam da je to priča, no osjećam kao da je ugrađena u moju molekularnu strukturu.

Gary: Razumijem, ali vi ste ju učinili stvarnom. Upitao sam Vas "Je li za vas vaša priča stvarna?", a vi uopće niste mogli odgovoriti na pitanje.

Pokušavao sam naći način da kažem ne, ali za mene je stvarna. Gledao sam kako o njoj ovisim.

Gary: Zapravo nije stvarna. Vi ju činite stvarnom. Zašto svoju priču činite stvarnom?

Volio bih to znati, Gary. Volio bih to promijeniti.

Gary: Jeste li vezani za ishod?

Nisam siguran što pod time mislite.

Gary: Ako želite svoju priču učiniti stvarnom, onda se morate držati svega što se događa, bez obzira na sve. Svoju priču želite učiniti stvarnom, ako ju želite učiniti istinom. Morate ju opravdati i dodavati joj kako biste ju održali u postojanju. Koliko je onoga što ste definirali kao svoju priču o sebi i svome životu temeljeno na laži? Puno, malo ili megatone?

Megatone.

Gary: Sve što to jest bezbroj puta, biste li sve to uništili i dekreirali? Right and wrong, good and bad, POD and POC, all 9, shorts, boys and beyonds.

Pitanje: Izgleda kao da ne možete imati priču ako ne prihvaćate identitet, poput: ja sam žena, ja sam majka, ja sam ovo, ja sam ono. Pa ako uništite sve svoje identitete, ne možete imati priče. Je li to točno?

Gary: Da. Ja nemam priču jer ljudi uvijek kažu: "Tvoje priče su dosadne." Kažem: "To je zato što nemam nijednu novu. Ne kreiram nove. Na temelju čega bi to bilo vrijedno? Čim se nečega riješim i ako se mogu prisjetiti priče, uvijek to koristim." Većina vas uvijek koristi svoju priču – ali vi ju koristite kako biste ju održali u postojanju.

Ljudi koriste priče kako bi održali u postojanju svoje identitete.

Gary: Da, i drže se svojih priča kako bi zadržali ono što su odlučili da je o njima ili za njih istinito, a zapravo nije. I to pokušavaju održati u postojanju.

Oho.

Pitanje: Ako postoji priča, nije li ona samo priča sve dok ima emotivni dodatak? Ako emotivnog dodatka nema, je li to još uvijek priča? Kada to jest priča? A kada to nije priča?

Gary: Priča je sve što opravdava vaše izbore ili vaše postupke. Ako bilo što pokušavate opravdati svojom pričom ili svojim postupcima, pričate priču ili živite priču kao da ste vi priča.

Ali ne moramo li onda pokušati obraniti lažni osjećaj istine u toj priči?

Gary: Ne, to činite kada ste emotivno povezani s pričom. To je potpuno drugi univerzum. Emotivna povezanost je uvelike drugačija od svjesnosti: "U redu, ovo je priča."

U redu, shvaćam. Hvala Vam.

Pitanje: U svojoj praksi radim s djecom koja su prošla kroz traumu pri porodu. Dio mog cilja je dati im osjećaj ekspanzije preko njihove traume. To očito ne mogu učiniti riječima. Imate li koji uvid o tome kako to učiniti, kako priča ne bi postala njihov život?

Gary: Jeste li pročitali knjigu Razgovor sa životinjama?

Ne.

Gary: U toj knjizi opisujem zonu svjesnosti koju svaka životinja ima izvan svoga tijela. Kada su u traumatičnom ili strahom potaknutom iskustvu, često im zona kolabira. Djeca koja su prošla traumu pri rođenju često im je zona potpuno urušena pa uopće nemaju osjećaj svog osobnog prostora.

Govorite li da im je prostor preokrenut?

Gary: Da. Trebate stati bilo gdje između 2,5 i 3,5 metara od njih, zgrabiti njihovu zonu, povući ju i produžiti ju dalje oko 6 metara iza sebe.

U redu.

Gary: Vrlo je jednostavno. Postoji opis toga u Razgovoru sa životinjama. Bio bi to najlakši način učenja kako im dati osjećaj ekspanzivnosti s lakoćom. Kad je životinja ozlijeđena, obično joj zona kolabira i često se ne oporavi dobro.

Jelen je bio jedino biće kojemu nisam ponovno mogao proširiti zonu. Nakon što se ozlijedio i zona mu se urušila, izgledalo je kao da se nikada nije oporavio. Imao sam dinamičnih uspjeha s konjima i kravama. Imao sam i nekih nevjerojatnih rezultata sa divljim životinjama dok su bili u centrima za spašavanje.

Hvala Vam. Pokušat ću. To će vjerojatno pomoći brojnoj djeci.

Gary: Ako djeluje, sjajno – a ako ne, vratite se na ono što ste radili. Uvijek radite ono što djeluje. Ne radite na način na koji mislite da treba biti.

To možete raditi i kada netko postane kompulzivan oko neke priče, pa ju neprestano prepričava. Ili mu možete napraviti Bars sa Sustavom trostrukog sekvenciranja (vidi rječnik za definiciju).

Pitanje: Vraćam se na priču i divlje životinje. Neki dan sam bio u centru za spašavanje gdje volontiram. Čistio sam rakunov kavez, no nisam bio svjestan, pa me je jedan rakun ugrizao dok sam posegnuo rukom unutra. Odmah sam sklonio ruku i primijetio da rakuni nisu o tome imali priču.

Čim sam to vidio, sve je bilo dobro. Mogao sam pristupiti na drugačiji način. Bio je to ogroman ugriz. Koža je pukla i imao sam modricu oko pet minuta, a onda je sve nestalo. Rekao sam: "Oho! To je zanimljivo!"

Gary: Životinje nikada ni o čemu nemaju priču. Njihovo gledište je: "Sunce je izašlo, mogu li pjevati? Sunce je izašlo, gdje da idem?" Nemaju gledište o tome kako nešto treba izgledati ili biti ili funkcionirati na određeni način. Oni su samo tu. Gledaju što je dostupno i pitaju: "Kamo sad idemo? Što ćemo raditi?"

Da, ni rakuni nisu donosili odluke o meni. Bila je to samo ruka na mjestu koje im nije odgovaralo.

Gary: Da. Bio sam u centru za divlje životinje na Novom Zelandu gdje su nas pustili u kavez sa gomilom leoparda. Suzy ih je mazila, a jedan je sjedio iza mene. Nosio sam pojas od krokodilske kože koji je bio vrlo krut. Zbog načina na koji sam sjedio, pojas je virio iza mene oko 7 centimetara. Iznenada, leopard je posegnuo naprijed i zgrabio ga. Rekao sam: "Prestani s tim!"

Trener je bio šokiran jer da je divlji leopard to učinio običnoj osobi, ona bi vrištala ili vikala ili poludjela, misleći da ju životinja želi ugristi. Ja nisam. Znao sam da mi samo provjerava pojas, pa sam mu rekao: "Ne, prestani s tim." Životinja o tome nije imala gledište. Nije imala priču, a niti ja nisam imao priču. Ni trener također nije imao priču jer se nije morao baviti s teškoćom ili problemom.

Morate shvatiti da kada nemate priču, imate potpunu prisutnost. Priča eliminira vašu prisutnost jer je priča uvijek nešto što se dogodilo u prošlosti; tema joj nikada nije zapravo bivanje u sadašnjosti.

Pitanje: Možete li govoriti o ideji da je priča zaključana u našu molekularnu strukturu?

Gary: Ono što zaključavate u svoju molekularnu strukturu su laži.

Kada to činimo, je li to uopće naše? Ili je to samo obrazac koji proizlazi iz polja kakvo jest?

Gary: Znanost smatra da se misao ili osjećaj presiječe s jednom od molekularnih struktura u tijelu, te stanična struktura zapravo postane eliptična i to je početak "bolesti". Zaključate ju kroz misli i osjećaje, gledište o seksu ili nedostatku seksa kojega zauzimate.

To je povezano s prosudbom više nego bilo što drugo. Kada pokušavate opravdati svoju priču na temelju svoje prosudbe ili kada pokušavate opravdati svoju prosudbu na temelju svoje priče, to možete zaključati u staničnu strukturu svoga tijela. Zato radimo tečajeve o tijelu. Tjelesni procesi su izuzetno dinamični u otključavanju toga, pa ćete imati više slobode sa svojim tijelom nego što ste imali godinama unatrag.

Shvaćam to i ja to zaključavam u svoje tijelo, ali je li to uopće moje?

Gary: Nije važno.

Ali mi to preuzimamo kao svoje.

Gary: Ne pričajte priču, ne slušajte priču, ni ne prihvaćajte priču. Na primjer, recimo da ste Židov i vaša vam obitelj govori što znači biti Židov. Ostatak svijeta nameće svoje gledište o tome što znači biti Židov. Stoga vi to zaključate u staničnu strukturu svoga tijela i zaključate u svoj život kao da je istinito. To nije istinito. Jeste li Židov ili ste beskonačno biće? Morate shvatiti razliku. Nije važno jeste li Južnoafrikanac ili Englez ili Amerikanac ili Australac il Šveđanin ili bilo što drugo. Morate shvatiti da su to kulturološki nametnuta gledišta. Dobijete i ona o muškarcu i ženi.

Pa mi zapravo otključavamo živote i generacije vremena i uzoraka?

Gary: Da, točno. To je razlog zašto kažemo "Ne pričajte priču, ne prihvaćajte priču ili ne slušajte priču". Imao sam prijatelja Židova, a nisam znao da je Židov jer nisam imao gledište o tome što je Židov. Nisam imao gledište da to nešto znači. On se grozno osjećao, pa sam ga upitao: "Što nije u redu?"

Odgovorio je: "Ne znaš kako je biti Židov."

Pitao sam: "Kako to misliš?"

Rekao je: "Ljudi govore o tome kako izgledaš i to."

Rekao sam: "Ne razumijem. Ti meni izgledaš kao osoba."

Rekao je: "Ne, ne, ne. To je kao da ljudi pokušavaju vidjeti je li mi nos velik."

Rekao sam: "Ja ne vidim veliki nos. U što ti gledaš?" On je na temelju toga stvarao cijeli univerzum.

Ako biramo, kao što kažete, obitelj u koju ćemo doći, imamo li onda sklonost doći s tim uzorkom ili tom pričom, pa samo ponavljamo priču iz koje pokušavamo izaći?

Gary: Ne vjerujem u to. Mislim da dođemo s idejom da ćemo promijeniti priču. A kada ju ne uspijemo promijeniti, počinjemo ju prihvaćati i činiti za nas realnijom.

Pitanje: Kada nekoga prvi put sretnem, ljudi me obično pitaju "Tko si ti?" i "Otkud si?" Jesu li ta pitanja dio priče? Traže li oni suočiti se s nečim posebnim?

Gary: Ljudi kreiraju veze kroz prosudbe. I odvajanje kreiraju kroz prosudbe. Kad me ljudi upitaju otkud sam, kažem: "Od svuda." Kad me pitaju što radim, kažem: "Bilo što."

Kažu: "Ne, ne, ne. Trebam znati što radiš. Što radiš?"

Ja ih samo pitam što oni rade i oni kažu: "Ja radim ovo, ovo i ovo." Ne žele stvarno znati što ja radim. Samo žele izabrati hoće li me prosuđivati i odvojiti se od mene ili mi biti bliski.

Jednom sam izašao sa ženom. Rekla je: "Mislim da ćemo se divno slagati. Voliš dobra nalivpera i El Caminos, kao i ja."

Uh... mislim da postoji nešto više u životu od dobrih nalivpera i El Caminos. To je moja svjesnost. To je za mene istinito.

Njoj je "trebala" povezanost s nekime tko ima slične ideale. Mislila je da ćemo se dobro slagati u odnosu ako nam se sviđaju iste stvari. Na taj način funkcionira većina svijeta. Zato vas pitaju da ispričate svoju priču. Žele otkriti mogu li vas odbiti.

Pitanje: Moji studenti francuskog mi neprestano postavljaju pitanja o Vašoj priči. Žele znati sve o Vama, čime ste se bavili prije nego što ste kreirali Bars, i tako dalje. Blokira me to jer ne želim ići tim putem.

Gary: Pa, mogli biste im reći: "Iz njegovog gledišta, njegova povijest ne postoji. Sve što je radio prije nego što je došao u Access Consciousness bilo je točno onakvo da ga pripremi za ono što sada radi. Ono što je radio zapravo nije važno. Sve se to odnosi na ono što sada radi. Što ako bi sve što ste radili – i to je pitanje koje im želite postaviti – pripremalo vas za ono što ćete raditi? Ne znači da je vaša priča vaša vrijednost."

Pitanje: Govorili ste da životinje nemaju priču. Koja je razlika između odluke i priče? Ako idu kroz vodu na nekom mjestu i ugrize ih zmija, na primjer, oni neće ponovno prolaziti kroz vodu na tom području. Imaju zaključke, računice i odluke. Koja je razlika?

Gary: Nemaju o tome priču jer ne gledaju na to kao: "U redu, sada kad me je ugrizla zmija moram stalno biti luda životinja" ili "moram raditi x, y ili z ili moram bla, bla, bla."

Mi za sve kreiramo opravdanja, što nema nikakve veze s izborom. Priča je način eliminiranja pravog izbora.

Znači, ako oni odluče da više neće ići kroz tu vodu kako ih ne bi ugrizla zmija, nije li to priča? Kažu: "Neću više ići kroz vodu jer bi u njoj mogla biti zmija."

Gary: To je zaključak, a ne priča.

Dakle "prolazak kroz vodu znači ugriz zmije" nije priča. To je zaključak.

Gary: To je zaključak. Možete donijeti zaključak o bilo čemu. Priča je kada to koristite kako biste opravdali ono što birate.

Dobro, znači oni to također zaključaju u svoja tijela. Moj konj je bio zlostavljan. Gurali su ga i udarali i sve je to zaključano u njegovom tijelu. I mnogi konji neće dopustiti da ih osedlate. Udarat će kao ludi jer im sedlo znači to...

Gary: To su zaključci do kojih dođu, no o tome nemaju priču.

Osim da ih pitam da to unište i dekreiraju, bi li rad na tijelu bio dobar način da...

Gary: Rad na tijelu je odličan, a to je i način da ih smirite. Znao sam damu čiji se pastuh protivio sedlanju. Ja sam mogao nekoga postaviti na njegova leđa u staji i izvesti ga bez izbacivanja. No ako biste ga osedlali na otvorenome, izbacivao bi. Sedlo je značilo "bori se", a ljudi su značili "u redu je". To je zaključak; to nije priča.

Rad na tijelu bi značilo postaviti ruke na njega i pitati ga što njegovo tijelo zahtijeva? Bi li to bilo dovoljno za otpuštanje zlostavljanja?

Gary: Točno.

Pitanje: Da li ih izjava brisanja odvede u trenutak prije priče ili odluke?

Gary: Da. To je razlog zašto netko može pričati priču, a vi pitate: "Biste li sve to htjeli POD/POC-ati?" Ako kažu da, nema problema; ako kažu ne, to je problem.

Mnogi će reći "Da, ja ću to POC/POD-ati i onda postaviti natrag na mjesto – jer je moja priča o mome problemu realnija od problema."

Pitanje: Možete li mi pomoći shvatiti kako sam krivo razumio i krivo primijenio važnost detalja? Kada Vas zamolim za pomoć oko nečega, primjećujem da se blokiram razmišljajući kako će pričanje svih detalja o tome vama pomoći da pomognete meni.

Gary: Najbolji način da ovo objasnim vjerojatno je pitanje: "Kad ste kod kuće i zatvorite oči, znate li gdje se nalazi sav namještaj?"

Da.

Gary: Možete li hodati po stanu bez sudaranja?

Uglavnom, da.

Gary: "Uglavnom" nije isto što i da.

U redu, pretpostavljam da bih mogao reći da.

Gary: Ako biste mogli reći da, niste li onda svjesni svega osim priče vaših očiju?

(Smijeh) Da.

Gary: To je zato što ste svjesni energije svih stvari, a ne samo onoga što vidite. Kod priče nemojte samo slušati, već budite svjesni energija koje prethode priči ili koje se zbog priče promijene.

I prelaženje preko toga dat će mi izbor za nešto novo.

Gary: Pa, dat će vam više jasnoće od bilo čega drugog. Vaša je obitelj uvijek od vas tražila da opravdate sve što birate. Ako trebate opravdati sve što birate, imate li stvarno izbor?

Ne.

Gary: Ne, nisu htjeli da imate izbor; htjeli su da birate ono što su oni mislili da je važno da birate.

Tako je.

Gary: Većina obitelji to radi. Morate uvidjeti da nije važno što su oni željeli da vi birate. Važno je samo što vi birate i što vama odgovara.

U redu. Može li pričanje priče imati vrijednost ako se time nešto slavi ili ako služi kao inspiracija? Imam priče koje pričam jer otkrivaju čaroliju koju sam kreirao u svome životu.

Gary: To je dobro.

Htio sam se uvjeriti da to nije gubljenje vremena ili da u tome nema identiteta.

Gary: Morate znati što pokušavate činiti i što želite kreirati. Ako želite kreirati jasnoću ili inspiraciju, to je druga stvar. To nije priča. Kada želite inspirirati ljude, u tome nema opravdavanja. Priča je kada ju koristite kako biste nešto opravdali.

Pitanje: Ako mi netko priča priču, ja ponekad pitam: "Ako biste iz toga uzeli sve činjenice, biste li mogli ispričati drugačiju priču?" Kada to naprave, mogu vidjeti da je to samo priča.

Gary: To je jedan od načina da promijene svoju perspektivu i izađu iz opravdavanja. Svatko treba koristiti onu tehniku koja mu odgovara.

U Access Consciousnessu koristimo izjavu brisanja da energetski izbrišemo ono što je prethodilo opravdanju koje je kreiralo priču. POC/POD-amo energetiku svega toga.

Neki ljudi se bave psihološkom stranom. Neke grupe govore da samo trebate preraditi priču kako biste dobili drugačiji završetak. No što ako uopće ne biste imali priču – a niti završetak? Što ako ne biste ni o čemu imali priču? Drugi ljudi se samo žele držati svojih opravdanja. Bilo bi zanimljivo pitati ih: "Koje je tvoje opravdanje da se držiš te priče?" Steve Bowman jednostavno pita ljude: "Biste li to htjeli promijeniti?" Ponekad je to sve što je potrebno da ljudi otpuste priču.

Pitanje: Izgleda da kad idemo u priču, dajemo prednost čvrstoći, umjesto da istražujemo punoću prostora.

Gary: Da, kada pričate priču, uvijek umanjujete prostor koji je dostupan.

A to priču održava čvrstom.

Gary: Da, to ju održava čvrstom. Umanjili ste prostor pokušavajući održati nešto stvarnim, što nije. Priče su gotovo uvijek laž o onome što se stvarno događa.

Da li se tako i identificiramo sa gustoćom? Identificiramo se kao ta gustoća i prostor se zanemaruje?

Gary: Na početku ovog razgovora rekao sam da je svrha priče opravdavanje, racionalizacija, objašnjavanje – i što još? Dokazivanje ispravnosti vašeg izbora. To su razlozi zašto netko ima priču. Priču činite čvrstom i stvarnom, a nakon toga morate opravdati svaki svoj izbor. Želite li stvarno tako živjeti? Zato kažem: "Odustanite od priče." To je najgori od svih ključeva.

Pitanje: Najgori? Zašto?

Gary: Najgori je zato što svi pričaju priče. A svi vi pokušavate vidjeti je li ili nije prikladno opravdati svoju priču.

Želim Vam zahvaliti. Pitanje koje ste nam dali: "Vjerujete li da je ovo univerzum slobodne volje?" otvorilo mi je cijeli univerzum mogućnosti. Omogućilo mi je da si postavim par pitanja: Koju priču koristim da opravdam ograničenja u svome životu? Koja priča opravdava moj život?

Gary: Tako je. Priče su opravdanja. Nadam se da ste svi dobili ponešto jasnoće iz ovog razgovora.

DESETI KLJUČ KA POTPUNOJ SLOBODI

Bez isključivanja

Gary: Bok svima. Ovo je naš zaključni razgovor o Deset ključeva. Večeras ćemo govoriti o desetome ključu: Bez isključivanja.

Želio bih početi s e-mailom koji je stigao, a kojeg osobno jako cijenim:

Zahvalnost. Hvala Vam na ovom nevjerojatnom tečaju. Ne mogu ni opisati sve nevjerojatne stvari koje su mi se ovih tjedana dogodile. Zakoračila sam u toliko više moći i oho, tko je znao da je to samo izbor i to lagan? Ne mogu riječima opisati koliko je to doprinijelo mojoj obitelji, mome poslu, mome domu i mome životu. Posljednjih sam desetak godina bila duboko depresivna, sada imam osmijeh na licu znajući da mogu tako puno birati i kreirati, što nisam ni sanjala da je moguće. Mogu samo reći bezbroj puta hvala što ste ono što jeste i što nam dopuštate da znamo da jesmo. Želim se zahvaliti i svim sudionicima ovoj tečaja – koji ste nevjerojatan doprinos – i sebi, što sam izabrala slijediti energiju da vidim što je još moguće.

Dain: Jee!

Gary: Jako sam zahvalan za ovaj e-mail. Nadam se da ste svi dobili dramatične promjene s ovim razgovorima – a ako niste, nadam se da ćete ih ponovno slušati nekoliko tisuća puta. Svaki će vas ključ, ako ga primijenite, odvesti u razinu slobode koja bi vam mogla zapaliti život i kreirati nešto veće od onoga što ste ikada znali da je moguće.

U redu, ima li tko pitanje?

Pitanje: Možete li pojasniti razliku između svjesnosti i bilo kakvog prekršaja Deset ključeva?

Gary: Ovo su ključevi ka potpunoj prisutnosti, potpunoj svjesnosti i potpunoj mogućnosti u svakom izboru kojeg želite napraviti. Ne radi se o tome hoćete li ih prekršiti. Radi se o tome da uvidite kako ih možete koristiti da vam život bude bolji.

Kako ćemo znati da imamo iskustvo svjesnosti i da nismo uhvaćeni u logiku nezanimljivoga gledišta, priče, nadmetanja ili značaja?

Gary: Zato smo vam i dali Deset ključeva, jer će vas svaki od njih izvući iz zaključka i pomoći vam da dođete do svjesnosti.

Izgleda da brkam funkcioniranje sa svjesnošću i ispravno shvaćanje. Kakvo je iskustvo funkcioniranja iz svjesnosti, u odnosu na funkcioniranje iz gledišta?

Gary: Svjesnost nema gledište.

Dain: Kada funkcionirate iz svjesnosti, postoji lakoća. Nema potrebe za dokazivanjem ispravnosti onoga što govorite. Nema potrebe da nikome ni o čemu išta govorite.

Gary: Osim ako vam netko postavi pitanje.

Dain: Tako je. Kad imate potrebu nekome nešto reći ili potrebu da dokažete svoje gledište, to nije svjesnost.

Svjesnost nema prikačenu potrebu. Ne mora se verbalizirati. Ima lakoću. To je sloboda koja nekim ljudima izgleda kao: "Oh, više ne marim." To je zapravo stanje veće brižnosti, no imate puno manje gledišta, a čudno je što većina ljudi u ovoj realnosti imanje gledišta definira kao brižnost.

Kakvo je iskustvo funkcioniranja iz svjesnosti, nasuprot funkcioniranja iz prosudbe, te prozivanje nekoga ZMG-om?

Gary: Prije svega, prozivanje nekoga ZMG-om nije prosudba. To je zapažanje da je netko ZMG, zli mali gad. To nije prosudba. To je zapažanje.

Vaše gledište je da je prosudba ako kažete nešto negativno, a ako kažete nešto pozitivno, to nije prosudba. Ne. Pozitivno može biti velika prosudba, kao i negativno.

Dain: A ponekad i puno veća. Pitanje je: "Je li nešto negativno u priznanju da je netko ZMG?" Je li to negativno – ili samo primjećujete ono što jest?

Gary: Samo primjećujete ono što jest. Kad imate samo ono što jest, to je lagano.

Kako da funkcioniranje iz svjesnosti ne činimo značajnim?

Gary: Ako funkcionirate iz svjesnosti, to neće postati značajno. Bit će samo ono što jest.

Dain: Ako je značajno, više ne funkcionirate iz svjesnosti.

Kako ću znati da funkcioniram iz svjesnosti, a ne iz priče koju volim?

Gary: Pa prije svega, u svjesnosti obično nemate ništa osobito za reći. Samo ste tu i uživate. Vi gledate što se događa i govorite: "To je lijepo, to nije lijepo. To je dobro, to nije dobro. To je fino, to je izbor, oh dobro." To je više kao... htio bih reći ravnodušnost, no nije to ravnodušnost. To je u biti osjećaj mira. Ništa ne izgleda tako važno i ništa nije tako značajno.

Dain: Kada funkcionirate iz svjesnosti i dobijete novu svjesnost ili informaciju, voljni ste trenutno promijeniti svoje gledište.

Ako ste u priči, pokušavate održati dio koji vam se sviđa. To činite i kada drugi igrači u priči to nisu voljni imati – te čak i kada stvari ne idu u smjeru u kojem vi mislite da idu. Neprestano to pokušavate odvesti tamo gdje želite. To je razlika između svjesnosti i bivanja u priči koja vam se sviđa.

Je li točno pretpostaviti da Vi i Dain funkcionirate iz svjesnosti 100 posto vremena, a svi ostali imaju manji postotak?

Gary: To je smiješno. Ne, ne baš.

Dain: (Šali se) I ne, odgovor je totalno da. Apsolutno.

Gary: Ne, nije. Tako lažeš, Dain.

Ne funkcioniramo iz stopostotne svjesnosti, no funkcioniramo iz daleko više svjesnosti od drugih ljudi, jer ako je bilo što u našem svijetu imalo klimavo, pokušavamo nešto učiniti kako bismo otkrili što je to, i to promijenili.

Dain: Puno ljudi postavlja Garyju ili meni pitanje samo ako nešto nije u redu ili ako nalete na zid koji ne mogu zaobići; inače nam nikada ne postavljaju pitanja. Kad sam dobio alate Access Consciousnessa, rekao sam: "Ovi će alati to promijeniti." Počeo sam postavljati pitanja o svemu i svačemu što je imalo bilo "klimavo" u mome svijetu. Što je ovo? Što da s tim radim? Mogu li to promijeniti? Kako to mogu promijeniti? Što je za to potrebno?

Dostupne su puno veće mogućnosti za svjesnost nego što će vam itko u ovoj realnosti reći. Svjesnost je ključ ka slobodi koji ste tražili. No svjesnost je i ključ da budete drugačiji, pa nitko ne želi da to znate. Kako bi bilo da iz svoga života prestanete isključivati uistinu nevjerojatne beskonačne mogućnosti koje se mogu pojaviti kada postavljate pitanja o onome o čemu inače ne biste pitali?

Pitanje: Je li ZMG uvijek ZMG, ili oni sudjeluju u životu u deset-sekundnim inkrementima?

Gary: Svrha prepoznavanja ZMG-a nije prosuđivanje; to je prepoznavanje da osoba naginje zlim radnjama. Jednom kada to priznate, oni često promijene svoju volju.

Dain: Imaju deset-sekundni izbor kao i vi – te kao i svi ostali. Samo oni često i dalje biraju biti ZMG iz bilo kojeg razloga.

Gary: Ali ako to priznate, naginjat će promjeni.

Dain: Naročito kada to priznate bez prosuđivanja. Poznavao sam damu koja je bila ZMG. Bio sam vrlo zauzet na jednom od putovanja, no našao sam vremena za rad s njezinim sinom jer sam vidio da ima dostupne mogućnosti. Otkazao sam tri tretmana kako bih radio s njim.

Nazvala me dvadeset minuta prije nego što je trebala doći i rekla: "Sam je odlučio da ne želi doći na tretman."

Rekao sam joj: "Znate što? Vi ste takav ZMG."

Nazvala me dan kasnije i rekla: "Hvala što ste me priznali na takav način" i zapravo se pretvorila u ugodnu osobu.

Ne morate isključivati njihovu ZMG-dost prosuđujući ju. Možete stvoriti drugačiju mogućnost kada bez prosuđivanja priznate da je netko ZMG.

Gary: Želite s njima sudjelovati u deset-sekundnim inkrementima kako biste vidjeli kada se ponašaju kao ZMG, a kada ne – umjesto da imate zaključak da su oni ZMG i da će to uvijek i biti.

Gary, ponekad govorite o svojim bivšim suprugama – i Dain govori o svojoj maćehi. Hoće li vaše bivše i Dainova maćeha uvijek biti takvi – ili mogu narasti?

Gary: Mogu se promijeniti ako to izaberu. To je uvijek njihov izbor; nažalost, mi ne možemo birati za njih.

Otežava li im promjenu naše gledište o njima kojega se držimo?

Gary: Da i na taj im način isključujete mogućnost promjene.

Dain: Molim vas da shvatite da Gary zapravo nema gledište o svojim bivšim suprugama, a ni ja zapravo nemam gledište o svojoj maćehi. Ne prikazujemo to kao gledište; koristimo to kao humor kako bismo ljudima pokazali da vide stvari...

Gary: Iz drugačijeg kuta. Uvijek se iznenadim kad se moje bivše vraćaju na staro. Nekako očekujem da će moj rad na svoj našoj djeci i njihova povezanost s mojom djecom utjecati na njihovu promjenu. Potresnije mi je to što se ne mijenjaju, nego što ponovno čine iste stvari.

Pitanje: Ako je netko nepromišljen, zao ili slično, možete li doći do toga da vas ništa ne smeta? Ili je to što kreiram iluzija?

Gary: Pa, pokušavanje da vas ništa ne smeta znači da vas već smeta – a to isključuje mogućnost da vam sve to može biti humoristično. Kad je netko ZMG, meni je smiješan. Mislim da je komičan.

Čak i ako vam pokvari dan ili pokvari tečaj ili ima utjecaj kojim će nešto pokvariti?

Gary: Ja nisam voljan blokirati se tuđim gledištem. Ako nekome dopuštate da vam pokvari dan, donekle prihvaćate nešto o njemu. Trebate doći do toga da na vas ništa ne utječe, samo ste tu i svoji ste.

Znači, samo to otpustite, kao što je Dain učinio s onom damom?

Dain: Da, ja bih samo priznao: "Oho, ova dama je ZMG. Tko bi takvo nešto nekome učinio?" Uvijek je radila takve stvari na osnovu svog dragocjenog malog sina. Jesam li bio frustriran što sam otkazao tri tretmana, a ona se nije pojavila? Da. I kad sam ju prozvao ZMG-om, samo sam priznao što jest. No ne iz prosuđivanja.

Gary: Niti iz ljutnje. Ljutnja s tim nije povezana. Bez isključivanja znači da se ne morate odreći svoje ljutnje glede toga.

Dain je mogao reći: "Baš ste me zaje____. Vi ste takav ZMG." No to nije morao napraviti jer kad ste svoju ljutnju voljni uključiti u računicu, samim time počnete mijenjati sve i svakoga oko vas.

Dain: Ne pokušavate isključiti tu ljutnju, što zahtijeva puno energije i puno prosuđivanja.

Gary: I ne pokušavate isključiti svjesnost koju imate o tome što oni nisu voljni biti i imati.

Kada se vi ljutite, to je drugačije od naše ljutnje.

Gary: Mi ne isključujemo ljutnju iz naših života. Ja ne isključujem ljutnju; ljutnja je jedna od puno stvari koje mogu biti, činiti, imati, kreirati ili generirati. Pa ako se naljutim, znam da sam ljut.

Dain: To je istinito. To je vrlo teško propustiti.

Gary: Ne pokušavam potisnuti svoju ljutnju ili uzrujanost oko nečega.

Dain: No zbog toga je ona tamo – i onda više nije.

Gary: Da, istog trena mogu planuti i ljutnja ode. Kao bljeskalica. Mogu odjenuti ogrtač i pokriti svoju golotinju i ranjivost s ljutnjom ili mogu doživjeti svoju ljutnju i nastaviti dalje. Radije bih ju doživio i nastavio dalje.

Nadao sam se da ćete reći da Vas nikada ništa ne smeta.

Gary: Neisključivanje omogućuje da vam gotovo ništa ne smeta – jer ste voljni sve doživjeti. Voljni ste uključiti svaku emociju, svako gledište, svaku realnost i svaku svjesnost. Neisključivanjem prestajete prekidati svoju svjesnost. To je ono što radite kad se pokušavate učiniti dobrim ili ispravnim ili kad pokušavate doći do zaključka ili bilo što slično. To isključuje vašu svjesnost i vašu sposobnost biranja.

Hvala Vam.

Pitanje: Ovaj mi ključ zadaje probleme, posebno s jednom osobom. Primjećujem da joj se jako opirem i reagiram. Izbjegavam ju pod svaku cijenu.

Gary: To je svakako isključivanje.

Ona mi ostavlja poruke na telefonu, a ja se jednostavno ne mogu natjerati da joj uzvratim poziv. Jednostavno ne mogu pritisnuti dugme za poziv. Nisam ju vidjela nekoliko godina i kad se ponovno pojavila, prošla je kroz neku veliku traumu. U prošlosti sam ja bila ona koja je svima pomagala u prevladavanju problema, a tu sam naviku napustila nakon što sam otkrila da sam bila superiorni šupak, te da mnogi ljudi vole probleme u kojima se nalaze i ne traže od mene da ih popravljam.

Gary: To ste točno rekli.

Ali umjesto da budem u dopuštanju ove žene, primjećujem da odbijam biti manipulirana njezinim žrtvovanjem.

Gary: U tome leži poteškoća. Morate dopuštati činjenicu da ona voli biti žrtva, što je razlog zašto se neprestano vraća kao žrtva, jer joj to što je žrtva, iz njezinoga gledišta, daje vjerodostojnost u životu.

Dat ću vam ovdje proces. Prije smo govorili kako su osnovni elementi stvaranja bivanje, primanje, izbor, pitanje, mogućnost i doprinos. Negdje smo zastranili i počeli misliti da je doprinos najznačajniji proizvod i najznačajniji aspekt ove četiri stvari.

Pitanje: Možete li bolje objasniti kako mislimo da je doprinos najznačajniji element? Ne shvaćam to...

Gary: Doprinos je istovremeno primanje i darivanje. Mi nekako mislimo da je najveći izvor stvaranja ono što možemo doprinijeti drugima ili ono što drugi mogu doprinijeti nama, dok pitanje, izbor i mogućnost, ako se dodaju doprinosu, sve proširuju do nevjerojatnih razmjera.

Dain: Odustajemo od pitanja, izbora i mogućnosti u korist doprinosa. Vjerujemo da će nam netko ili nešto ili neki izbor ili neki način bivanja ili nebivanja nešto osigurati. To je ogromna šteta jer prekidamo većinu generativnih, kreativnih elemenata koji su nam dostupni kada to činimo.

Ništa ne možete izabrati, osim ako imate gledište da vam je to doprinos. Na primjer, biti superiorni šupak. To nikada ne biste izabrali biti, osim ako ste mislili da će to na neki način biti doprinos vašem životu, vašem življenju i vašoj realnosti.

Gary i ja smo primijetili da su fantazije, postojanja i tajne agende za koje mislite da su doprinos, često 180 stupnjeva dalje od stvarnog doprinosa.

Gary: Proces je sljedeći:

Koji doprinos mojem životu, mojem življenju i mojoj realnosti je _____? Sve što to jest bezbroj puta, biste li sve to uništili i dekreirali? Right and wrong, good and bad, POD and POC, all 9, shorts, boys and beyonds.

Dain: Recimo da ujete neku španjolsku glazbu u pozadini. Ako ju želite isključiti, upitajte:

Koji doprinos mojem životu, mojem življenju i mojoj realnosti je ova španjolska glazba? Sve što to jest bezbroj puta, biste li sve to uništili i dekreirali? Right and wrong, good and bad, POD and POC, all 9, shorts, boys and beyonds.

Gary: A pitajte i:

Koji doprinos mojem životu, mojem življenju i mojoj realnosti je neimanje španjolske glazbe? Sve što to jest bezbroj puta, biste li sve to uništili i dekreirali? Right and wrong, good and bad, POD and POC, all 9, shorts, boys and beyonds.

Dain: U većini slučajeva, dobro je proći obje strane pitanja. Jedna od njih obično će imati puno više energije od druge.

Možete pokušati raditi:

Koji doprinos mojem životu, mojem življenju i mojoj realnosti su mrzovoljne, ljute, povučene, prikrivene i kontrolirajuće žene i muškarci? Sve što to jest bezbroj puta, biste li sve to uništili i dekreirali? Right and wrong, good and bad, POD and POC, all 9, shorts, boys and beyonds.

Gary: Svi trebate neprestano pokretati ovaj proces oko 365 dana kako biste prevladali sve probleme u odnosima koje ste ikada imali.

Dain: Koji doprinos mojem životu, mojem življenju i mojoj realnosti su mrzovoljne, ljute, povučene, prikrivene i kontrolirajuće žene i muškarci? Sve što to jest bezbroj puta, biste li sve to uništili i dekreirali? Right and wrong, good and bad, POD and POC, all 9, shorts, boys and beyonds.

Gary: Danas sam radio: "Koji doprinos mojem životu, mojem življenju i mojoj realnosti je uzgajanje konja?" Gotovo me izbacio iz aviona. Onda sam radio i drugu stranu: "Koji doprinos mojem životu, mojem življenju i mojoj realnosti je neuzgajanje konja?" To je bilo jednako odvratno. Ušao sam u uzgoj konja naopako bez shvaćanja što radim. Pokretanje ovog procesa omogućilo mi je da počnem gledati iz drugačije perspektive.

Pokušavam vas navesti da vidite da morate gledati obje strane medalje. Ja nisam šupak. Ja sam šupak. Realnost je da imamo oba gledišta i uvijek pokušavamo dokazati jedno i pobiti drugo. No mi smo oba. Ja sam šupak. I znam da sam šupak. Ne pokušavam to poreći niti promijeniti. Ja sam šupak. Je li to problem?

Recimo da primijetite da ste superiorni šupak. Možete pokrenuti:

Koji doprinos mojem životu, mojem življenju i mojoj realnosti je biti superiorni šupak? I sve što ne dopušta da se to pojavi, bezbroj puta, biste li sve to uništili i dekreirali? Right and wrong, good and bad, POD and POC, all 9, shorts, boys and beyonds.

Koji doprinos mojem životu, mojem življenju i mojoj realnosti je ne biti superiorni šupak? I sve što ne dopušta da se to pojavi, bezbroj puta, biste li sve to uništili i dekreirali? Right and wrong, good and bad, POD and POC, all 9, shorts, boys and beyonds.

Ili ako ste zli prema ljudima, pokrenite:

Koji doprinos mojem životu, mojem življenju i mojoj realnosti je biti zao? I sve što ne dopušta da se to pojavi, bezbroj puta, biste li sve to uništili i dekreirali? Right and wrong, good and bad, POD and POC, all 9, shorts, boys and beyonds.

Koji doprinos mojem životu, mojem življenju i mojoj realnosti je ne biti zao? I sve što ne dopušta da se to pojavi, bezbroj puta, biste li sve to uništili i dekreirali? Right and wrong, good and bad, POD and POC, all 9, shorts, boys and beyonds.

Sve su ovo načini na koje možete početi otpuštati sve ono što vas blokira u načinu na koji postupate i reagirate na ljude.

Pitanje: Govorila sam o ženi koja glumi žrtvu i manipulira sa mnom. Ta manipulacija od mene zahtijeva da budem svjesna – a ne da podižem zidove, točno? Ipak, izgleda da imam neporeciv poriv podizati zidove i svejedno ju isključiti.

Gary: Ako podižete zidove u jednom segmentu života, to ste onda učinili i u drugim. Ako podižete zidove, prekidate svoju svjesnost. Pokušavate podignuti zid kad vas ne nosi vaša svjesnost. Mogli biste pokrenuti:

Koji doprinos mojem životu, mojem življenju i mojoj realnosti je podizanje zidova? I sve što ne dopušta da se to pojavi, bezbroj puta, biste li sve to uništili i dekreirali? Right and wrong, good and bad, POD and POC, all 9, shorts, boys and beyonds.

Koji doprinos mojem životu, mojem življenju i mojoj realnosti je nepodizanje zidova? I sve što ne dopušta da se to pojavi, bezbroj puta, biste li sve to uništili i dekreirali? Right and wrong, good and bad, POD and POC, all 9, shorts, boys and beyonds.

Pitanje: Postoji osoba koja mi se neprestano pojavljuje u životu, a ja jednostavno ne želim biti u njezinoj blizini jer uvijek i iznova dokazuje da je ZMG. Ne želim se s njom više igrati. Kako da izbjegnem isključivanje?

Gary: Što isključujete kad se više s njom ne želite igrati? Divljenje? Zahvalnost? Što? Ponudit ću vam dva – jedan ili dva ili oba?

Jesu li to moji jedini izbori?
Gary: Aha.
Dain: Pokušava vam olakšati.
Zbunjena sam.
Gary: Ne, niste!
(Smijeh)
Gary: Samo se pokušavate izmotati da ne odgovorite. Isključujete li zahvalnost? Da ili ne?
Da.
Gary: Isključujete li divljenje? Da il ne?
Ja kažem ne.
Gary: Ne isključujete divljenje?
Za njezinu zlobu i ZMG-dost?
Gary: Nisam vas to pitao. Isključujete li divljenje?
Da.
Gary: Pa sad želite znati kako se riješiti te žene?
Da.
Gary: Zahvalnošću i divljenjem.
Oh, čovječe!
Gary: (Smijeh) Isključujete dva oružja kojim ćete ju odmaknuti od sebe!
Dain: Nekada je i meni to pržilo mozak. Potpuno razumijem kako to ne možete razumjeti, ali ako to pogledate, možete shvatiti da možete biti zahvalni i diviti se toj osobi. Važno je ovo razumjeti. Ljudi o ovome postavljaju najviše pitanja. Pitaju o ljudima oko kojih više ne žele biti.

Puno sam puta vidio Garyjevu zahvalnost i divljenje prema ZMG-ovima. U početku sam mislio "Kako možeš biti ljubazan prema toj osobi?" Odgovor je zato što su zahvalnost i divljenje dvije stvari koje ljudi ne mogu podnijeti. Zbog njih će pobjeći od vas brže nego što možete zamisliti.

Gary: Pobjeći će brzinom zvuka, kažem vam. Samo recite: "Tako sam ti zahvalan. Toliko si me toga naučio."

Upitat će vas: "Što? O čemu pričaš?"

Recite: "Pa, samo sam ti jako zahvalan. Divim se načinu na koji živiš svoj život."

Upitat će: "Što pod time misliš?"

Recite: "Pa, tko ti je najvažniji u životu? Divim se činjenici da to možeš raditi."

Moraju pobjeći od vas jer bi se inače morali prosuđivati. To što ih prosuđujete i isključujete svoje divljenje i svoju zahvalnost je razlog zašto vam se neprestano vraćaju. Žele udarati po toj barijeri zahvalnosti i divljenja jer znaju da ako ju ikada prođu, morat će otići - ali sve dok kroz nju ne prođu, vi ste još uvijek njihova žrtva.

Uistinu možete biti u zahvalnosti i divljenju prema njima? Uistinu ste im zahvalni?

Gary: Da, zahvalan sam ljudima koji me pokušavaju prevariti. Zahvalan sam što se ne moram praviti žrtvom tvog navodnog stradanja. Divim se činjenici da svoj život možeš učiniti toliko strašnim i još uvijek hodati i pričati." To je istinsko divljenje – a ne prenemaganje. Ja se ne prenemažem. Ja to ne radim.

Dain: Ako možete uvidjeti što Gary govori i dobiti barem nagovještaj te energije s osobom o kojoj govorite, pa još ako pokrenete ovaj proces, moglo bi se dogoditi nešto zanimljivo.

Koji doprinos mojem životu, življenju i realnosti je ova osoba? I sve što ne dopušta da se to pojavi, bezbroj puta, biste li sve to uništili i dekreirali? Right and wrong, good and bad, POD and POC, all 9, shorts, boys and beyonds.

Koji doprinos mojem životu, življenju i realnosti je isključivanje ove osobe? I sve što ne dopušta da se to pojavi, bezbroj puta, biste li sve to uništili i dekreirali? Right and wrong, good and bad, POD and POC, all 9, shorts, boys and beyonds.

Gary: Kada se nekome opirete, kada ga isključujete, onda stišćete sebe. Prestajete primati.

Dain: To se događa kada nekoga pokušavate isključiti iz svoga života, življenja i realnosti. Stišćete se i eliminirate svoje primanje.

Hvala vam. To stvarno pomaže.

Gary: Molim.

Pitanje: Koja je razlika između doprinosa i vrijednosti?

Gary: Doprinos je istovremeno davanje i primanje. Vrijednost je ono što mislimo da nekoga ili nešto čini značajnim.

Što ako doprinošenje činite značajnim?

Gary: Biti doprinos ne znači imati svjesnost, pa kad doprinošenju pridajete značaj, isključujete ono što vam daje slobodu biranja nečeg drugačijeg.

Kad netko kaže: "Opirem se toj osobi" ili "Izbjegavam tu osobu pod svaku cijenu", gdje je tu pitanje? Čujete li igdje pitanje?

Ne.

Gary: Koji izbor imate pod tim okolnostima?

Nikakav. Vidim da me vrednovanje doprinosa udaljava i od izbora. Mislim da sam tako proživjela cijeli život.

Gary: Da, kao i većina nas. Svima je doprinošenje vrjednije od pitanja, izbora i mogućnosti. Umjesto da idete u pitanje, izbor ili mogućnost, što bi vam moglo dati više svjesnosti, vi idete u zaključak: "Moram im doprinijeti" ili "Ne mogu im doprinijeti". To su dva izbora koja smo skloni činiti. Nijedan ne uključuje pitanje: "U redu, što je potrebno da ova osoba odluči pustiti me na miru. Koje su mogućnosti ovdje?"

Dain: Kada nekoga pokušavate isključiti, pokušavate pronaći koji dio sebe morate odrezati kako biste ih isključili. Osjeća se teško.

Gary: Morate isključiti sebe kako biste isključili druge.

Dain: Taj dio zapravo ubija. Bez isključivanja vjerojatno ne bi ni bio jedan od Deset ključeva da isključivanje ne izaziva isključivanje sebe. Da isključite bilo što ili bilo koga, morate isključiti sebe. Tako to funkcionira. Prepoznajte da je prestanak isključivanja dar samome sebi. Ne radi se o drugima. Ne radite to zbog drugih. Radite to kao dar sebi. To vam daje mogućnost drugačijeg gledišta. Sve dok isključujete, gledate u ono što drugi doprinose ili što ne doprinose ili što vi morate doprinijeti ili što vi ne želite doprinijeti. Ne ulazite ni u kakvo pitanje, ni u kakvu mogućnost, ni u kakav izbor. A naposljetku biste trebali imati potpuni izbor, potpuno pitanje i potpunu mogućnost.

Ako samo gledate na doprinos koji možete ili ne možete dobiti od drugih, ili doprinos koji morate dati ili ne možete dati drugima, isključujete druge elemente koji se tiču kreacije.

Pitanje: Izgleda da u snu odlazim na mjesto koje izgleda kao istinska svijest ili moja realnost. Stvarno je divno i puno svjetla. To poput polubudnog stanja i u ovoj realnosti nikakva akcija nije potrebna, pa ipak u isto vrijeme, izgleda da je isključena iz ove realnosti.

Gary: Ne možete isključiti ovu realnost. Morate uključiti ovu realnost – ali uključujući ovu realnost, morate prakticirati i izbor, pitanje i mogućnost. Još jednom, pokušavate vidjeti doprinosi li ova realnost vašoj realnosti. Ova realnost možda ne doprinosi vašoj realnosti, ali ako ju isključite, isključujete svoju svjesnost – jer je ova realnost uključena u vašu svjesnost.

Biram ne sudjelovati u ovoj realnosti iz ovog mjesta.

Gary: Nesudjelovanje je isključivanje sebe u sudjelovanju svoga života, jer vi živite u ovoj realnosti jednako kao što imate i svoju.

Isključujete sebe onda kada niste voljni sasvim kontrolirati ovu realnost svojim pitanjem, svojim izborom i svojim mogućnostima.

Percipiram dvije realnosti – moju realnost i ovu kontekstualnu realnost planeta Zemlje. Izgleda da se te realnosti međusobno isključuju.

Gary: To je greška. Morate postaviti pitanje i dobiti izbor i mogućnosti koje će ju kreirati uključivanjem, a ne isključivanjem.

Koje procese mogu koristiti kako bih imao kontekstualnu realnost kao dio svoje realnosti s potpunom lakoćom?

Gary: Koji doprinos mojem životu, mojem življenju i mojoj realnosti je kontekstualna realnost? I sve što ne dopušta da se to pojavi, bezbroj puta, biste li sve to uništili i dekreirali? Right and wrong, good and bad, POD and POC, all 9, shorts, boys and beyonds.

Koji doprinos je neimanje kontekstualne realnosti kao dijela moga života, moga življenja i moje realnosti? I sve što ne dopušta da se to pojavi, bezbroj puta, biste li sve to uništili i dekreirali? Right and wrong, good and bad, POD and POC, all 9, shorts, boys and beyonds.

Možete li molim Vas govoriti o uključivanju ove kontekstualne realnosti s percipiranjem, znanjem, bivanjem i primanjem?

Gary: Da, ne možete imati potpunu percepciju, znanje, bivanje i primanje ako ne uključujete ovu realnost.

Pitanje: Imam pitanje o uključivanju i isključivanju. Primjećujem da moji Access Consciousness događaji privlače neke ljude koje bi društvo nazvalo nepodobnim. Ti ljudi očito traže uključivanje, no kada dođu na događaje, razlog zašto su postali nepodobni bude prilično očit. Ponekad to rezultira da drugim sudionicima događaji budu manje radosni.

Gary: Hej, uključivanje je: "Postoje ludi ljudi i postoje ljudi koji nisu ludi." Većina ljudi za koje mislite da nisu ludi zapravo su puno luđi od onih za koje znate da su ludi.

Ne radi se o tome da svoje Access Consciousness događaje učinite radosnim jer radost nije svrha događaja koje imate. Radost je ono sporedno što se pojavljuje ako napravite sjajan posao. Događaj bi trebao kreirati svjesnost. Ako kreirate svjesnost, na kraju će svi biti radosni jer su dobili više svjesnosti. Ne radite od svojih događaja radosna iskustva jer ne-baš-radosno je često najbolje pitanje, mogućnost i izbor koji netko može imati.

Pitanje: Prvo iskustvo isključivanja u našoj psihi bili su naši roditelji.

Gary: Pa sad, to je zanimljivo gledište. Koji dio toga je pitanje? To nije pitanje; to je zaključak – a ako zaključujete, onda isključujete. Ne mislite da su vaši roditelji dio vaše realnosti.

Bilo je puno prosudbi i kazni.

Gary: Što je bilo puno prosudbi i kazni? Vaše iskustvo s roditeljima? U redu, to je zanimljivo gledište. Koji dio toga ste vi kreirali ili generirali?

Osoba koju isključujete svaki put kad isključujete – ste vi. Sve što ste rekli radi se o isključivanju – isključivanju svoje svjesnosti o tome što je ovdje još moguće. Koje izbore imate? Koje pitanje možete postaviti da sve ovo nestane?

Pitanje: Zašto biramo doći u ovu ograničenu realnost? Mora postojati druga mogućnost.

Gary: Birate doći u ovu ograničenu realnost došli ste do toliko puno zaključaka da se morate vratiti i sve činiti iznova dok ne napravite sve ispravno.

Dain: A tu je još nešto: to je izbor. Zaključivanje i uključivanje ili isključivanje su izbori. Zašto dolazite u ovu ograničenu realnost? Zato što još niste došli do toga da je ova realnost zanimljivo gledište. Čak je i ono što se događa s vašim roditeljima zanimljivo gledište. Sve dok ne dođete do " zanimljivoga gledišta", polaritet ove realnosti će vas i dalje usisavati natrag kao da nemate izbora.

Prije svega morate shvatiti da je sve izbor. S ovim razgovorom i sa svime u Access Consciousnessu nadamo se izložiti vas svjesnosti da su vam dostupni drugačiji izbori za koje nikada niste znali da su vam dostupni. Nadamo se da imate otvorenost i pozivnicu da ih počnete birati.

Pitanje: Imam klijenta kojeg netko pokušava ozlijediti, otrovati. Mogu li ovaj proces napraviti s njim? Bi li djelovao?

Gary: Da, puno bi pomogao. Ako ništa drugo, postat će svjestan kada i gdje se to događa.

Kako da ga formuliram?

Gary: Koji doprinos mojem životu, mojem življenju i mojoj realnosti (ime osobe koja ga pokušava ozlijediti)? Sve što to jest, bezbroj puta, biste li sve to uništili i dekreirali? Right and wrong, good and bad, POD and POC, all 9, shorts, boys and beyonds.

Ako mislite da postoji više od jedne osobe, onda stavite "ovi ljudi" u prazno polje. Možete napraviti i proces koji je Dain ranije dao o zlim, mrzovoljnim i ljutim ljudima, a toj listi dodajte "otrovne ljude".

Dain: Pa bi bilo:

Koji doprinos mojem životu, mojem življenju i realnosti su mrzovoljne, ljute, povučene, prikrivene, kontrolirajuće, otrovne žene i muškarci? I sve što ne dopušta da se to pojavi, bezbroj puta, biste li sve to uništili i dekreirali? Right and wrong, good and bad, POD and POC, all 9, shorts, boys and beyonds.

Gary: Ovaj proces možete primijeniti na bilo što. Biramo stvari koje nam ne odgovaraju zato što mislimo da nekako doprinose našoj kreaciji našega života.

Pitanje: Što mogu učiniti ako me netko drugi isključuje?

Gary: Pitajte: koje pitanje, izbor i mogućnost ovdje imam? I pokrenite proces:

Koji doprinos mojem životu, mojem življenju i mojoj realnosti može biti to što me ova osoba isključuje? I sve što ne dopušta da se to pojavi, bezbroj puta, biste li sve to uništili i dekreirali? Right and wrong, good and bad, POD and POC, all 9, shorts, boys and beyonds.

To zvuči sjajno. Tako je lagano. Neprestano sam gledala u sve one načine na koje sam ovu osobu isključivala, no zapravo je suprotno. Ona je isključivala mene.

Dain: Jedna me djevojka kontaktirala nakon tečaja u Mallorci. Bila je s dečkom koji joj je nametao svakakve prosudbe. Rekla je: "Cijelo sam vrijeme mislila da ja njega isključujem. Mislila sam da je stvar u meni, no shvatila sam da je upravo suprotno. On je isključivao mene. Potpuno me prosuđuje, a ja to nisam mogla vidjeti."

Često je tako kad mislite da nekoga isključujete. Većinom oni zapravo isključuju vas; prosuđuju vas.

To je izvrsno. Puno vam hvala.

Pitanje: Kad sam čitala pozivnicu za ovaj tečaj, u glavi mi se pojavilo pitanje: koliko često uključujem sebe? Imam obitelj i prihvatila sam različite uloge u ovome životu. Često to vidim, ignoriram ono što bih htjela. Ne sjetim se ni pitati što bi meni odgovaralo u različitim situacijama, cijelo vrijeme mislim na druge. Zapravo, dok sam bila dijete roditelji su mi konstantno govorili da ne vole sebičnu i razmaženu djecu i da ne bi htjeli da smo mi takvi. Sjećam se koliko sam se često osjećala krivom ako je nešto bilo po mome. Od rane dobi su me usmjeravali da vodim brigu o drugima i ja sam postala obiteljski čuvar. Kad bi došlo do prepirke, ja sam ju morala izgladiti. Možete li, molim vas, govoriti o isključivanju sebe?

Gary: Ako ne uključujete sebe, ako se isključujete u bilo kojoj računici oko onoga što birate, zapravo umanjujete sebe. Ne pravite se dijelom vlastitog života i življenja. Mogli biste pokrenuti nešto poput:

Koji doprinos mojem životu, mojem življenju i mojoj realnosti je to što nisam dio svoga života i življenja? I sve što ne dopušta da se to pojavi, bezbroj puta, biste li sve to uništili i dekreirali? Right and wrong, good and bad, POD and POC, all 9, shorts, boys and beyonds.

Pitanje: Nedavno sam postao svjestan da kada imam jak i neposredan odgovor na isključivanje bilo koga ili bilo čega, to je zato što se previše približim mekanoj točki ili mjestu u sebi koje je teško za promatranje. Ne bi li bilo korisno uključiti u procese koje radim prihvaćanje onoga što je u meni, a što želim isključiti?

Gary: Da, ali ako primijetite kako se tada osjećate, vidjet ćete da niste voljni biti ranjivi. Morate biti dovoljno ranjivi kako biste sve percipirali, znali, bili i primali.

Pitanje: Kako izgleda reći "ne" bez isključivanja?

Gary: Svaki put kad se idem naći sa svojom obitelji uvijek pitam Daina bi li želio izaći i ručati ili večerati ili bilo što drugo s mojom obitelji. Uvijek sam spreman uvažiti da on kaže ne jer on ne treba tamo ići.

Poziva li on mene kod svoje obitelji? Ne. Zašto me ne poziva? Svjestan je da pozivanje mene u posjet njegovoj obitelji ne koristi ni njemu, ni nikome drugome, uključujući mene. To ne bi olakšalo ni njegov život, ni život njegove obitelji. Tada kažete ne. To nije isključivanje – jer shvaćate da su uključeni drugi ljudi koji možda nisu sposobni primiti ono što će druga osoba dati ili doprinijeti.

Dain: To je svjesnost da uključivanje nekoga u određenu situaciju neće nikome odgovarati. Jeste li ikad imali prijatelja koji se samo vama sviđao? Ta se osoba čudno osjećala kad je bila s ostalim vašim prijateljima. Ili jeste li ikada izlazili s nekim tko se nikome oko vas nije sviđao? Ta se osoba čudno osjećala s vašim drugim prijateljima. U takvoj situaciji, kad ste svjesni da bi to kod svih kreiralo teškoću, može biti ljubazno ne pozvati tu osobu na događaj. Je li to isključivanje ili je to svjesnost?

Gary: To je svjesnost. Isključivanje je kad kažete: "Ne sviđa mi se ova osoba, pa joj neću dopustiti da dođe."

Postoje li ljudi koje isključujem iz onoga u što sam upleten? Da. Zašto? Zato što znam da se neće uklopiti. Prošlog sam Božića pozvao osobu koja je radila za Access Consciousness. Ona je izašla s mojim najmlađim sinom. Majka njegovog drugog djeteta došla je k nama, upoznala tu ženu, poludjela i otišla u bijesu. Ona je isključivala.

Ja tu ženu nisam mogao isključiti jer je radila za nas. Nisam ju mogao isključiti iz naše božićne zabave jer je bila daleko od kuće i ovdje nije imala obitelj. Nisam je želio isključiti. No nisam želio isključiti ni ženu s kojom je moj sin imao dijete jer ni to nisam smatrao ljubaznim. No, ona je prešla granicu. Stoga ću joj ubuduće reći: "U redu, pozvat ću te, ali ne možeš iskaljivati bijes ako je netko ovdje." Donijet ću pravila. Je li to isključivanje? Da, ali to je biranje. Voljan sam izabrati iz mogućnosti, izbora i pitanja.

Dain: I Gary i ja smo primijetili da neki ljudi iz Access Consciousnessa misle: "Nikada ne moram raditi ono što je nelagodno" ili "Ne moram ići nigdje gdje bi moglo biti neke težine" ili "Ne moram se miješati u nešto što nije potpuna lakoća i veselje". Ne nužno. U životu ste stvorili obaveze. Morate ih poštovati – za sebe. To je način da se ne isključujete. Na primjer, recimo da ne želite ići na obiteljski odmor. Mogli biste pogledati energiju koja će se stvoriti ako ne odete, pa ćete znati: "Ako ne odem, to će biti apsolutni pakao. Moja obitelj me neće voljeti, izbacit će me iz oporuke" ili što god bilo. Otiđite na vraži odmor. Ušutite na tjedan dana ako morate i shvatite da postoje stvari koje morate napraviti kako se ne biste isključivali iz svoga života. Obavezali ste se prema drugim ljudima, primjerice dolaskom u određenu obitelj.

Kada samostalno odlučite da ćete iz svoga života isključiti ljude i situacije, ljudi bi vas mogli osjetiti kao svog neprijatelja ili da niste dio obitelji. To je zato što ste donijeli jednostranu odluku da ih isključite iz svoga života.

Gary: Isključujete svjesnost o onome što ćete svojim izborom kreirati. Morate biti voljni pogledati što će vaš izbor stvoriti. Isključivanje svih mogućnosti, svih pitanja i svih izbora je isključivanje svjesnosti o onome što će vam olakšati život i učiniti ga većim u svakom trenutku.

Prije nekoliko godina Simone je željela doći i s nama provesti Božić u Santa Barbari jer smo mi puno zabavniji od njezine obitelji, no nije imala dobar razlog ili ispriku za dolazak ovdje, osim da to želi. Upitala me: "Zar stvarno moram provesti vrijeme sa svojom obitelji?"

Rekao sam: "Pa, ja dobivam *da*."

Rekla je: "Dovraga, i ja sam to dobila, no nisam to htjela čuti. Htjela sam misliti da se mogu izvući bez da moram s njima provesti Božić."

Rekao sam: "Pa, znaš što? Trebaš biti tamo." I tako je ostala kod kuće – i imala je najbolji Božić posljednjih godina. Zašto? Zato što nije isključivala ono što bi željela (a to je dolazak u Santa Barbaru), a nije isključivala ni svoju obitelj, ni svjesnost o tome što bi njezin izbor kreirao u svijetu. Konačni rezultat bio je da je sve ispalo bolje, kako za nju, tako i za sve ostale. To je mjesto iz kojeg trebate djelovati.

Dain: Velik dio ovoga je svjesnost o tome što će vaš izbor kreirati u vašem i u životima drugih ljudi. Govorili smo o razlici u energiji kada nekoga isključujete i kada ste potpuno prisutni kao vi. To je vrlo različita energija.

Bez isključivanja

Kad kažete: "Biram biti sa svojom obitelji na temelju svjesnosti o tome što će to kreirati i što će se zapravo dogoditi" to je potpuno drugačija energija od one kad kažete: "Mrzim ovo. Ne želim tu biti, ali moram tu biti."

Potpuno je drugačije kada prepoznate da imate izbor. Nadamo se da ćemo to otvoriti – da imate izbor puno šireg spektra okolnosti nego što biste imali kada biste isključivali sebe.

Ljudi se isključuju iz onoga što unaprijed misle da moraju činiti. Odluče: "Pa, sad kad sam u Access Consciousnessu i imam izbor, ne moram više tamo ići ili to raditi." Radite nešto neljubazno prema sebi kako biste dokazali kako radite nešto ljubazno za sebe.

Gary: Ako ne isključujete svoju svjesnost o tome što će vaš izbor kreirati u svijetu, onda počinjete uključivati mogućnosti koje se mogu dogoditi kao rezultat izbora koje u svijetu imate.

Bez isključivanja znači ne odustati od nijednog pitanja, nijednog izbora, nijedne mogućnosti – a ne morate odustati od doprinosa drugih prema vama ili od vašeg doprinosa drugima.

Većina vas misli da biranje za sebe znači isključivanje drugih. Mislite da ako birate za sebe, morate isključiti druge. Ne, možete birati za sebe uz istovremeno uključivanje drugih. Znači li to da morate ići protiv onoga što želite? Ne. Znači li to da morate slijediti obavezu? Ne. To znači da morate birati iz potpune svjesnosti.

Svaki od ovih Deset ključeva može se individualno primijeniti. Dobio sam e-mail od nekoga tko kaže da voli Deset ključeva. Rekla je: "Shvatila sam da ako uzmete samo jedan od njih i koristite ga u svakoj situaciji u kojoj se nađete, promijenit će vam se cijeli život."

O tome se radi. Možete bilo kada upotrijebiti bilo koji ključ. Radimo tečaj o Deset ključeva u nadi da će ljudi vidjeti izbore koji su im dostupni. Zato smo vas maltretirali, a nadam se pomalo i zabavili.

Probajmo ove procese:

Koji doprinos vašem životu, vašem življenju i vašoj realnosti je Access Consciousness? Sve što to jest, bezbroj puta, biste li sve to uništili i dekreirali? Right and wrong, good and bad, POD and POC, all 9, shorts, boys and beyonds.

Koji doprinos vašem životu, vašem življenju i vašoj realnosti je nemanje Access Consciousnessa? Sve što to jest, bezbroj puta, biste li sve to uništili i dekreirali? Right and wrong, good and bad, POD and POC, all 9, shorts, boys and beyonds.

Koji doprinos vašem životu, vašem življenju i vašoj realnosti je nepotpuno prihvaćanje i korištenje Deset ključeva? Sve što to jest, bezbroj puta, biste li sve to uništili i dekreirali? Right and wrong, good and bad, POD and POC, all 9, shorts, boys and beyonds.

Koji doprinos vašem životu, vašem življenju i vašoj realnosti je potpuno prihvaćanje i korištenje Deset ključeva? Sve što to jest, bezbroj puta, biste li sve to uništili i dekreirali? Right and wrong, good and bad, POD and POC, all 9, shorts, boys and beyonds.

Pitanje: Linija koja se provlači kroz ovih deset susreta izgleda da određuje teče li energija ili ne.

Gary: Da. Za mene se sve vrti oko osjećaja lakoće svega. Ništa nije čvrsto, tvrdo, zakočeno ili teško. Kada dođete do nečega što stvara osjećaj prostora, uz to je prisutna lakoća i tamo želite ići. Svaki od odvih ključeva dizajniran je da vam da prostor kako biste mogli biti prostor da imate prostor kako biste birali više prostora i birali drugačiju mogućnost.

Imam osjećaj da gledam u sve slijepe ulice – a onda iznenada nema više slijepih ulica.

Dain: To je savršeno.

Da, postoji samo superautocesta. Zuuum.

Dain: Gary i ja gotovo cijelo vrijeme funkcioniramo s tog mjesta. S njega *nisam* funkcionirao prije jedanaest godina. No korištenjem Deset ključeva stvorio sam drugačiju realnost.

Kada imate superautocestu i nešto drugo se pojavi, to izgleda kao: "Oh! Imam puno prostora na superautocesti da to sredim. Sjajno. Koji su mi izbori dostupni? Koje su mi mogućnosti dostupne? Koja pitanja mogu ovdje postaviti kako bih ovo promijenio?"

Doprinos vam dopušta da imate više superautoceste u svakoj situaciji u kojoj se nađete. To je drugačiji način bivanja u svijetu od onoga što su nas svih učili, pa se moramo podučiti sami.

Pa, iz te perspektive, čak i ako je izbor nelagodan, kao kad ste govorili o obitelji, nije nemoguće imati izbor koji loše izgleda, ali se osjeća ispravnim.

Dain: Da.

Gary: Mogli biste ga osjetiti kao lošeg, no ono što iz njega proizađe obično je veće od onoga što ste mislili da bi moglo biti jer ste na superautocesti. Najbolji način da to objasnim je: nema više ciglenih zidova koji padaju pred vas kako biste se s njima sudarali.

Pitanje: Imam pitanje. Pokušat ću vam ponuditi energiju toga bez ulaska u priču. Radi se o iskustvu primanja pomoći ovog vikenda. Bilo je vrlo nelagodno i osjećala sam se kao da dopuštam invaziju ili otmicu svog života. Ne znam jesam li prakticirala dopuštanje ili neisključivanje il što sam već mogla izabrati.

Gary: Morat ćete mi dati malo više detalja.

Odsjela sam u hotelu i srušio mi se hard disk. O tome ništa ne znam. Drugi hotelski gost, potpuni slučajni stranac, ponudio mi je pomoć. Trebali smo se naći u predvorju, no on se umjesto toga pojavio pred mojim vratima i inzistirao da uđe u moju sobu. Nisam ga htjela pustiti u svoju sobu. Sljedeće što znam je da je ležao na mojem krevetu i primijetila sam grozan tjelesni miris. Onda sam shvatila da on zapravo nije znao što radi jer ja imam Mac, a on Windows. To se odužilo, a ja ga nisam mogla natjerati da ode iz sobe.

Gary: Čekajte, čekajte, čekajte. Prije svega, upropastili ste dogovor. Trebali ste reći (uz zatvorena vrata): "Žao mi je, odgojena sam kao pristojna Južnjakinja, a Južnjakinje ne puštaju gospodu u svoje sobe. Stoga moramo otići dolje jer mi ovo nije ugodno." To se zove ne biti otirač. Dopuštanje ne znači biti otirač. Dopuštanje je "Ovo neće funkcionirati. Hvala što ste došli, ali ovo neće funkcionirati."

Dain: I to nije isključivanje.

Gary: Ne, to je svjesnost. Ovo neće funkcionirati. Kad se pojavio na vašim vratima, znali ste da neće funkcionirati. Zašto ste išli protiv svoje vlastite svjesnosti?

Pojavila se moja obitelj. Naučena sam trpiti svakakva sranja samo da dobijem malu kapaljku punu dobrote.

Gary: Da, pa to je lijepa priča. Hoćete li to učiniti stvarnim za vas?

Ne!

Gary: Dobro. Morate birati ono što znate da je dobro za vas. Svaki od ovih Deset ključeva daje vam svjesnost o onome što vam odgovara, što je dobro za vas i što će vam olakšati život. Gdje ćete imati superautocestu lakoće. Kad vam se netko pojavi na vratima i to nije ono što ste tražili, recite: "Žao mi je, trenutno nisam dostupan, naći ću se s vama u predvorju za sat vremena."

U redu.

Gary: To je preuzimanje kontrole, draga. Cijela ideja o Deset ključeva omogućuje vam da imate kontrolu, umjesto da dopuštate da vas se koristi i zlostavlja.

Da, i moram se prisjetiti uključiti sebe.

Gary: Točno, u sve ovo morate uključiti sebe. Isključujete svoje potrebe, želje, zahtjeve i prohtjeve u korist svih ostalih. To ne funkcionira. To si ne možete raditi. U redu?

Da, hvala Vam.

Pitanje: Dok govorite o neisključivanju, primjećujem da imam osjećaj superiornosti u odnosu sa svojim tijelom zbog kojega ga kažnjavam i zlostavljam na različite načine. Isključila sam svoje tijelo kako ne bi sudjelovalo sa svojim željama i žudnjama. Imate li proces za integriranje tijela i bića u cjelinu?

Gary: Kao prvo, recimo nešto o odnosu između bića i tijela. Zatvorite oči i dodirnite vanjske rubove svoga bića. Ne vanjske rubove svoga tijela – vanjske rubove sebe kao beskonačnog bića. Otiđite do krajnjih granica gdje vi, kao biće, jeste. Sad otiđite dalje. Jeste li i tamo? Može li tako veliko biće stati u tijelo veličine čovjeka? Ne. Vaše je tijelo u vama, u biću.

Radi se o integriranju tijela u beskonačno biće koje jeste jer tijelo također mora imati beskonačan osjećaj prostora.

Kako moj prijatelj dr. Dain Heer kaže: "Vaše gledišta je ono što kreira vašu realnost. Vaša realnost ne kreira vaše gledište." Ako svoje tijelo vidite unutar sebe, bića, umjesto kao nešto izvan vas – ili kao nešto što ste isključili iz svoga prostora – možete imati drugačiji način bivanja s njim.

Morate uključiti ono što vaše tijelo želi i zahtijeva. Ako ne shvatite da vašem tijelu treba odmor, na primjer, onda postajete sve iscrpljeniji i vaši tjelesni organi počinju boljeti, a vi počinjete kreirati bolest – jer vaše tijelo mora pokušati prevladati vaše ignoriranje.

Pitanje: Želim ponovno imati superautocestu u fizičkom obliku i pitati Vas da mi date detaljne upute o tome kako se superautocesta otvara u fizičkom obliku.

Gary: Trebat će vam Napredni tečaj o tijelu.

Razumijem i doći ću tamo. Obećajem da hoću, no sad sam ovdje.

Gary: Pa ono što trebate napraviti je:

Koji doprinos mojem životu, mojem življenju i mojoj realnosti je moje tijelo? I sve što ne dopušta da se to pojavi, bezbroj puta, biste li sve to uništili i dekreirali? Right and wrong, good and bad, POD and POC, all 9, shorts, boys and beyonds.

Koji doprinos mojem životu, mojem življenju i mojoj realnosti je nemanje tijela? I sve što ne dopušta da se to pojavi, bezbroj puta, biste li sve to uništili i dekreirali? Right and wrong, good and bad, POD and POC, all 9, shorts, boys and beyonds.

Možemo li ova pitanja primijeniti na sve aspekte svog fizičkog oblika?

Gary: Da. Ako imate bol u svome tijelu, možete pitati: "Koji doprinos mojem životu, mojem življenju i mojoj realnosti je ova bol?"

Nedavno sam hodao s različitim bolovima u svome tijelu. Upitao sam: "Oho, koji doprinos mojem životu, mojem življenju i mojoj realnosti su ovi bolovi?" Pedeset posto njih je otišlo nakon prvog procesa!

Još uvijek imam nekih problema s vraćanjem onoga što pripada drugim ljudima. Kao da ih ne mogu dovoljno jasno ocrtati ili moje tijelo ne bira dovoljno ih jasno ocrtati kako bih to vratila natrag, iako znam da to nije moje.

Gary: Pa jeste li priznali činjenicu da ste iscjelitelj?

Oh da.

Gary: U redu, onda biste mogli poželjeti pokrenuti:

Koji doprinos mojem životu, mojem življenju i mojoj realnosti je biti iscjelitelj? I sve što ne dopušta da se to pojavi, bezbroj puta, biste li sve to uništili i dekreirali? Right and wrong, good and bad, POD and POC, all 9, shorts, boys and beyonds.

Koji doprinos mojem životu, mojem življenju i mojoj realnosti je ne biti iscjelitelj? I sve što ne dopušta da se to pojavi, bezbroj puta, biste li sve to uništili i dekreirali? Right and wrong, good and bad, POD and POC, all 9, shorts, boys and beyonds.

Pitanje: Na početku ovog razgovora Dain je rekao da ne morate reći ni riječ kada funkcionirate iz svjesnosti. Kada radimo na tijelu, djelujemo li uglavnom iz svjesnosti?

Dain: Da gospođo, to je istinito.

I ako funkcioniramo iz svjesnosti, možemo brže djelovati?

Dain: Točno! Zapravo postanete vibracija koja dopušta pojavljivanje nečeg potpuno drugačijeg, što je prilično sjajno.

Pitanje: Smatrate li da većina ljudi isključuje izvana, kao "Neću biti s tom osobom" ili "Neću to raditi", više nego što isključuje sebe, kao "Neću biti razdražljiv ili zao"? Isključujemo li više izvana ili iznutra – ili oboje?

Gary: Oboje. Njiše se naprijed i natrag ovisno o danu i ljudima oko vas.

Dain: I svaki put kad pokušavate nekoga isključiti, morate isključiti i sebe.

Gary: Da, i to je loš dio.

Vjerojatno nema vanjskog isključivanja bez da je istovremeno i unutarnje isključivanje?

Gary: Pa, ako nešto ili nekoga pokušavate isključiti iz svoga života, u tome procesu isključujete i sebe.

Evo primjera – priče. Prije sam mrzio pseće govno i gdje god sam išao, ugazio sam u njega. Kad sam konačno POC/POD-ao sve zbog čega sam mislio da ne mogu uključiti pseće govno u svoju realnost, pseća govna su mi počela govoriti gdje su i više nikada u njih nisam ugazio!

To je smiješno.

Gary: Rekao sam: "Neisključivanje uključuje pseća govna. Kada ih isključujem, gazim na njih." Tako funkcioniraju svi aspekti vašeg života. Što god pokušavate isključiti, morate u to ponovno ugaziti opet, i opet, i opet.

Dok su djeca mlada, obično su u stanju neisključivanja. Izgleda da uključuju i sebe i sve.

Gary: To može biti istinito, ali ne nužno. Ovisi o djetetu. To je individualna stvar.

Ali mala se djeca ne isključuju.

Gary: Pa obično ne, ali neka da. Ovisi o dobi u kojoj to nauče činiti. To mogu naučiti s tri mjeseca starosti – ponekad i ranije. Ne možete zauzeti gledište da su djeca prirodno divna jer neka to nisu.

Bio sam nedavno u restoranu sa svojom kćeri Grace i njezinom bebom. Svaki put kad bi konobar prišao stolu dijete bi ga pogledalo očekujući da će mu nešto reći, jer su sa bebom svi razgovarali dok smo bili na Novom Zelandu. Tamo znaju da on nije samo beba; on je biće. Pričali bi s bebom, a beba bi se osmjehivala i činila svoje.

Kad je konobar u Kaliforniji prišao bebi, beba je čekala i gledala, očekujući da će joj se obratiti. Bilo je nevjerojatno gledati tog dječaka kako čeka da mu se konobar obrati i da ga uključi. Kad mu se konobar nije obratio, gledao ga je kao da pita: "Što se događa?" Star je tri i pol mjeseca.

Već mrzi kad ga ne uključujete u razgovor.

Kada s nekim razgovarate, sve što trebate je okrenuti se k bebi i pitati: "Pa, što ti o tome misliš?" ili reći: "Ne mogu dočekati da progovoriš kako bismo čuli što ti imaš za reći o ovome." Beba će sjediti i gugutati, pokušavajući biti dio razgovora.

Svako biće želi biti dio razgovora; svako biće želi biti uključeno. Kad isključujete djecu iz sudjelovanja, isključili ste ih iz svoga života, a to znači da se moraju ubrojiti u život nekog drugog.

Pitanje: Dok spavamo, da li uključujemo ili isključujemo sebe?

Gary: To ovisi o tome što mislite da je te noći važno. Neki ljudi tijekom noći izađu iz svojih tijela i otiđu.

Mislite da isključuju sebe?

Gary: Otiđu i tijekom noći čine druge stvari, umjesto da samo budu svjesni.

Vi to zovete snovima, no to ne mora nužno biti slučaj. Jeste li se ikada probudili prestrašeni? Ili ste se probudili s osjećajem da nešto nije u redu?

To se događa kada tijekom noći isključujete sebe od svoga tijela. Blokira vas utjecaj tuđih gledišta kad se vratite u svoje tijelo.

Ostavite svoje tijelo samo i otiđete raditi što već radite. Neki ljudi po cijele noći rade, no kad se vrate u svoje tijelo probude se prestrašeni ili možda depresivni i nesretni. Što je od toga zapravo njihovo? Ništa. Ponekad se vrate i budu tako umorni. Kažu: "Osjećam se kao da sam cijelu noć radio" ili "Osjećam da se ova grozna stvar događala cijelu noć."

Morate pitati svoje tijelo: "Tijelo, jesi li umorno?" U devedeset i devet posto slučajeva tijelo nije umorno jer je dobilo osam sati odmora. Vi ste ti koji ste bili vani, ratovali i činili razne stvari.

Vi i vaše tijelo donekle ste odvojeni na taj način, a vi isključujete sebe od svoga tijela kad niste potpuno svjesni svoga tijela.

Je li to isto kao kad imate noćne more i kad vas muče tuđa gledišta?

Gary: To su različite stvari. Ponekad su to sjećanja iz prošlih života s kojima ste bili sretni ili nesretni. Nema jednostavnih odgovora na snove. Nema jednostavnih odgovora gotovo ni na što u životu. Treba biti u pitanju, vidjeti izbor i mogućnosti, te biti sposoban znati kada vam je nešto uistinu doprinos. Kad je nešto istinski doprinos, to vam proširuje život; ne steže ni jedan njegov dio.

Isto se odnosi i na ljude. Ljudi koji vam proširuju život su značajni darovi. To su ljudi koji vam doprinose i daruju. Oni su dio onoga što stvara širenje superautoceste ka većoj svijesti. To su ljudi koje želite zadržati pored sebe. To su ljudi koje želite podupirati što je duže moguće.

Dain: Oni su ti koji stalno proširuju prostor. Čine vam život lakšim. Doprinose izborima, mogućnostima i pitanjima kojih se vi nikada niste sjetili.

Gary: Volio bih sada zaključiti naš razgovor. Želio bih vam svima zahvaliti što ste sudjelovali u ovim razgovorima, a nadam se da su oni kreirali veći osjećaj prostora i neke dramatične promjene za vas. Svaki ključ, ako ga primijenite, odvest će vas do razine slobode koja bi mogla zapaliti vaš život i kreirati nešto veće od onoga što ste ikada znali da je moguće.

Obožavamo vas!

Dain: Hvala vam, svih vas obožavamo!

~~~

DESET KLJUČEVA KA POTPUNOJ SLOBODI

Proces brisanja

U Access Consciousnessu postoji proces brisanja koji koristimo kako bismo uništili i dekreirali blokade i ograničenja.

Slijedi kratko objašnjenje kako on djeluje: temelj univerzuma je energija. Svaka čestica univerzuma ima energiju i svijest. Ne postoji dobra energija ili loša energija; postoji samo energija. Samo vaša prosudba čini nešto dobrim ili lošim. Energija je prisutna, nestalna i promjenjiva na zahtjev. To je supstanca s kojom se događa promjena. Sve što kažete, sve što mislite i sve što radite generira ono što vam se u životu događa. Sve što birate postavlja energiju univerzuma, energiju svijesti, u akciju – i to se pojavljuje kao vaš život. Tako vam život izgleda upravo ovoga trenutka.

Točka kreacije, točka destrukcije

Svako ograničenje koje imamo kreirali smo sami kroz svo vrijeme, prostor, dimenzije i realnosti. Za to je trebalo kreirati prosudbu ili odluku ili zauzeti gledište. Nije važno kako je i zašto ograničenje kreirano, a nije važan niti jedan drugi dio priče. Trebamo znati samo da je kreirano. To zovemo točka kreacije (eng. point of creation – POC). Točka kreacije energetski uključuje misli i osjećaje koji su neposredno prethodili odluci, prosudbi ili gledišta koja smo zauzeli.

Postoji i točka destrukcije. Točka destrukcije (eng. point of destruction – POD) je točka gdje smo uništili svoje biće preuzevši odluku ili poziciju temeljenu na ograničenom gledištu. Doslovno se postavljamo u destruktivan univerzum. Točka destrukcije, kao i točka kreacije, energetski uključuje misli i osjećaje koji su neposredno prethodili destruktivnoj odluci.

Kada postavite pitanje o blokadi ili ograničenju, pozivate energiju koja vas zaključava. Koristeći izjavu brisanja možete uništiti i dekreirati blokadu ili ograničenje (kao i misli i osjećaje povezane s tim). Izjava brisanja dopušta vam energetski poništiti sve to kako biste imali drugačiji izbor.

Izjava brisanja

Ovo su riječi koje čine izjavu brisanja:

Sve što to jest, bezbroj puta sve to uništavam i dekreiram. Right and wrong, good and bad, POD and POC, all 9, shorts, boys and beyonds.

Ne morate razumjeti izjavu brisanja kako bi djelovala, ali ako želite znati više o njoj, postoje dodatne informacije u rječniku.

S izjavom brisanja ne pokušavamo vam dati odgovore, niti vas natjerati da promijenite mišljenje. Znamo da to ne djeluje. Samo vi možete otključati gledišta koja vas koče. Ovime vam nudimo alat kojim možete promijeniti energiju točaka gledišta koje vas zaključavaju u nepromjenljivim situacijama.

Ako želite koristiti izjavu brisanja, jednostavno postavite pitanje dizajnirano da podigne energiju onoga što vas koči, uključujući svo sranje izgrađeno na tome ili koje se iza toga krije, i sve to promijeni. Što više pokrećete izjavu brisanja, ona ide dublje i tako vam može otključati više slojeva i razina. Mogli biste poželjeti nebrojeno puta ponavljati procese sve dok vam ta tema više ne predstavlja problem.

Kako djeluje proces brisanja

Postavljanje pitanja podiže energiju, čega ćete biti svjesni. Nije nužno tražiti odgovor na to pitanje. U biti, odgovor vam možda ne dođe u riječima. Može vam doći kao energija. Možda kognitivno nećete ni znati odgovor na to pitanje. Samo postavite pitanje i izbrišite energiju s izjavom brisanja:

Sve što to jest, bezbroj puta, biste li sve to uništili i dekreirali? (Ovdje recite da, ali samo ako to uistinu mislite.) Right and wrong, good and bad, POD and POC, all 9, shorts, boys and beyonds.

Izjava brisanja možda zvuči besmisleno. Dizajnirana je kako bi zaobišla vaš um i da tako vidite izbore koji su vam dostupni. Kada biste sve riješili uz pomoć vašeg logičnog uma, već biste imali sve što ste željeli. Što god vam onemogućuje imati ono što želite nije logično. To su luda gledišta koje želite uništiti. Izjava brisanja dizajnirana je da sprži svako gledište koje imate kako biste mogli početi funkcionirati iz svoje svjesnosti i svoga znanja. Vi ste beskonačno biće, i vi, kao beskonačno biće, možete sve percipirati, sve znati, sve biti i sve primati. Samo vaša gledišta kreiraju ograničenja koja to zaustavljaju.

Ne činite to značajnim. Samo brišete energiju i neka gledišta, ograničenja ili prosudbe koje ste stvorili. Možete koristiti punu izjavu brisanja kao što smo ju ovdje dali, ili možete samo reći: POD and POC i sve ono što sam pročitao u knjizi.

Zapamtite: radi se o energiji. Slijedite energiju. Ne možete pogriješiti. Mogli biste primijetiti da funkcionirate na drugačiji način kao rezultat upotrebe izjave brisanja. Pokušajte. Može promijeniti sve u vašem životu.

DESET KLJUČEVA KA POTPUNOJ SLOBODI
Rječnik

Dopuštanje
Kad ste u dopuštanju, sve je samo zanimljivo gledište. Nema prosudbe da je nešto pravo ili krivo ili dobro ili loše. Nemate otpor ili reakciju prema nekome ili nečemu, a nemate potrebu niti za priklanjanjem i slaganjem s bilo kojom prosudbom ili gledištem. U prostoru dopuštanja svega ste svjesni i imate potpuni izbor i mogućnost.

Bars
Access Consciousness Bars je tjelesni proces uz polaganje ruku. Voditelj Access Consciousnessa laganim dodirom povezuje točke koje odgovaraju različitim životnim aspektima i pozivaju bilo koju blokiranu energiju u tom području da se ponovno pokrene. Pokretanje barova počinje uništavati računalnu banku koja je određivala sve u vašem životu.

Postojanje
Pokušavamo dokazati da nešto jesmo, umjesto da budemo ono što jesmo; zauzimamo postojanje kako bismo dokazali da jesmo. Na primjer, ako zauzmemo postojanje kao pametni poslovni čovjek, osjećat ćete da možete biti svoji samo ako postojite kao pametni poslovni čovjek. Što ako ne biste trebali dokazivati da nešto jeste? Što ako biste samo bili svoji?

Izjava brisanja
U Access Consciousnessu koristimo izjavu brisanja kako bismo uništili i dekreirali blokade i ograničenja, što je zapravo samo zakočena energija. Jednom kad osvijestimo energiju koju želimo izbrisati, koristimo izjavu brisanja. Može izgledati da se tu radi o riječima (izraženim u kraticama)

no zapravo stvari mijenja energija izjave brisanja, a ne riječi. Riječi izjave brisanja su: Right and wrong, good and bad, POD and POC, all 9, shorts, boys and beyonds.

Right and wrong, good and bad (pravo i krivo, dobro i loše) je kratica za: Što je pravo, dobro, savršeno i točno u vezi ovoga? Što je loše, grozno, zlo, opako i užasno u vezi ovoga? Kraća verzija ovih pitanja je: Što je pravo i krivo, dobro i loše?

POD and POC: POC (point of creation) označava točku stvaranja misli i osjećaja koji su neposredno prethodili vašoj odluci da zaključate energiju u mjestu.

POD (point of destruction) označava točku destrukcije misli i osjećaja koji su neposredno prethodili bilo kojim odlukama da zaključate tu stvar u mjestu, te sve načine na koje ste uništavali sebe kako biste to održali u postojanju. Kad nešto "POD/POC-ate", to je kao da izvlačite donju kartu iz kule od karata. Cijela se stvar sruši.

All 9 (svih devet) označava devet različitih načina na koji ste ovu stavku kreirali kao ograničenje u svome životu. To su slojevi misli, osjećaja i gledišta koji stvaraju ograničenja čvrstim i realnim.

Shorts je kratka verzija puno duže serije pitanja koja uključuju: Što je tu značajno? Što je beznačajno glede ovog? Što je kazna za ovo? Što je nagrada za ovo?

Boys su energetske strukture zvane ujezgrene kugle. Postoje 32 različite vrste ovih kugli koje se zajednički zovu "the boys". Ujezgrena kugla izgleda poput mjehurića koji se stvore kada puhnete u jednu od onih dječjih lula za pravljenje mjehurića s višestrukim komorama. To stvara ogromnu količinu mjehurića i kada puknete jedan mjehurić, drugi dođe na njegovo mjesto. Jeste li ikada pokušali guliti slojeve luka kako biste došli do srži problema, no tamo nikada niste mogli doći? Zato što to nije bio luk; bila je to ujezgrena kugla.

Beyonds su osjeti ili senzacije koje vam zaustavljaju srce, zaustavljaju disanje ili zaustavljaju voljnost da gledate mogućnosti. Beyonds su ono što se dogodi kad ste u šoku. Beyonds uključuje sve što je preko vjerovanja, realnosti, mašte, koncepcije, percepcije, racionalizacije, opraštanja kao i svi drugi beyonds. To su obično osjeti i senzacije, rijetko emocije, a nikada misli.

Implantati ometanja

Implantati ometanja dizajnirani su kako bi vas zaključali u ovu realnost i onemogućili vam da budete svoji. Nemaju nikakve veze s onim što se uistinu događa, no mi se pokušavamo prema njima ponašati kao da su stvarni. Ometače koristimo kako bismo omeli sebe od onoga što je stvarno istinito pa da ne moramo gledati što je ispod njih. Dvadeset i četiri implantata ometanja su: ljutnja, bijes, srdžba, mržnja, optuživanje, sram, žaljenje, krivnja, ovisničke, kompulzivne, opsesivne, izopačena gledišta, ljubav, seks, ljubomora, mir, život, smrt, življenje, realnost, strah, sumnja, posao, odnosi.

Elementali

Elementali su čista bit ili osnovni oblik nečega; oni su molekularna struktura koja postoji u svim realnostima. Osnovni elementi konstruiranja ove realnosti su energija, prostor i svijest, a mi možemo pitati te elemente da se učvrste kao ono što želimo na temelju kvantnih zapleta. (Pogledajte definiciju kvantnih zapleta.)

Energetska sinteza bivanja

Energetska sinteza bivanja je način istovremenog rada s energijom pojedinaca, grupa ljudi i njihovih tijela. ESB vam pokazuje kako pristupiti, biti i primati energije koje ste uvijek osjetili dostupnima, no naizgled im niste mogli pristupiti.

Humanoid

Humanoid je ime koje označava ljude koji su voljni imati više, biti više i činiti više. To su obično kreatori velikih umjetničkih djela, literature i ideja. Vole doživljavati eleganciju i estetiku života, uživati u avanturi života ili činiti ono što svijet čini boljim mjestom. Humanoidi se često osjećaju kao da se nikamo ne uklapaju. Često se prosuđuju i pitaju: "Što je sa mnom krivo da se ne uklapam?"

Implantati

Implantati su misli i osjećaji, kao i druge stvari koje su postavljene u naš fizički oblik s elektricitetom, drogama, vibracijama, svjetlom i zvukom, kao način kontroliranja, pomagalo nam to ili ne. Implantati su sredstva za dominiranje, manipuliranje i kontroliranje nas i naših tijela. Implantirani možete biti samo ako se priklanjate i slažete, ili ako se nečemu opirete i reagirate. Na primjer, ako se slažete s religioznim vođom, možete biti implantirani sa svakakvim strahovima i praznovjerjima. Ako nemate gledišta o religiji, nikakvo propovijedanje neće na vas imati utjecaja; bit će samo zanimljivo gledište.

Kraljevstvo Nas

Kada funkcionirate iz Kraljevstva Nas – kraljevstva svijesti i jedinstva – tražite da vam sve bude lakše. Ali "vi" uključuje svih oko vas. Kraljevstvo Nas je biranje iz svega i onoga što odgovara vama i svima oko vas, a ne iz Kraljevstva Mene. Mi neprestano pokušavamo "birati za sebe", što znači da birate protiv svih ostalih kako biste birali za sebe.

Molekularna demanifestacija

Znanost nam govori da gledanjem u molekulu mijenjamo njezin oblik i strukturu. Stoga, svaki put kad našu pažnju na nešto usmjerimo ili odlučimo da nešto treba biti na određeni način, time kreiramo utjecaj na to. Molekularna demanifestacija je tjelesni proces Access Consciousnessa uz polaganje ruku koji dekreira molekularnu strukturu nečega kako bi to prestalo postojati. To je način da nešto nestane.

Demolekularna manifestacija

odnosi se na kreiranje nečega gdje prije nije postojalo. Tražite da molekule promijene svoju strukturu i postanu ono što biste željeli. Manifestacija označava način na koji se nešto pojavljuje, a ne da se pojavljuje. Ne manifestirate nove molekule; pitate molekule da se promijene kako bi mogućnosti onoga što se može pojaviti bile drugačije.

MTVSS

MTVSS (Molecular Terminal Valence Sloughing System) je dinamični tjelesni proces Access Consciousnessa uz polaganje ruku. MTVSS poništava smanjivanje, starenje i dezintegraciju uzrokovanu sustavima valentnih promjena kemijskih i molekularnih struktura u tijelu.

Pozicijski HEPADi

Za svako fiksno gledište koje zauzmete, morate prekinuti svjesnost. Pozicijski HEPADi (hendikepiranje, entropija, paraliza, atrofija, destrukcija) su pozicije koje zauzmete o bilo kojoj temi, a zatim se počnete hendikepirati zbog onoga što se može dogoditi. Kreirate entropiju koja kreira kaos iz onoga što je prije bio red. Kreirate paralizu u kojoj ne možete funkcionirati. Kreirate atrofiju s kojom počinjete razbijati strukturu kako ne bi bila generativna. Onda kreirate destrukciju. Tih pet elemenata pojavljuju se svaki put kada zauzmete poziciju o bilo čemu.

Hendikepiranje – Kao humanoidi hendikepirat ćete se za utrku jer znate da ste brži od svih ljudi, brži od svih oko vas, i svjesniji, i zabavniji. Netko normalan hendikepirao bi se vežući si jednu nogu i ruku iza sebe. Vi ne, vi si vezujete dvije ruke i dvije noge iza sebe, začepite usta i još uvijek trčite utrku. To je hendikepiranje koje činite zauzimajući pozicije i gledišta. Toliko se morate hendikepirati kako biste bili u ljudskoj utrci.

Entropija – Kada uzmete ono što je u vašem životu u redu (kada ste svoji) i učinite to kaotičnim, pokušavajući biti ono što drugi ljudi od vas žele, misleći da će vas konačno netko prihvatiti, vidjeti, voljeti i potpuno brinuti o vama. Neće. Entropija je i kada se stvari s vremenom raspadaju i propadaju. Zato i vaše tijelo s vremenom propada; zato s vremenom propadaju i vaši odnosi (ako u njih ne ulažete ogromne količine energije).

Paraliza – Kad mislite da nemate nikakvih drugih izbora. Eliminirate sve osim pozicije koju ste zauzeli.

Atrofija – Kad otpuštate ono u čemu ste dobri jer nitko drugi to ne smatra dobrim. Puštate da se vaše prirodne sposobnosti smanje i nestanu. Atrofija je i smanjivanje mišića koji postaju neupotrebljivi. Jeste li vidjeli ljude u svijetu koji zauzimaju puno fiksnih gledišta? Njihove se mentalne sposobnosti smanjuju i postaju beskorisne. Njihova se sposobnost za radost smanjuje, postaje beskorisna i nepostojeća. Njihova se sposobnost za kreiranje i generiranje smanjuje i postaje nepostojeća.

Destrukcija – Kada sebe gledate kao pogrešnost. Svi znamo što je destrukcija. Kada svoju energiju koristite protiv sebe kako biste umjesto toga uništavali.

U osnovi, kroz sve ovo vi ograničavate, i definirate, i izbjegavate izbor i pitanje. Zauzimate pozicije i gledišta kako biste kreirali stiskanje, destrukciju i hendikepiranje sebe u svemu što vi kao biće jeste.

Ako u vašem životu postoji nešto s čime niste sretni i to se ne mijenja, pitajte: koliko imam pozicijskih HEPADa koji ovo održavaju u postojanju?

Izvan kontrole

Biti izvan kontrole ne znači biti nekontroliran. Biti nekontroliran znači opirati se i reagirati na kontrolu, posebno onu kontrolu koja proizlazi iz prosudbe, kada koristite silu i nadmoć kako biste zaustavili sebe i druge. Kad ste izvan kontrole, onda ste izvan kontroliranja kontrole. Biti izvan kontrole znači biti potpuno svjestan. Ne pokušavate kontrolirati način generiranja nečega; ništa vas i nitko ne zaustavlja, a vi ne trebate zaustavljati ili ograničavati nikoga drugoga.

Kvantni zapleti

Kvantni zaplet je znanstveni pojam koji opisuje molekulu u sadašnjem trenutku, lokaciji, dimenziji ili realnosti, koja ima rezonanciju s molekulom u drugom vremenu, lokaciji, dimenziji ili realnosti. Kvantni zapleti su čudni načini na koji se energije međusobno povezuju jedna s drugom kako bi kreirale nešto čvrsto i stvarno u ovoj realnosti. Oni su naizgled slučajan, kaotičan način na koji univerzum isporučuje ono za što pitate, i u biti su vaša veza s kreativnim, generativnim elementima univerzuma. Da nema kvantnih zapleta, ne biste mogli imati psihičku svjesnost, intuiciju ili sposobnost da čujete tuđe misli.

Tajne agende

Agenda je format koji biste trebali slijediti. Tajne agende su odluke koje donosimo ili zaključci do kojih dolazimo o formatu svoga života kojega više nismo svjesni jer smo odlučili da to ostane tajna. Možda ste te odluke donijeli u ranijem periodu svoga života, no one su često donesene u prijašnjim životima. Sve što ste odlučili da sad ne možete prizvati u sjećanje je tajna agenda. Ona kreira reakciju umjesto akcije, reakciju umjesto izbora, odgovor umjesto pitanja, i zaključak umjesto mogućnosti.

Seks i odsutnost seksa

Donji harmonik primanja je seks ili odsutnost seksa. To ne znači kopulaciju ili odsutnost kopulacije. Seks je uspravan hod, razmetanje, dobar izgled i dobar osjećaj o sebi. Odsutnost seksa je isključujući univerzum gdje se osjećate kao "Ja ne postojim", "Ne želim da me itko gleda" ili "Nikada nikoga ne želim oko sebe". Ljudi koriste svoja gledišta o seksu i odsutnosti seksa kao način ograničavanja svoga primanja.

Sustavi trostrukog sekvenciranja

Sustavi trostrukog sekvenciranja je proces u Acccess Consciousnessu koji ublažava postojeću ili prošlu traumu koju osoba neprestano iznova proživljava i ne može iz nje izaći. Sustavi trostrukog sekvenciranja poništavaju ovu vječnu petlju kako bi ju prevladali.

Klin

Klin je kada uhvatite nečije donje rublje i tako ih jako povučete prema gore da stvorite nelagodu. Energetski klin je pitanje koje postavite koje stvara nelagodu u nečijem univerzumu. Baciti klin znači čekati otvaranje, baciti pitanje kao bombu i otići. Potrebno je šest do osam tjedana da prođe upala i žulj, a kada prođe, osoba će postaviti pitanje koje je stvarno pitanje. Promjena je tada moguća – ali ne i prije toga.

Nula posto traume

Nula posto traume je tjelesni proces Access Consciousnessa uz polaganje ruku koji poništava kumulativni učinak traume na tijelu. Kada ljudi prožive ponavljajuću traumu, naviknu se na bol s kojom žive. Tijelo se adaptira na tu novu razinu boli i smanjenu funkciju kao da je to normalno. Proces Nula posto traume poništava sve što traumu zaključava u mjestu.

DESET KLJUČEVA KA POTPUNOJ SLOBODI

O autorima

Gary M. Douglas

Čuveni najprodavaniji autor i međunarodni govornik, Gary Douglas, prije više od dvadeset godina razvio je niz transformacijskih alata za mijenjanje života i procesa poznatih kao Access Consciousness®. Ovi napredni alati transformirali su živote tisuća ljudi širom svijeta. U biti, njegov se rad proširio na 47 zemalja, sa 2.000 uvježbanih voditelja širom svijeta. Jednostavni, a tako učinkoviti, alati pomažu ljudima svih dobi i porijekla u uklanjanju ograničenja koja im onemogućuju puninu života.

Gary je rođen na Srednjem Zapadu SAD-a i odrastao u San Diegu u Kaliforniji. Iako je proizašao iz "normalne" obitelji srednje klase, od rane je dobi bio fasciniran ljudskom psihom, pa je taj interes prerastao u želju za pomaganjem ljudima kako bi "znali ono što znaju" i proširili svoju svjesnost, radost i izobilje.

Ovi pragmatični alati koje je razvio ne koriste samo poznate osobe, korporacije i učitelji, već i profesionalci u zdravstvu (psiholozi, kiropraktičari, naturopati) kako bi unaprijedili zdravlje i dobrobit svojih klijenata.

Prije stvaranja Access Consciousnessa®, Gary Douglas je bio uspješan trgovac nekretninama u Santa Barbari u Kaliforniji, a ima i diplomu iz psihologije. Iako je stekao materijalno bogatstvo i smatrali su ga "uspješnim", njegovom je životu počeo nedostajati smisao, pa je započeo svoju potragu za novim načinom kretanja naprijed – onim koji će donijeti promjenu u svijet i u živote ljudi.

Gary je autor 8 knjiga, uključujući najprodavaniji roman Mjesto. Inspiraciju za pisanje ovako opisuje: "Želio sam istražiti mogućnosti onoga kakav bi život mogao biti. Dopustiti ljudima da znaju da zapravo nije nužno živjeti sa starenjem, ludilom, glupošću, spletkama, nasiljem, traumom i dramom s kojima živimo, kao da nemamo izbora.

Mjesto govori da ljudi znaju kako je sve moguće. Izbor je izvor stvaranja. Što ako svoje izbore možemo promijeniti u trenutku? Što ako bi nam izbor mogao biti stvarniji od odluka i blokiranih gledišta koja prihvaćamo kao stvarna?"

Gary ima nevjerojatnu razinu svjesnosti i brižnosti za sve što živi: "Želio bih da ljudi budu svjesniji i da shvate da Zemlji moramo služiti, a ne ju iskorištavati i zlostavljati. Ako počnemo primjećivati mogućnosti onoga što nam je dostupno, umjesto da pokušavamo kreirati svoj komad torte, mogli bismo stvoriti drugačiji svijet."

Vitalni sedamdesetogodišnji djed (koji je gotovo "bezvremen") s vrlo osebujnim pogledom na svijet, Gary vjeruje da smo mi ovdje kako bismo izrazili svoju jedinstvenost i doživjeli lakoću i radost življenja. On nastavlja inspirirati druge, podučava širom svijeta i stvara ogroman doprinos planetu. Otvoreno proglašava da za njega "život tek počinje".

Gary ima i širok raspon osobnih i drugih poslovnih interesa. Oni uključuju: strast za antikvitetima (Gary je 2012. godine osnovao "The Antique Guild" u Brisbaneu u Australiji), jahanje živahnih pastuha i uzgajanje konja pasmine Costarricense De Paso, te eko odmaralište u Kostariki koje planira otvoriti 2014. godine.

Za više informacija posjetite:
www.GaryMDouglas.com
www.AccessConsciousness.com
www.Costarricense-Paso.com

Dr. Dain Heer

Dr. Dain Heer je međunarodni govornik, autor i voditelj naprednih Access Consciousness® tečajeva širom svijeta. Njegova jedinstvena i transformirajuća gledišta o tijelima, novcu, budućnosti, seksu i odnosima premašuju sve što se trenutno podučava.

Dr. Heer poziva i nadahnjuje ljude ka većoj svjesnijoj svijesti uz potpuno dopuštanje, brižnost, humor i duboko unutarnje znanje.

Dr. Heer počeo je raditi 2000. godine kao Network kiropraktičar u Kaliforniji, SAD. Susreo se s Access Consciousnessom® u trenutku kada je u životu bio duboko nesretan, pa je čak planirao i samoubojstvo.

Kada nijedna tehnika i modalitet koje je dr. Heer učio nije davala trajne rezultate ili promjenu, Access Consciousness® je za njega promijenio sve i njegov se život počeo širiti i rasti laganije i brže nego što je to uopće mogao zamisliti.

Dr. Heer danas putuje svijetom i vodi tečajeve, a razvio je jedinstven energetski proces za promjenu pojedinaca i grupa, zvan Energetska sinteza bivanja. On ima potpuno osebujan pristup iscjeljivanju učeći ljude da osjete i prepoznaju svoje vlastite sposobnosti i znanje. Moguća energetska transformacija je brza – i uistinu dinamična.

Za više informacija posjetite:
www.DrDainHeer.com
www.BeingYouChangingTheWorld.com
www.BeingYouClass.com

Accessove knjige

Svjesni roditelji, svjesna djeca
autori Gary M. Douglas & Dr. Dain Heer

Ova knjiga je kolekcija pripovijesti djece koja žive sa svjesnom svjesnošću. Ne bi bilo sjajno kad biste mogli kreirati prostor koji bi vašoj djeci dopustio da oslobode svoj potencijal i isplivaju iz ograničenja koja ih sputavaju? Kreirati lakoću, radost i slavlje u svemu što rade kako bi svjesno preuzeli vodstvo nad svojim vlastitim životom?

Novac nije problem, vi ste
autori Gary M. Douglas & Dr. Dain Heer

Knjiga nudi izvanserijske koncepte s novcem. Ne radi se o novcu. Nikada. Radi se o onome što ste voljni primati.

Razgovor sa životinjama
autori Gary M. Douglas & Dr. Dain Heer

Jeste li znali da svaka životinja, svaka biljka, svaka struktura na ovome planetu ima svijest i želi vas darivati? Životinje imaju ogromnu količinu informacija i nevjerojatne darove koje nam mogu dati, ako smo ih voljni primiti.

Budi svoj, promijeni svijet
autor dr. Dain Heer

Jeste li oduvijek znali da je moguće nešto POTPUNO DRUGAČIJE? Što ako biste imali priručnik koji će vas voditi ka beskonačnim mogućnostima i dinamičnoj promjeni? S alatima i procesima koji uistinu djeluju i koji vas pozivaju ka potpuno drugačijem načinu bivanja? Za vas? I za svijet?

Accessove knjige

Odnosi bez razvoda
autor Gary M. Douglas

Odnos bez razvoda je onaj u kojem se ne morate razvesti od nijednog dijela sebe kako biste održali odnos s nekim. Tako svatko i sve s čime ste u odnosu mogu postati veći kao rezultat tog odnosa.

Čarolija. To ste vi. Budite to.
autori Gary M. Douglas & Dr. Dain Heer

Čarolija je zabava posjedovanja onoga što želite. Stvarna čarolija je sposobnost radosnoga življenja. Ova knjiga predstavlja alate i gledišta koje možete upotrijebiti u kreiranju svijesti i čarolije – i promijeniti svoj život na način na koji to možda nikada niste mogli ni zamisliti.

Pravo bogatstvo za Vas
autori Gary M. Douglas & Dr. Dain Heer

Što ako bi generiranje novca i posjedovanje novca bilo zabavno i radosno? Što ako biste, zabavljajući se i radujući se s novcem, primali još više novca? Kako bi to bilo? Novac slijedi radost; radost ne slijedi novac. Kao što je viđeno u showu televizije Lifetime Balancing Act Show.

Mjesto, roman
Best seller izdavača Barnes and Noble, autor Gary M. Douglas

Kako Jake Rayne putuje kroz Idaho u svojem klasičnom 57 Thunderbirdu, razarajuća nesreća postaje katalizator za neočekivano putovanje. Sam u dubokoj šumi, ozlijeđenog i slomljenog tijela, Jake poziva upomoć. Pomoć koja ga pronalazi mijenja ne samo njega, već cijelu njegovu realnost. Jake je otvoren svjesnosti o mogućnostima; mogućnostima za koje smo oduvijek znali da bi trebale postojati, ali se još nisu pojavile.

Utjelovljenje:
Priručnik koji ste trebali dobiti pri rođenju
autor dr. Dain Heer

Informacija koju ste trebali dobiti pri rođenju o tijelima, o bivanju sobom i o onome što je uistinu moguće ako to izaberete... Što ako je Vaše tijelo nepresušan izvor radosti i veličanstvenosti? Ova vas knjiga upoznaje sa svjesnošću koja je za vas stvarno drugi izbor – i za vaše slatko tijelo.

Seks nije riječ od četiri slova, ali odnos često jest
autori Gary M. Douglas & Dr. Dain Heer

Zabavna, iskrena i ljupko drska, ova knjiga čitateljima nudi potpuno svježi pogled na to kako kreirati veliku bliskost i izuzetan seks. Što ako biste mogli prestati pogađati – i pronašli što STVARNO djeluje?

Svjesno liderstvo
autori Chutisa i Steve Bowman

Knjiga Svjesno liderstvo je dar svim pojedincima, liderima i organizacijama posvećenim kreiranju života koji je veći od onoga kojeg sad imaju, te koji čine razliku u svijetu. To je pozivnica onim ljudima koji biraju biti svjesniji u svom liderstvu, s naglaskom da nijedan poseban način nije pravi ili krivi.

O Access Consciousnessu

Access Consciousness® je program energetske transformacije koji povezuje začinjenu mudrost, drevno znanje i kanalizirane energije s vrlo suvremenim motivacijskim alatima. Njegova je svrha osloboditi vas dajući vam pristup svom najvjernijem i najvišem sebstvu.

Svrha Accessa je kreiranje svijeta svijesti i jedinstva. Svijest uključuje sve i ništa ne prosuđuje. Naš je cilj olakšati vam primanje svjesnosti o svemu, bez ikakvog prosuđivanja. Ako ništa ne prosuđujete, onda sve možete vidjeti onakvo kakvo jest, a ne onakvo kakvo želite da bude, ne onakvo kakvo bi trebalo biti, već samo onakvo kakvo jest.

Svijest je sposobnost da svakog trenutka budete prisutni u svome životu, bez prosuđivanja sebe ili bilo koga drugoga. To je sposobnost primanja svega, bez odbijanja bilo čega, i kreiranja svega što u životu želite – većeg od onoga što trenutno imate i više nego što možete zamisliti.

- Što ako biste se htjeli njegovati i brinuti za sebe?
- Što ako biste otvorili vrata ka tome da budete sve ono što ste odlučili da nije moguće biti?
- Što je potrebno da shvatite koliko ste ključni za mogućnosti u svijetu?

Informacije, alati i tehnike predstavljeni u ovoj knjizi samo su mali nagovještaj onoga što nudi Access Consciousness. Postoji cijeli univerzum procesa i tečajeva.

Ako postoje stvari koje vam u životu ne funkcioniraju na način na koji znate da bi mogle, onda biste mogli biti zainteresirani za tečajeve i radionice Access Consciousnessa®, ili pronađite voditelja. On s vama može raditi kako biste razjasnili probleme koje još niste prebrodili.

Procesi Access Consciousnessa® rade se s uvježbanim voditeljem i temelje se na vašoj energiji i energiji osobe s kojom radite.

Dođite i istražite više na:
www.accessconsciousness.com ili www.drdainheer.com

Accessovi seminari, radionice i tečajevi

Ako vam se svidjelo ono što ste pročitali u ovoj knjizi i zainteresirani ste za pohađanje Accessovih seminara, radionica i tečajeva, onda za bitno drugačije gledište pročitajte i osjetite ono što je dostupno. U Access Consciousnessu® postoje temeljni tečajevi.

Budi svoj, promijeni svijet, 3,5-dnevni intenziv
Vodi isključivo dr. Dain Heer
Preduvjeti: nema ih

Jeste li sanjar? Pitate li uvijek za više, da budete više i tražite li ono "nešto" za što svi ZNAMO da je moguće? Što ako ste to "nešto" VI? Što ako je sve što je potrebno za mijenjanje SVEGA u vašem životu, svih oko vas i svijeta, to da vi budete svoji? Tu se ne radi o tome da budete uspješni ili da išta radite bolje... Radi se o ulaženju u nevjerojatne mogućnosti SEBE SAMOGA. Je li sad vrijeme da započnete kreirati život koji uistinu želite?

Pozvani ste na 3,5-dnevni intenzivni tečaj Budi svoj, promijeni svijet kojega vodi dr. Dain Heer. Molim vas, znajte da vam ovaj tečaj može potpuno promijeniti način na koji u svijetu funkcionirate i dati vam potpuno drugačiju perspektivu BIVANJA.

To čini tako da vam pruži pristup vašem znanju, da dinamično poveća vašu svjesnost kako biste uključili sve što vi jeste.. bez prosuđivanja bilo čega. Omogućit će vam set opipljivih, praktičnih i dinamičnih alata koji mogu promijeniti bilo što što vam ne funkcionira, uključujući novac, realnost, odnose i zdravlje.

Pokušajte s ovim pitanjima kako biste o svome biću počeli drugačije misliti:

• Što ako biste mogli razgovarati sa svojim tijelom i zamoliti ga da se iscijeli?

- Što ako je novac zapravo vezan uz primanje?
- Što ako postoji potpuno drugačija paradigma o odnosima koja se temelji na radosti, zahvalnosti i dopuštanju?
- Što bi bilo moguće kad biste svoju budućnost kreirali znajući što je stvarno za vas istinito?

Ovaj 3,5-dnevni tečaj otvorit će vas ka proširenoj svjesnosti kako biste znali da vam je dostupan život bez prosuđivanja te da možete kreirati život kakav uistinu želite, ako to izaberete!

Predstavit će vam alate Access Consciousnessa kao i jedinstveni transformacijski energetski proces dr. Daina Heera zvan Energetska sinteza bivanja. Za vrijeme ovog intenzivnog tečaja doživjet ćete kako je biti svoj, što je nemoguće opisati i što nećete pronaći nigdje drugdje, a to će ostati s vama cijeli život.

Naučit ćete i Access Bars, dinamičan, njegujući i opuštajući tjelesni proces koji ide dublje svaki put kada ga pokrenete, te pomaže tijelu da puno lakše otpušta ograničenja. Ovaj je proces potpuno promijenio život Daina Heera kad se prvi put susreo s Accessom. Nakon ovog tečaja bit ćete praktičar tehnike Bars i moći ćete početi davati tretmane!

Molim vas znajte da ovaj tečaj može radikalno promijeniti način na koji djelujete u svijetu. Jeste li spremni na to?

Zajedno s grupom istražit ćete upravo energije življenja. Istina je da ste vi jedina osoba koja kreira svoju realnost. Što ako biste konačno mogli otpustiti automatskog pilota koji vodi vaš život? Toliko vam je toga dostupno oko vas – i od vas - što nadilazi vaše najluđe snove.

Dobro došli na VRLO drugačiji tečaj!

Access Bars (jedan dan)
Tečaj vode certificirani voditelji tehnike Access Bars širom svijeta
Preduvjeti: nema ih

Bars je jedan od temeljnih Accessovih alata. U ovoj jednodnevnom tečaju naučit ćete proces polaganja ruku kojeg ćete dati i primiti za vrijeme tečaja. Access Bars su 32 točke na glavi koje, pri nježnom dodiru, na lagan način otpuštaju ograničenja koja imate o različitim područjima života i o tijelu. Ta područja uključuju novac, starenje, tijelo, seksualnost, radost, tugu, iscjeljivanje, kreativnost, svjesnost, kontrolu i mnoge druge. Kako bi bilo da u svim tim područjima imate više slobode?

U ovom jednodnevnom tečaju naučit ćete osnovni alat Access Consciousnessa® te dva puta primiti i dati tretman Access Bars. U najgorem slučaju osjećat ćete se kao da ste na izvrsnoj masaži, a u najboljem slučaju promijenit će vam se cijeli život!

Accessov Temeljni tečaj
Tečaj vode certificirani voditelji Access Consciousnessa širom svijeta
Preduvjeti: Access Bars

Nakon tečaja Access Bars, ovaj dvodnevni tečaj omogućuje vam da na svoj život pogledate kao na drugačiju mogućnost.

Otključajte svoja ograničenja o utjelovljenju, financijama, uspjehu, odnosima, obitelji, SEBI i svojim sposobnostima i još puno više!

Zakoračite u veće mogućnosti posjedovanja svega onoga što u životu uistinu želite, učeći alate i pitanja koja mijenjaju sve što vam ne odgovara. Naučit ćete i tjelesni proces polaganja ruku zvan Stanično pamćenje koji čini čuda na ožiljcima i bolovima u tijelu! Kad biste mogli promijeniti bilo što u svome žIvotu, što bi to bilo?

Accessova Razina 1
Tečaj vode certificirani voditelji Access Consciousnessa širom svijeta
Preduvjeti: Access Bars, Accessov Temeljni tečaj

Nakon Accessovog Temeljnog tečaja, Razina 1 je dvodnevni tečaj koji vam pokazuje kako biti svjesniji u svakom području vašeg života, te vam daje praktične alate koji vam omogućuju kontinuirano širenje iz dana u dan! Kreirajte fenomenalan život ispunjen čarolijom, radošću i lakoćom, te izbrišite svoja ograničenja o onome što vam je uistinu dostupno. Otkrijte pet elemenata bliskosti, kreirajte energetske tokove, počnite se smijati i slaviti življenje, te prakticirajte tjelesni proces polaganja ruku koji je kreirao čudesne rezultate širom svijeta!

Accessova Razina 2 i 3
Tečaj vode isključivo Gary Douglas (osnivač Access Consciousnessa®) i dr. Dain Heer
Preduvjeti: Access Bars, Temeljni tečaj i Razina 1

Kad završite Razinu 1 i otvorite više svjesnosti o sebi, u životu počinjete imati više izbora i postajete svjesni što je zapravo izbor. Četverodnevni tečaj pokriva široki raspon područja, uključujući radost poslovanja, življenje iz zabave, bez straha, hrabrost i liderstvo, mijenjanje molekularne strukture stvari, kreiranje svoga tijela i svoje seksualne realnosti, te kako se prestati držati onoga čega se želite riješiti! Je li vrijeme da počnete primati promjenu koju tražite?

Energetska sinteza bivanja (ESB)
Tečaj vodi dr. Dain Heer
Preduvjeti: Access Bars, Temeljni tečaj i Razina 1, 2 i 3

Ovaj trodnevni tečaj predstavlja jedinstveni način simultanog rada s energijom, grupama ljudi i njihovim tijelima, a kreirao ga je i vodi dr. Dain Heer.

Za vrijeme ovog tečaja su vaše biće, vaše tijelo i Zemlja pozvani da se energetski spoje na način koji kreira svjesniji život i svjesniji planet. Počinjete pristupati i biti energije za koje nikada niste znali da su dostupne. Kad jeste energije, kad ste svoji, mijenjate sve – planet, svoj život i sve s kim dođete u kontakt. Što je onda još moguće?

Accessov Tečaj o tijelu
Tečaj vode certificirani voditelji Accessovog Tečaja o tijelu širom svijeta
Preduvjeti: Access Bars

Za vrijeme ovog trodnevnog tečaja naučit ćete verbalne procese i rad na tijelu polaganjem ruku koji otključavaju napetost, otpor i bolesti tijela. Imate li talent i sposobnost rada s tijelima koju još niste otključali? Radite li s tijelima (kao maser, kiropraktičar, liječnik, medicinski tehničar) i tražite li način kako povećavati iscjeljivanje svojih klijenata? Dođite se igrati s nama i počnite istraživati kako komunicirati i kako se odnositi prema tijelima, uključujući svoje, na potpuno drugačiji način.

Povežite se s Accessom putem Interneta

www.AccessConciousness.com
www.GaryMDouglas.com
www.DrDainHeer.com